JN110709

メディアとサバルタニティ

東日本大震災における言説的弱者と〈あわい〉

Media and Subalternity: Discursive Minority in Great East Japan Disaster and "In-between"

坂田邦子 著
Kuniko Sakata

明石書店

目次

序章　研究の背景と目的――東日本大震災における歴史と語り　7
第1節　被災地にて　8
第2節　「個人的な痛み」と「社会的な苦しみ」　10
第3節　ヘテロトピアとしての〈あわい〉――誰もが語れる場所　15
第4節　本書の構成　18

第1章　理論および方法論　25
第1節　理論――サバルタン・スタディーズ再考　26
第2節　方法論――研究者としての〈私〉　38

第2章　〈私〉の東日本大震災　57
第1節　発災直後――母として、被災者として　60
第2節　メディア――研究者として　73

第3章　東日本大震災におけるサバルタニティ　91
第1節　メディアにおけるサバルタニティ　94
第2節　コミュニティにおけるサバルタニティ　112
第3節　ポスト三・一一におけるサバルタニティ　123
第4章　サバルタン・スタディーズ×メディア論　137
第1節　多層化・複雑化するサバルタニティ――東日本大震災の事例より　138
第2節　サバルタンのためのメディア論　148
第3節　サバルタンが語る場所　156
第5章　事例1『語りと記憶のプロジェクト』　165
第1節　『語りと記憶のプロジェクト』概略　167
第2節　エピソード記述――語り出しから共有へ　176
第3節　テクスト分析――断片としての語り　188
第4節　考察――語りの伝わり方　200

第6章　事例2『Bridge! Media 311』　213
第1節　概略──『Bridge! Media 311（BM311）』　216
第2節　発話分析──ワークショップ参加者のポジショナリティの変化　228
第3節　考察1──つながるリアリティとイメージ　257
第4節　考察2──対話のための回路　266
第7章　〈あわい〉を創るメディア　275
第1節　「中間」──媒体としてのメディア　279
第2節　「人間」──他者としてのメディア　283
第3節　「空間」──〈あわい〉としてのメディア　289
第4節　「時間」──記憶としてのメディア　299
第5節　実践としてのメディア　305
終　章　〈私〉というメディアについて　317
第1節　本書のまとめ　318
第2節　本書における課題と限界　320

第3節　本書の展望　321
第4節　〈私〉というメディアについて　324
引用・参考文献　327
あとがき　345

序　章　研究の背景と目的

――東日本大震災における歴史と語り

第1節　被災地にて

二〇一一年三月一一日。東日本大震災発生。

経験したこともないあまりの惨事に衝撃を受けて、しばらくの間、私たちは思考停止を余儀なくされた。どこに行くべきか、何をするべきか、何を語るべきか、そもそも何を考えるべきなのか、さっぱりわからず途方に暮れた。ただただ時間の経過とともに、身体も思考も大きな力に突き動かされていた。

発生後一年も経たないうちに、被災地には多くの〈差異〉が顕在化した。一般的に「被災格差」などとも言われるが、〈差異〉の原因はおそらくそれだけではない。少なくとも震災後しばらくの間は、〈私たち〉は同じ目的に向かって前に進もうとしていた。当時〈私たち〉がそれぞれに思い描いていた「復興」や「未来」にそれほど大きな違いはなかったはずだ。時間の経過とともに、被災者の置かれている状況は変化し、それぞれの思いも変化した。それに伴い、頭のなかに思い描く「未来」は多様になった。

レベッカ・ソルニットが「災害ユートピア」と呼んだ状態[1]は瞬く間に霧消し、政治的な動きがさらに活発化する裏側で、さまざまな声がかき消されていった。大きい声はますます大きく、小さな声は聞き耳を立ててもほとんど聞こえなくなった。このような言説における不均衡、つまり社会的あるいは言説的に弱者が語ることのできなくなってしまうような状況、あるいは語っても声が届かない状況を、本書では、三・一一以降の世界における「サバルタニティ＝サバルタン的な状態[2]」と呼びたい。

被災者の本当の声は為政者たちの耳に届いていたのだろうか。そして今もなお、いろいろなものを置き去りにしながら、東日本大震災という歴史は、いったい誰の手によって創り上げられようとしているのだろうか。そのなかで、サバルタンの歴史と未来は語られ、創られていくのだろうか。

本書は、あの震災を体験した日から一年後に着想を得て、東日本大震災から四年後の二〇一五年五月に初稿が完成した。しかしながら、その後、原稿と向き合うことができないまま、さらに年月を数えてしまった。思考は再び停止し、言葉は再びあやふやなものになってしまった。一度吐き出してしまった言葉は、そこから先に進むことを拒み、時間はまだ何かを語れるときではないと訴えていた。「あの日」から、もう一度本書を書き上げるまでの間、私も「語れない人」だった。

月日の経過のなか、本書には、その時間の経過による状況の変化だけでなく、筆者自身の心情、そしてその立ち位置の変化が、時に矛盾をはらみながら現れているかもしれない。しかし、東日本大震災後のこの数年の間、学問自体がそのような紆余曲折を経てきたのではないだろうか。あのとき「必ず何かが変わるはずだ」と感じた人たちは、実際どれくらい何かを変えたのだろうか。あれから世の中はどれくらい変わっただろうか。筆者は、「何かを変えることができる」と信じて書き進めてきた。一度休んだが、また書き始めようと思えたのは、やはりそれをもう一度信してみようという気になったからである。

第2節 「個人的な痛み」と「社会的な苦しみ」

未曾有の大災害と言われた東日本大震災は、被災地だけでなく、この震災を〈経験〉したすべての人たちに少なからぬ傷を負わせた。この「傷」は、物理的な意味と精神的な意味の両方を併せ持つ。被災地の痛みは言わずもがなだが、被災地の外でも、マスメディアやインターネットで流れる津波の衝撃的な映像、そしてツイッター上の被災地からの苦痛に満ちた叫び声は、真実を知ろうとする人々に対して、情報の代償として耐え難い精神的苦痛を負わせた。発災翌日の三月一二日、福島第一原子力発電所の一号機の水素爆発によって放射能の拡散が現実味を帯びてくると、日本だけでなく、近隣諸国や原発保有国、ひいては世界中が恐れおののき、誰もがこれまでの人類の歴史や科学技術の発展を呪いたくなったことだろう。このように、大震災による津波と引き続いて発生した原発事故を〈経験〉することによって、極端に言えば、全世界の人々が〈当事者〉となった。小児科医で当事者研究の第一人者でもある熊谷晋一郎は、この状況を「総当事者化した三・一一以降の世界」と呼んだ(3)。ただし実際には、この「総当事者化した世界」は、「災害ユートピア」と同様、それほど長くは続かなかった。深く傷を負った者、傷が早く癒えた者、そして、そもそも傷を負わなかった者の間に、痛みを介したコミュニケーション不全とでもいう状態が、おそらく発災と同時に発生した。傷が癒えた者から順に、自分の当事者性に疑問を持ち始めた。それは被災地の周辺から少しずつ始まり、今では、被災地の内部にまで侵入してきている。

そしてこの〈当事者性〉への疑問こそが、コミュニケーション不全、さらにはそこから生じるサバルタニティの要因の一つとなっており、今なお埋められない深い溝となっている。

当事者性とサバルタニティの問題については、第4章で詳しく論じるが、まず当事者性について簡単に触れておきたい。貴戸理恵は、現代社会においては、誰もが生きづらさの〈当事者〉になる可能性があることを示唆している。(4) 貴戸によると、人が置かれている立場は、社会的にあらかじめ規定されているというよりも、なんらかの「競争」を経て変動するものであり、「生きづらい」状態に「関与」せざるを得ない状況に置かれることによって人は「関与者としての当事者」になる。この視点に立てば、〈当事者〉は、固定化された絶対的な存在ではなく、文脈や関係性によって絶えず変動する揺らぎのある概念として捉えることができる。つまり、傷を負っている者だけが当事者というわけではなく、「傷を負った状態」に関与することによって、当事者性を獲得することになるのである。この点については、詳しく後述するが、ここでは、震災による傷や痛みを負った〈当事者〉という概念に揺らぎがあるという点についてのみひとまず強調しておきたい。

では、その揺らぐ〈当事者〉の傷や痛みというのは、どのように可視化され、共有され、歴史となっていく／いかないのだろうか。そもそも個人の内部にある傷や痛みを社会的な問題として扱うことが可能なのだろうか。サバルタンは語らなければならないのだろうか。

苦しみや痛みというのは、個人的なものであるがゆえに、共有することが困難で、他者にとって理解不能なものであり、他者が安易に「理解した」と思うべきでも、そう伝えるべきでもない、と考えられている。[5] 一方で、アーサー・クレイマンらは、著書『他者の苦しみへの責任（Social Suffering）』において、個人的な苦しみは社会的な問題と密接に結びついていると主張し、他者の痛みを認知することができないこと自体が問題の根底にあると述べ、個人の痛みや苦しみを社会的なものとして捉える必要性を強調している。[6]

そして、このようなクレイマンらの主張と関連して、二〇一一年の大震災、特に原発事故と放射能による風評被害の問題には、はっきりと同じ構図を見て取ることができる。福島の人々に同情はするものの、その痛みを認知できない、あるいは抽象的にしか理解できない〈外側〉の人間にとって、不必要な、しかし必然的な不安と憶測から、彼らの苦しみを助長する「政治的暴力」に、ある人は自発的に、ある人は不本意ながらも荷担してしまうことになる。

ただし、だからといって、他者の苦しみを社会的な苦しみとして捉えようとすることは、必ずしも他者の痛みと同じ痛みを感じたり共有したりすることを強要しているわけではない。そもそもそれは、これまで言われてきたとおり、原理的に不可能なことでもある。また、同一化を試みることによって、かえって傷を負った者に対する暴力へと転化する恐れもある。

大澤真幸は、個人的な痛みを共有することの難しさについて論じながら以下のように述べる。

他者への痛みへの真の共感とは、それは私にはわからない、私からはそこにどうしても到達できないということを、痛切に実感することのほうにある、とも考えられるわけです。共感の不可能性こそが共感だというような逆説があるわけです。[7]

他者の苦しみを社会的な問題として捉えるということは、必ずしも他者と同じ痛みを感じることを意味してはおらず、まずは苦しみの存在を認識することから始まる。

では、この共感不能な個人的な苦しみや痛みを社会的な問題というレベルに引き上げて捉えるということはいったい何を意味するのだろうか。岩川大祐は、デイヴィド・B・モリスの『痛みの文化史』[8]を引きながら、「痛み」を「強力な文化的力」によって形成されている社会的な構築物」であると述べる。「痛み」を表象あるいは感受する際、私たちは痛みの「規範的な枠組み」を援用しており、ある種の「痛み」が、社会的・文化的な圧力によって沈黙を強いられていることを岩川は指摘する。

ある特定の人々の「痛み」が、私たちの認識から消去され、表象されないことがあるのは何故だろうか。表象してもよい「痛み」と、表象体系から消去される「痛み」とは、より耐えるべきジェンダーや階級、階層、人種、民族を創り出そうとする言説と連動して、「痛み」をめぐる「規範的な枠組み」によってふりわけられているのではないか。ある特定の人々の「痛み」が承認されるかどうかは、まさしく、「痛み」をめぐる「規範的な枠組み」に依存しているのである。そして、おおよそ、歴史の中で抹消されてきたのは犠牲者や少数者の「痛み」ではないだろうか。[9]

つまり、私たちは「痛み」を表象し、受容するとき、それを認識するために、すでに社会的に構築されているある種の体系に従って、それを行なう。そして、岩川が危惧するように、その体系に、社会的あるいは歴史的な偏向が含まれている可能性は排除できない。今回の大震災は、むしろ、この「痛み」を介したコミュニケーション（不全）における社会的・文化的な側面について考える必要性を強く示しているといえるだろう。

さらに、クレイマンは、以下のように述べる。

W・J・T・ミッチェルが「表現と責任とのギャップ」と呼ぶものがある。社会的な苦しみが表現されるとき、「そこで描かれたもの」が、観客にとって、そして被害者・加害者にとってさえも、その苦しみの経験そのものになってしまうのである。（中略）描かれないものは、「現実」にはならない。慣例化された不幸の多くは、目に見えない。メディアを通して可視化されているのは、「不幸の日常」ではないのである。[10]

第3章でも詳しく論じるが、メディアによる「痛み」や「苦しみ」の表象には、ある一定のイデオロギーや価値観に伴う問題だけでなく、表象あるいは表象の構造そのものからは逃れられないという問題とも大きく関わってくる。

このように、まず本書では、「個人的な痛み」を「社会的な苦しみ」として捉えること、そして、その変換の際に伴う社会的、文化的あるいは歴史的な問題について問うことを出発点とし、メディアとサバルタニティの関係について論じていきたい。

第3節　ヘテロトピアとしての〈あわい〉——誰もが語れる場所

ここで、本書の目的を述べておきたい。

先述したように、さまざまな立場に置かれた人々の語り、あるいは苦しみの発露、そしてそれらを社会的に共有することは、主流の言説のみに回収されない歴史を構築していくうえできわめて重要である。特に、今回のような未曾有の大災害が、それによって炙り出された、さまざまな政治的・社会的・文化的な問題を孕む歴史として後世に伝えられていくためには、異なる視点から捉えられた多様な語りが伝承されていくことが不可欠である。そして何よりも、苦しみを乗り越え、自分たち、そして子どもたちの未来を構想し、それを実現していくために、自ら語り、自ら為すことを放棄するわけにはいかない。語ることを忘れたまま時が過ぎるのを待つことは、結局この途方もなく大きな犠牲と苦痛を伴う経験を、その真の意味を、歴史の闇に葬り去ってしまうことになるだろう。

その一方で、苦しむ人々に語りを強要することは、それ自体が一つの暴力となる。ならば、いかにして、誰もが語り、誰もがそれに耳を傾けながら、私たちの歴史を私たちの手で作っていくことができるのか。

本書の目的は、東日本大震災という歴史を、固定化された視点によることなく、それを必要とする人のために、必要とする人の手で編み上げていく可能性について考えることにある。そのために、サバルタン・スタディーズの知見を援用する。サバルタン・スタディーズにおいて、弱者による語りと歴史の問題はこれまでも、そして今でも中心的な命題である。東日本大震災の歴史や語りに対するアプローチは他にもたくさんあるだろう。実際に、歴史学者、言語学者、宗教学者、文化人類学者など、さまざまな領域の研究者がオーラルヒストリーの記録や保存、アーカイブなどの活動に従事している。しかしながら同時に、これらの活動は、文化人類学などでこれまで幾度となく論じられてきた研究者の「立ち位置《ポジショナリティ》」にかかる諸問題やサバルタン・スタディーズにおいて危惧される知識人の視点、あるいは〈表象／代弁〉の問題を多分に孕んでおり、これらの活動においてなおこぼれ落ちていくようなサバルタン的な語りは存在する。では、このようなサバルタン的語りはどのように現れることが可能なのだろうか。

本書は、このようなサバルタン的な語りの発話の場所として〈あわい（間）〉の潜在力について考察する。〈あわい〉の含意については、追って論じるが、ここではこの言葉を、間（あいだ）という言葉が本来持つ意味そのままの概念として使用する。「あわい（あはひ）」という表現は、主に『伊勢物語』や『源氏物語』など多くの古典文学において「間」を意味する古語で、元々は「媒体」を意味し、「自己と環境、自己と他者、時間と空間（中略）、ふたつのものが出会う界隈」のことを指している。[11] しかしながら本書は、ポストコロニアル・スタディーズにおいて、ホミ・バーバの『文化の場所（The Location of Culture）』

で論じられるような「空間的・時間的ずれ」として認識される第三空間としての〈in-between〉という概念[12]を援用し、この抽象度の高い概念を表現するためにあえて「あいだ」や「すきま」ではなく、古語から発生した〈あわい〉という表現を用いたい。また、本書における〈あわい〉とは、ミシェル・フーコーが最初に提示した「ヘテロトピア」という概念から多くの示唆を受けている。[13]〈あわい〉を、「多くの断片的な諸世界」が一度に共存するような場所、すなわちヘテロトピアとして、断片的で多様な語りが共存する空間と捉え、〈あわい〉という概念を再定義することを目的としている。

また、それに先立って、本書では、これまでのサバルタン研究における理論的前提の組み替えを試みている。詳しくは第3、4章で論じるが、これまでのサバルタン研究においては、サバルタンは社会に存在する個人・集団としてアプリオリに想定されていた。しかしながら、地域、文化、文脈により、サバルタンは必ずしもアプリオリに存在するわけではない。サバルタンは創出される。それは、社会的格差や貧困、宗教、人種などを必ずしも原因としない。その時代のイデオロギー、言説、空気が、言葉を語ることのできないサバルタンを創出するのである。このことは、第3章で詳しく述べるように、とりわけ東日本大震災という特殊な事態を経験するなかで明らかになったことでもある。本書で扱う「サバルタン」とは、必ずしも社会的あるいは階層的な視点から従属的なポジションにある個人・集団のみを指すわけでなく、支配的言説に対する従属、あるいは支配的言説が強すぎるがためにその陰に隠れて語れなくなってしまった人々を意味する。そして、歴史のなかに埋もれてしまわんとしている彼らの従属的な言説を取り上げることの重要性について論じたい。

そしてさらに、これらの議論において、〈メディア＝媒体〉という視点が不可欠となる。語りを引き出し、共有し、伝えていくためには、その媒体《メディア》について考えないわけにいかない。サバルタン研究において、〈メディア＝媒体〉はあくまで透明なものとして捉えられてきた。(14) ガヤトリ・C・スピヴァクの介入まで知識人が透明視されてきたのと同様、サバルタンの発話の方法（どうやって？ 書いて？ 紙に？ 話す？ 誰に？ 誰の言葉で？ 誰と一緒に？）と知識人の記述の方法（言葉で？ 音声で？ 文字で？ 映像で？ それを誰かに伝えるとき、どのように表現する？）、そして、知識人によるサバルタンの声の代弁のためにどのようなメディアが使われたのか、そこに問題がなかったのかということについての議論はこれまで皆無であった。サバルタンを表象するメディアの問題については取り上げられることがなかったのである。

言い換えると、東日本大震災という事例に基づき、サバルタン・スタディーズの議論とメディア論の知見を掛け合わせながら、「サバルタンは語ることができるか」という命題にあらためて正面から向き合い、メディアの拡張とともに、サバルタンが語る場所としての〈あわい〉の可能性について考察することが、本書が最終的に目指す地点である。

第4節　本書の構成

本書の議論は以下のように構成される。

第1章では、まず、これまでの理論的な展開を整理しつつ、サバルタン・スタディーズを再考する意義について論じる。そのうえで、これまでの方法論の限界と、本書で用いる比較的新しい方法論をいくつか取り上げる挑戦《チャレンジ》とその可能性について論じたい。

第2章は、東日本大震災を体験した〈私〉によるオートエスノグラフィー[15]となる。ここでは、具体的な事象や人々の行動などに触れながら、記述する〈私〉の視点から見た東日本大震災直後の様子について、時系列で記述していく。特にメディアの問題については、本書の中心的な問題提起となるため、別立てで論じるものとする。とりわけ、報道や情報発信という側面（物語が紡がれていく側面）に焦点を当て、被災地・被災者にとってのメディアという視点から、これも時系列で論じながら、サバルタニティが創出される経緯を明らかにすることを目指す。

第3章では、第2章への補足的な意味も踏まえ、津波被災者に対する質問紙調査と聞き取り調査に基づき、東日本大震災においてサバルタニティが創出された原因とその背景を明らかにする。「語り」を阻む要因となった、社会におけるエージェントとしてのメディアおよびそれらに依存して行動する私たち市民の越えられない壁について、それを形作った社会的・文化的・歴史的な背景、さらには、それらマクロな構造の対極にある（ただし、その構造自体と深く関係している）ミクロな個別のアイデンティティや他者との関係性ついて、そして、そもそもそれらが埋め込まれている言説体系という不可視の背景についても論じていきたい。

第4章は、第2、3章を踏まえた展開部として、東日本大震災によって創出されたサバルタニティに関する議論のための枠組みが不足していることを指摘し、そのために必要となる新たな視点を導入することを試みる。東日本大震災以降の日本では、サバルタニティは、社会的属性や社会的階層とは関係なく生じている場合が多い。また、サバルタンは言説体系のなかで生み出されるものだとスピヴァクが指摘した一方で、現在の議論においては、相変わらず、社会的マイノリティや女性といった実体を持つ「サバルタン」の存在が前提となっている。ここでは、サバルタンの実体性について問い直し、「言説が生み出す」サバルタニティという問題について、さらに掘り下げて考察していく。

そして、スピヴァクの「サバルタンは語ることができない」という挑発的なメッセージに対して、メディアという媒体、あるいは「他者」や「第三者」による介入の可能性について仮説を提示したい。この仮説は、これ以降の実践事例のなかで検証していくことになる。

第5、6章は、事例研究による知見となる。各章の実践事例は、いずれも震災直後の二〇一一年に始めたものである。

第5章では、サバルタン化した小さな語りの断片を拾う実践として『語りと記憶のプロジェクト』について紹介する。『語りと記憶のプロジェクト』では、「私は……」という一人称から始まる語り出しの重要性とともに、サバルタン・スタディーズで指摘されている〈表象／代弁（re-presentation）〉の問題に切り込む。その際、「語り」の相手となる聴取者との関係を見直して「語り」の場を支配する言説関係をいったん取り除くことを目的とし、語りの場、あるいは語りを届けるためのメディアのデザインを行なっている。この実践は、偶然ではあるが、「当事者研究」と非常に近いデザインをとっており、当事者が「痛み」を語り合いながら、「個人的な痛み」を「社会的な苦しみ」として共有していく方法を模索している。

また、『語りと記憶のプロジェクト』では、「大きな物語」あるいは主流の言説からこぼれ落ち、物語として形成されにくい断片《ピース》を拾い上げる作業を行なっている。はがき大のカードに思い思いの言葉や絵などを描き出すことから「語り」を始める。そこには、その後の「語り」につながっていかない、吐き出すだけのような「語り」もあれば、モノローグでしかない「語り」もある。また、共感可能な、あるいは共感を促すメッセージも数多くあり、そのようなカードはそのままその場におけるコミュニティの語りとして展開し、物語化されていくこともある。このような断片《ピース》の行方について論じながら、未来に届ける「語り」のあり方について考察するとともに、「語り」の扱いづらさについても再度確認していくことになる。

第6章では、『Bridge! Media 311』というプロジェクトについて紹介する。このプロジェクトは、元々メディアを活用した地域間交流プロジェクトである『ローカルの不思議[16]』のネットワークを活用したもので、メディアを、被災地の〈外側〉と〈内側〉をつなぐ「架け橋」として活用していくための実践である。〈被災地〉と〈被災地外〉、〈当事者〉と〈非当事者〉、そして〈私〉と〈あなた〉の間に回路を準備し、対話の場を創出することを目指している。この実践からは、対話のための回路構築の実現と、対話を通じた「語り」の共有、そして発信という、未来への伝承において一方向ではない「語り」の新たな形が見えてきている。対話を通じた歴史の構築こそが、現在つくられようとしている歴史に最も欠けているものなのかもしれない。

このような実践事例から得られた知見を踏まえて、第7章では、五つのアプローチからサバルタンが語るためのメディアの役割について理論的に考察する。媒体（中間）として、他者（人間）として、記憶（時間）として、空間として、そしてそれらに基づく実践として、これらを成り立たせる〈あわい〉に焦点を当て、サバルタンの語りあるいは対話を促し、未来への歴史に反映させるための社会的な役割について論じる。それは単なる「媒体」というこれまで考えられてきた社会的機能以上のものを持っていると仮定できる。〈あわい〉としてのメディアが果たす役割、メディアのデザインについて、理論的な検討を加えることで、終章につなげたい。

終章では、研究を総括し、その学問的意義と課題・限界とともに今後の展望について論じつつ、これまでの議論を進めてきた〈私〉という研究者のメディア的不完全について言及し、本書の議論がさらに拓かれていくことを期待しつつ論を閉じることとしたい。

なお、本書のオートエスノグラフィーやワークショップに登場する人物については敬称略で記述することを断っておきたい。

注

（1）ソルニットは、災害直後のコミュニティにおける人々の利他的な行為と創造性を「ユートピア」と呼び、新しい社会の潜在的な枠組みやあり方を考える契機になると論じている。Rebecca Solnit, *A Paradise Built in Hell: The Extraordinary Communities That Arise in Disaster*, Viking Adult, 2009.（レベッカ・ソルニット『災害ユートピア――なぜそのとき特別な共同体が立ち上がるのか』高月園子訳〔亜紀書房翻訳ノンフィクション・シリーズ〕、亜紀書房、二〇一〇年）

（2）「サバルタン」「サバルタニティ」という概念自体を議論することを本書では企図しており、これまでのサバルタン・スタディーズにおける「社会的弱者」だけではなく、「言説的弱者」（支配的言説への従属を意味する）としてこれらの概念を用いる。具体的には、第3章でその多層性と複雑性について述べ、その理論的検討を第4章で行なう。

（3）熊谷晋一郎／大澤真幸「痛みの記憶／記憶の痛み」『現代思想』二〇一一年八月号、青土社、五五ページ

（4）貴戸理恵は、不安定労働などの社会経済的な「競争」によって「生きづらい」状況に置かれた当事者を「生きづらさの当事者」と呼び、社会的属性とは関係なく、競争のなかで「なぜかわからず」「たまたま」躓いてしまった人たちの当事者性について論じている。貴戸理恵「支援者と当事者のあいだ」『支援』第二号、生活書院、二〇一二年

（5）前掲「痛みの記憶／記憶の痛み」、岩川大祐「「痛み」の認識論の方へ――文学の言葉と当事者研究をつないで」（『現代思想』二〇一一年八月号、青土社）ほか。

（6）Arthur Kleinman, Veena Das and Margaret M. Lock eds., *Social Suffering*, University of California Press, 1997.（アサー・クラインマン／ジョーン・クラインマン／ヴィーナ・ダス／ポール・ファーマー／マーガレット・ロック／E・

ヴァレンタイン・ダニエル／タラル・アサド編『他者の苦しみへの責任——ソーシャル・サファリングを知る』坂川雅子訳、みすず書房、二〇一一年）

（7）前掲「痛みの記憶／記憶の痛み」四五ページ

（8）David B. Morris, *Geschichte des Schmerzes*, Insel Verlag, 1991.（デイヴィド・B・モリス『痛みの文化史』渡邉勉／鈴木牧彦訳、紀伊國屋書店、一九九八年）

（9）前掲「「痛み」の認識論の方へ」一〇一－一〇二ページ

（10）前掲『他者の苦しみへの責任』i－viiページ

（11）安田登『あわいの力——「心の時代」の次を生きる』（シリーズ二一世紀を生きる）、ミシマ社、二〇一三年

（12）Homi K. Bhabha, *The Location of Culture*, Routledge, 1994.（ホミ・K・バーバ『文化の場所——ポストコロニアリズムの位相』本橋哲也／正木恒夫／外岡尚美／阪元留美訳〔叢書・ウニベルシタス〕、法政大学出版局、二〇〇五年）

（13）Michael Foucault, *Of Other Spaces*, *Diacritics*, spring, 1984.（"Des Espaces Autres" *Architecture-Mouvement-Continuite*, 1986.）

（14）第4章を参照のこと。

（15）藤田結子／北村文『現代エスノグラフィー——新しいフィールドワークの理論と実践』（〔ワードマップ〕）、新曜社、二〇一三年）、小川さやか「オートエスノグラフィに溢れる根拠なき世界の可能性」（『現代思想』二〇一七年一一月号、青土社）など。

（16）詳しくは、第7章を参照のこと。

第1章　理論および方法論

第1節　理論――サバルタン・スタディーズ再考

「サバルタン（subaltern）」という言葉は、Oxford Dictionary によれば「下位の（of lower status）」という意味であり、従属的な立場にある人たちのことを指す。ランジット・グハは、一九八二年に上梓した『サバルタン・スタディーズ』第一巻の序文のなかで、「サバルタン」について、「階級・カースト・年齢・性別・職業、あるいはその他どのような言葉で表現されるにせよ、民衆が従属している状況を指す一般的な言葉として用いることにしたい」と述べている。(1)「サバルタン（subaltern）」は日本語では、「従属的（な人）」「副次的（な人）」「下層（の人）」「被抑圧民」「従属的集団」などと訳され、その具体的な集団としては、下層農民や労働者、女性、エスニック・マイノリティ、そのほか社会の片隅に追いやられた諸集団が想定される。サバルタン・スタディーズにおいては、一般的に、歴史（正史）のなかで周辺化された集団を「サバルタン」と称している。

そして、「サバルタニティ（subalternity）」とは、サバルタンが従属しているという状況そのものを指し、「サバルタン性」「従属性」などと訳される。

サバルタン・スタディーズとは、一九八〇年代初頭、グハなどを中心としたサバルタン・スタディーズ・グループにより、インドにおけるエリートが主体となって記述されてきた主流の歴史から排除され、常に周辺に追いやられてきたサバルタンたちに自律的な領域とともにその声を歴史の中心に回復するための試みとして始まった。しかしながら、その後のスピヴァクの介入により、サバルタン概念は転換し、サバルタンは実体として捉えられるものではなく、言説と権力構造の関連性のなかで創出されるものとして捉えられるようになった。

とりわけ本書では日本の現代社会という文脈におけるサバルタニティについて論じるため、以下では、これまでのサバルタン・スタディーズの展開について整理しつつ、新たな視座と概念を取り入れる必要性について論じたい。

グラムシからサバルタン・スタディーズ・グループへ

グハたちが発足させたサバルタン・スタディーズ・グループは、元々アントニオ・グラムシの有名な『獄中ノート』におけるサバルタン論（『サバルタンノート』）に触発されたものであり、南アジアの文脈において、グラムシの問題意識をさらに深化させ、実践していくことを目的としていた。グハ自身、『サバルタン・スタディーズ』第一巻の序文において、グラムシの研究課題を継承していくことを示唆している[2]。

グラムシは、『サバルタンノート』において、「現実的歴史形成過程（事実としての歴史）」と「歴史像形成過程（叙述された歴史）」との間の深い乖離・断絶について考察している。そして、現実の歴史からだけでなく、叙述された歴史（伝えられる歴史）からも排除・周辺化されるサバルタン集団に関する問題提起を行なっている[3]。これによって、「サバルタン諸集団の歴史は、必然的に断片的であり、エピソード的である」とグラムシは述べる。[4]

グラムシは、支配集団による正史形成過程の裏側にある、このようなサバルタンの歴史形成過程および歴史認識のプロブレマティークを提示し、サバルタンの歴史の復権のために、「サバルタンノート」の「2方法論的基準」および「5方法的諸基準」のなかで、具体的な研究方法について以下の六項目を挙げている。

1. 経済的生産の世界で生起する発展と変動によるサバルタン諸集団の客観的形成、その量的な拡大、および彼らが一定期間その心情や、イデオロギー、目標を継承するその起源となる、それ以前の社会集団について。
2. かれらの主要な政治組織への積極的ないしは消極的参加。自己の要求を反映させるための、これら政治組織の政綱（プログラム）に影響を及ぼそうとする企図。かつこのような企図が、既存の政治組織の解体、刷新、新たな形成などの過程にどのような結果をもたらしたか。
3. サバルタン諸集団の合意と統制を維持するための、支配的諸集団の新しい政党の形成について。
4. 限定的かつ部分的な性格の諸要求のためのサバルタン諸集団の独自組織について。
5. 古い枠組みにおいてではあるが、サバルタン諸集団の自律性（autonomia）を主張する新たな組織について。
6. （サバルタン諸集団の）総合的な自律性（autonomia integrale)を主張する組織について、等々。[5]

ここで強調されているのは、主にサバルタンの従属性の克服と自律性の獲得である。しかしながら一方で、グラムシは、サバルタンが従属性を打破できるのは、恒久的な勝利によってのみであり、一回限りの勝利が必ずしもそれを意味するわけではなく、その状態は「不安定な受動的状態」だと述べる。また、サバルタンが自律性を獲得しようとしても、「支配的集団の主導性（イニシアティブ）によって常に打ち砕かれ」る。したがって、グラムシによれば、サバルタンの歴史は、このような「断片的」で「エピソード的」な諸要素をサバルタン諸集団の「痕跡」として位置づけるとともに、その発掘・復元というモノグラフ（個別的な研究論文）的な探求としてしか研究することはできず、そのための「断片的な諸資料を広範に収集する」必要性についても付け加えている。(6)

グラムシの死後五〇年近くを経て、こうした問題提起を南アジアにおいて再文脈化しつつ継承したのが、グハらによるサバルタン・スタディーズ・グループであった。グループの一員であるギャーネンドラ・パーンデーは、サバルタン・スタディーズにおける新規性とともに、その困難について、以下のように述べている。

サバルタン階級、つまり権利を剥奪され社会の片隅に追いやられた集団は、文書館に自分たちの記録を残したりはしない。歴史家が最も一般的に使う記録には、彼の「痕跡」や「かけら」、もしくはせいぜい変形された彼らの声しか見いだせない。けれども、「サバルタン」研究に限らず、このような痕跡を復元しようとした歴史家にとっては、すべての声、すべての歴史的記録が予め構築されたものだということが見えてきたのである。[7]（傍点は著者）

つまり、パンディによると、「歴史はすべて競合的な性格を帯びている」ため、「歴史そのものの範疇をもう一度疑ってみる」ことから始めなければならなかった。そして、「異なった形の記憶、叙述あるいは声――すなわち、異なった形に構成された記憶、叙述、声――を表現するためには、歴史をどのように異なった形で書けばよいのか」と問い、具体的な歴史叙述についての議論を展開していくのである。[8]
グハは、同様の文脈で、歴史記述におけるエリート主義を鋭く批判し、以下のように述べる。

> 民衆が自ら成し遂げたこと、つまりエリートとは関わりなく民衆が自律的にナショナリズムの形成・発展に貢献したことは、まるで認識しようとせず、まして意味など与えもしないからである。この点こそ、エリート主義的な歴史記述の貧困に他ならない。[9]

グハは、「エリート」という言葉は「外国人であれ土着人間であれ、支配する集団を指している」と述べ、「サバルタン階級」に属する社会集団や人間は、「インドの人口の全体から、「エリート」と定義した人々を差し引いて、その後に残った人々である」（傍点は筆者）と断言している。[10]
このような「エリート」と「サバルタン」の二分法については、その後再検討されていくことになる。

この点について、崎山政毅は、エリート主義批判を遂行するためのエリート主義的歴史記述のヘゲモニーへの「対抗ヘゲモニー」を形成しようとすることによって、「批判対象であるエリート主義と同じく本質主義的実証主義の操作がサバルタンに対して加えられている」と指摘する。さらに、サバルタンを「歴史のなかにできるだけ早く位置づけようという学の政治が、「自律した主体」の強調をもたらした」と述べ、[11] サバルタンの自律性について、グハらがヘゲモニー闘争の場から超越したサバルタンのアイデンティティの獲得という文脈で捉えることで、サバルタンの自律性をユートピア的に想定してしまうこと、そしてサバルタンを本質主義的な方法で実体化してしまうことに対する批判を投げかけている。そして、これと同様の文脈で、初期のサバルタン・スタディーズは、サバルタンを啓蒙しようとする啓蒙主義に陥ってしまっているともいえるのである。

スピヴァクによる介入「サバルタンは語ることができるか」

以上のような初期サバルタン・スタディーズが孕む問題は、ガヤトリ・C・スピヴァクによるサバルタン・スタディーズ・グループへの介入によって指摘され、サバルタンの概念は大きく修正されることになる。[12]

スピヴァクの介入の意義についてはすでに多く論じられているので、[13] ここでは本書の議論のテーマに則して特に重要な三つの点についてのみ確認しておきたい。一点目は、サバルタンの実体性と自律性、二点目は、それと密接に関連する、知識人による〈表象／代弁〉、そして三点目は、発話の場の権力構造、という問題についてである。

スピヴァクの「サバルタンは語ることができるか」という挑戦的な問い、そしてそれに対する「サバルタンは語ることができない」という結論[14]には、多くの示唆が含まれている。

先述したとおり、グハらにより実体として本質主義的に捉えられる傾向にあったサバルタン概念に対して、スピヴァクは、サバルタンを実体としてではなく、言説的な権力構造のなかで捉える必要性を強調する。そして、理想主義的に本質化された自由な発話の主体とサバルタンの自律性を前提とするフーコーやジル・ドゥルーズらの西洋知識人によるユートピアニズムを批判し、聞き手によって「語らされる」、つまり、すでに構造化されている抑圧的な権力構造のなかで主体化される語りとなるか、聞き手である研究者が語りを〈表象／代弁〉することによってしか認識されることのないサバルタンの主体性や自律性という概念の矛盾を指摘する。

そして、スピヴァクは、知識人による〈表象／代弁〉の問題、つまり自らを「透明な主体」として表象する知識人たちを批判し、このような権力構造のもとで、「サバルタンは語ることができない」と結論づけるのである。スピヴァクは、その後のサバルタンの語りとそれを聞き取る知識人の「他者表象」という避けがたい問題についても鋭く切り込み、主に人類学などの領域で大きな波紋を広げている。トリン・T・ミンハは、〈表象／代弁〉が孕む暴力性について以下のように訴える。

けれども私が憤慨するのは、彼がもたらしておきながら、その責任を否定したり、そこから距離を置こうとしている権力を、実は彼が継承しているという、そのことではない。私に成り代わって私自身を通して語っているふりをしながら、その実、彼の言語を記録する彼の耳、彼の目、彼のペンの方なのだ。[15]

サバルタンの声を聞き取る知識人は、決して「透明な媒体」ではない。彼らの生きる西洋の歴史やイデオロギーのなかで構築された彼らの主体、彼らの操る言語そのものが、すでに西洋的な枠組みによって規定されている。サバルタンは、決して自分の言語で語ることはできないし、知識人によって翻訳され編集された言葉は、常に西洋からのまなざしを向けられ、客体化されたものでしかない。つまり、このような構図のなかでは、サバルタン自身が語ることはないのである。

また、スピヴァクは「語れない」という表現により、「語ること」を単なる発話行為としてその不可能性についてのみ述べているわけではない。本書における「語り」の定義と同様、スピヴァクは、著書『サバルタン・トーク（Subaltern Talk）』のなかで、「語る」という行為を「聞かれる」という行為と対になったものであることを強調している。そして、サバルタンによる発話が「聞かれる」ということを通じて「語り」として成立することを再度強調し、それを可能にするような言説体系が存在していない状況において、「サバルタンは語ることができない」と主張するのである。[16]

サバルタン・スタディーズにおけるアポリア

「サバルタンは語ることができない」。スピヴァクが一九八八年に下したこの結論に対して、三〇年以上経った今でも納得のできる反論をほとんど聞いたことがない。[17] 本当にサバルタンは語ることができないのだろうか。そうだとすれば、グラムシの問題提起やサバルタン・スタディーズ・グループの試みは、いったいどこに帰着することになるのだろうか？　サバルタン・スタディーズは語ることのできない原因を追究しながらも、問題のあまりの複雑さと出口の見えない哲学的思索の前にただ途方に暮れるだけでよいのだろうか？　そもそも本当に「サバルタンは（自ら）語らなければならない」のだろうか？「サバルタンは語らなければならない」と主張するのは、「知識人」だけで、当のサバルタンたちは主体として語る必要性を感じているのだろうか？　「今」しか生きることのできないサバルタンに対して、遠い未来へと歴史を継承する必要性を説くことに意味があるのだろうか？　このような「知識人」による啓蒙主義を乗り越えて、「サバルタンは語ることができる」という仮の命題《テーゼ》を真とするための「学問的アクティビズム」[18]について建設的な議論を行なうことをもっと真剣に考えるべきではないのだろうか。

このようなサバルタン・スタディーズにおけるアポリアからの脱却について具体的な議論を行なうためにも、「サバルタン」という概念についていま一度検討しておきたい。サバルタンという主体を本質主義的に捉えず、言説構造のなかで創出されるものであるとする場合、いったい「サバルタン」とは誰なのか。これまでの議論において散見されるように、「語らない」者を「サバルタン」と定義するのであれば、「語らないサバルタン」なのだから「サバルタンは語らない」というトートロジーでしかない。したがって、このような定義に学問的意味はない。

「従属的」「抑圧されている」「語ることができない」個人／集団という従来のカテゴリーが、実体ではなく言説構造の内部において問われるべきことなのだとしたら、サバルタンに対するこの言説的抑圧を生み出す真の要因は何か。支配的集団が行使する権力、あるいは支配的イデオロギーによる抑圧という構図は明快でわかりやすいが、このような単純化した図式で説明できることは限られているだろう。むしろ、根幹にある文化的差異あるいは教養的差異などとともに、そこに生じる言説の力学について考える必要がある。聞き手となる知識人とのさらに個別化・文脈化した差異や関係性に着目しながら、サバルタンが創出されるプロセスとともに、現在陥っているアポリアを脱却するための契機を見いだすような試みが必要だろう。その際、差異の本質について見極める必要がある。差異を徹底的に認識することが、知識人にとって、スピヴァクの言葉である「学び去る（unlearn）」、すなわち特権を学び捨てて新しい関係性の構築を目指すことにつながるのではないだろうか。[19]

さらに、この差異を固着化するような文脈で語られる「知識人《エリート》」と「サバルタン」、そして、「語るもの」と「語られるもの」という二分法自体が問題となる。太田好信は、人類学の観点から、「語るもの－語られるもの」という対立をときほぐす必要性、あるいは自己と他者の発話の場のポジションをリンクさせていくような「トランスポジション」について論じている。[20] また、太田は別の場所で、サバルタンの「発話の場」について「発話というのは「すでにディスカーシヴな」もののなかにあって、発話とはポジションの取り合いであり、そうするためにはさまざまな言説を作動させる必要がある」[21]と述べ、語りにおける対話性について示唆している。

また類似した文脈において、ベニータ・パリーは、サバルタンとヘゲモニックなものの中間項を想定し、その関係性を掘り下げて考えるべきではないかと述べ、二項対立を突き崩す脱構築的な実践を提唱している。[22]さらに、このような脱構築や対話を行なう具体的な場所の概念について、上村忠男は、「それはユートピアとは異なって、それ自体も実在する一つの場所でありながら、ある一つの文化の内部に見いだされる他のすべての実在する場所を表象すると同時に異議申し立てをおこない、ときには転倒してしまう「異他なる反場所」であるという規定である」[23]として、フーコーの「ヘテロトピア」という概念の有効性について述べている。

これらの点については、第5、6章で具体的な事例を取り上げたうえで、第7章で立ち戻って詳しく論じていくが、このような脱構築の手法と「第三の場所」の概念は、スピヴァクが述べるような「交渉」[24]をより対等かつ実践的に成立させることを可能にするのではないだろうか。脱構築されたポジショナリティにより、「第三の場所」において「交渉」を行なうこと、それも、一方的な発話と聞き取りではなく、「対話」によるディスカーシヴな「交渉」を行なうことができないだろうか。そこで「まったき他者」と出会い、個別交渉を行なうことを通じて、サバルタンは語り、自律性を回復することができると仮定するのは楽観的すぎるだろうか。

崎山は、個別の交渉による応答可能性について以下のように述べる。

「サバルタン研究」の「交渉」とは、偶然の網の目というかたちで紡ぎ出された必然がもたらすサバルタンとの応答可能な共同体を異なる仕方で生きようとするという、特権化しえぬ特権の選択に自らを投擲することである。サバルタンのもとに赴くのではなく、自らをサバルタンに変形させるように試みつづけ応答の可能性をさぐること、これこそが課題となる。

だが、こうした試みは不可能ではないのか？

それへの答えは、否、である。[25]

崎山を含む先述した研究者たちは、サバルタンが語る可能性について、きわめて重要な理論的示唆を与える一方で、その具体的な方法論については、残念ながら最後まで追究されていない。

本書では、以下第3章までで論じる東日本大震災の事例を基に、本項で取り上げたいくつかの示唆を踏まえて、第4章で、とりわけ現代の日本社会において問われている新たなサバルタニティと、スピヴァク以降のサバルタン・スタディーズにおけるアポリアについて、さらに議論を深めるための新たな枠組みを考察することとし、ここでは、サバルタン・スタディーズに関するこれまでの議論の紹介と問題の指摘に留めたい。

第2節　方法論——研究者としての〈私〉

〈私〉が記述し、分析する

東日本大震災におけるサバルタンあるいはサバルタニティという事象について語るとき、まず私は私自身の言葉で記述していきたい。それには二つの理由がある。

まず一点目として、この事象の学術的な説明や分析に入る前に、少なくともこの概念が孕む「代弁」という問題を可能な限り排除しておきたいということがある。サバルタン・スタディーズにおいて、〈表象／代弁〉の問題は、中心的な問いかけである。とりわけ今回のような、個々人によって全く異なる苦しみや悲しみを引き起こした事象において、私は誰かの言葉を代弁することはできないし、そうするべきでもない。私は私の立っている場所からしか語ることはできない。例えば、それは、研究者であり、女性であり、母であり、さらには、震災後、私自身が巻き込まれてしまった環境であり、私を取り巻く人々であり、私自身の感性のようなものであり、それらすべてが含まれるだろう。誰かの言葉を借りることはあるかもしれないが、誰かの代わりに語ることはできない。

そして二点目として、私は、私自身が持つ〈当事者性〉に対して自覚的でありたい。仙台で被災した私は、震災の当事者ではあるが、津波災害の当事者ではない。原発事故と放射能問題の当事者ではあるだろうが、このことに対してはさほど〈当事者性〉を感じていない。被災地に暮らす当事者であって当事者でない、この中途半端な立ち位置あるいは自己認識こそが、研究者である私が、今回偶然にも獲得したポジショナリティであり、この場所からしか記述・説明・分析できないことに対して、自覚的でありたいと考えている。研究者がしばしば要求されるいわゆる「神の視点」を持つことは、不可能であり、今回の事象を客観的に考察しようとするには、私と被災地の距離が近すぎる。この私自身の〈当事者性〉を切り離して学術書を執筆するということは、あらゆる意味で私にとって非常に困難なことである。一方で、この場所にいるからこそ、見える、語れることも多くある。外からやってきた研究者には取ることのできない独自のスタンスと視点を私は持つことができる。客観的な視点を持つことはできないかもしれないが、研究者として、内在的に問題を把握することの重要性と可能性について本書で示すことができればと考えている。

もちろん、このような研究姿勢が、「客観的」であることを要求される学術研究としての作法に則っていないという批判がありうることは十分に認識している。それでもなお、私はこの場所からしか始められない。ならば、一方でそれ自体をつまびらかに記述しながら、他方でそれを客観的に分析するという作業を同時に行なうことはできないだろうか。その記述は、私という媒体《メディア》を通じた主観的な語りになるかもしれない。それは時に感情的でヒステリックであったり、物事を断片的にしか捉えていなかったりするだろう。それでも、私は私の立ち位置を否定することなく、あえて取り込み、私のなかに二つの「目」を持とうと思う。それは、現場に立ち会った「私自身」とそれを客観視する「研究者」の視点である。時にこの二つの「目」は、一つになったり反目し合ったりするかもしれない。それでも、私は「当事者」として私自身の立ち位置において経験したことや頭に浮かんだ問題意識について詳細に記述し、「研究者」としてそれらを学術的に説明・分析していきたいと考えている。

それに加えて、私はここで、自分が「当事者」としても「研究者」としても特権的であったことを認めておく必要もあるのだろうと思う。当事者としての私は先述したとおり、書籍というメディアを得て語ることのできる言葉を持った「当事者」であるし、研究者としての私もやはり一般的なメディア研究者が持つことのできなかった視点を偶然にも持つことができた。私はこのことに常に自覚的である必要があるだろう。

本書の研究対象となるフィールドは、私が研究対象として選択し、準備を整えて自ら足を運んだわけではなく、私のいる場所が突如としてフィールド《研究対象》となった。フィールドワーカーは、フィールドワークを続けるなかで、時にフィールドに取り込まれ、その場所に内在的に関わるようになるというが、私の場合は、天変地異によって、自らの意思とは関係なく、最初から対象に対して内在的に関わることを余儀なくされた。このような状況のなか、研究者としての私がこの状況自体を研究対象とすることについては、決して小さくはないジレンマがある。震災後に、私がいる場所で経験してきた痛みや悩みは、それらを研究対象として捉えざるを得ない研究者としての私に対して大きな抵抗と苦悩を与える。

実は、本書の原稿を書き始めた当初、私はこの状況こそが私の「ポジショナリティ」であるということを自覚できずにいた。原稿を書き進めながらも、自らのポジションがどのように規定されるのかということを明確に認識できずにいた。そのことが二〇一五年に一度原稿を書く手を止めてしまった一因でもあった。私自身、そして私の言葉が持つであろうポジショナリティに立ちすくみ、声を発することが恐ろしくなってしまった。私には私の足場がどこにあるのか全くわからなかった。それは固定されてはおらず、自分ではコントロールできないほどのすさまじいスピードで動くスケードボードのようなものだった。私はそこから転げ落ち、言葉を失ってしまった。

それでも、研究者として、私が立ち会った震災、そして震災後のさまざまな事象に対し、言語化できない複雑な思いや、誰しも心に抱えているであろう言いようのない「闇」のようなものを言葉にしなければならないし、そうするべきであるという強い思いが離れなかった。震災を経て、学問がいかに無力であるかということを思い知ったと同時に、それでもこの状況を乗り越えるためには、やはり学問の力が必要であるという信念があった。私は、「私自身」が抱えている言葉にならない思いや経験を言葉にし、それにより客観的に捉えることが可能になった「私自身」の経験や思い（それらは本書の問題意識と直結している）を、今度は「研究者」として学術的・理論的に説明・分析していくという作業を行なう必要性を強く感じた。その後、落ち着いて周囲を見渡せるようになったことで、浮遊するポジショナリティを引き受けながら執筆を進める覚悟を決めることができた。その結果、私は声を発することができる〈あわい〉を発見することができた。そして、本書は今ここにある。

アイデンティティとポジショナリティ――「当事者研究」という視座

先述したように、記述する〈私〉は、震災の当事者であり、津波災害を含め、震災を間近に感じながら、三・一一以降の世界を生きている。一方で、その分析を試みようとする〈私〉は、震災前からメディアと文化について研究している研究者であり、このアイデンティティを保持しまま、震災を経験し、今それについての考察を試みようとしている。この二つの〈私〉を切り離すことは困難であるし、それ以外にも〈私〉はさまざまなアイデンティティとともに、この震災を経験してきており、それらを個別に切り離してこの事象を捉えることは難しい。

研究者のアイデンティティやポジショナリティに関する議論は、これまでにも文化人類学や社会学、カルチュラル・スタディーズなどの領域で数多くなされてきた。[26] ポジショナリティとは、社会的属性や階級的属性によって付与される位置性のことであると同時に、個人が置かれている文脈や外部との関係性によって相対的に規定されるものである。とりわけ相手との関係性において、権力関係が生じてしまうような場合には、自らのポジションを確認し、そのポジショナリティを問い直す必要があるといえる。このようなポジショナリティに関する議論は、例えば西洋の研究者が「未開」である東洋の文化に対して、あるいは先進国の研究者が途上国の経済に対してなど、研究対象を観察する研究者の視点とポジショナリティを疑う必要性に関する警告とも言えるが、これらは主として「当事者ではない研究者」としてのポジショナリティを問うものがほとんどであった。

一方で、三・一一以降、熊谷晋一郎らの一連の研究により、「当事者」による「当事者研究」に光が当たるようになっている。[27] これは全く新しい動向と言えるだろう。ほかに「当事者研究」の先行研究としては、三・一一以前から、とりわけ福祉社会学の領域において注目されてきた、北海道浦河町にある精神障害者たちが共同で暮らす『べてるの家』における当事者研究がある。[28]

『べてるの家』では、これまでのような「専門家」と当事者である「患者」という二分法ではなく、当事者たちが「研究者」となり、自らの身に起こっていることを周囲と共有しながら、問題の原因を探っていくという試みが行なわれており、「専門家」は、それを側面からサポートする形を取る。興味深いのは、「当事者」が「研究者」として研究に参与する点である。「痛み」は媒介不可能であることは先に述べたが、同じあるいは部分的に同じ「痛み」を抱える者同士がそれを共有し合い、研究の場に提供し、専門家とともに分析していく。そこでは、当事者と研究者という二つの視点が混ざり合う。さらに言えば、当事者が研究者の視点を獲得することになる。[29]大澤真幸は、その二重性について、二つの視点の横断こそが重要で、「専門家だけが知っている」（知識）と「本人だけがわかっている」（痛み）という両端の中間に「当事者研究」は位置し、当事者が他者に対して主体的にコミットする契機となること、それによって、他者に伝えることのできない傷や痛みを伝え*よ*う*と*するコミュニケーションが生じる機会となることを指摘している。そして、以下のように述べる。

当事者研究では、同じような／さまざまな苦しみを抱えた人たちの間のコミュニケーションを通じて、傷を癒していく。そのときに重要なのは、自分だけでは自分のことはわからないということです。やはり他者を媒介にしなければならない。[30]

ここで大澤のいう「他者」とは、本書の今後の議論においても重要な意味を持つものであるが、ここでは、当事者研究が、これまで断絶していた、「当事者」と「研究者」、あるいは「当事者」と「当事者」、そしてひいては「当事者」と「非当事者」の間に、ある種のコミュニケーションやそのための回路を創出する可能性と、そこで「他者」が果たすべき役割、それによって状況を改善していく余地が残されていることを示している。

本書を執筆している〈私〉[31]は、ある部分では、この二つの立場をすでに自らに内包しているとも言えるが、別の部分ではやはり他者の介入を必要としている。この「当事者研究」という視座は、〈私〉自身の内にある「二つの目」をつなぐとともに、震災によって創出されたサバルタニティの両端にある〈当事者〉と〈非当事者〉をつなぐための潜在的な可能性を示唆している。ここで、いったんこの議論は保留にするが、引き続き実証・事例・理論研究を経た後、第7章で、あらためてこの問題に戻り、議論を続けることとしたい。

最後に、執筆している〈私〉に加え、本書自体の時間的な位置づけについても付け加えておきたい。これまで述べてきたように、本書は、研究者としての〈私〉のアイデンティティとポジショナリティを前提に、記述・分析するという手法を取る。それは、例えば、「空間的」あるいは「地政学的」な意味での〈私〉のポジショナリティによるものである。本書は、震災直後からの〈私〉自身の経験を基に、発災一年後に執筆を始め、自らの揺らぎに対して折り合いを付けようとしながら、長い時間をかけて執筆を続けてきたものである。この点については序章でも断ったとおりだが、本書の持つこの時間という概念は、本書が読者によって読解される際にもまた、非常に重要な視点となるだろう。また、これから震災に関するサバルタニティ（それは時々刻々と変化する）について議論する際にも、同様に重要な概念となるだろう。これまでに、そしてこれから先の時の流れのなかで新たに創出され、あるいは解消していくサバルタニティが抱える問題については、どの時点でも明確に論じきることはできない。この点については十分に認識したうえで、次章以降、これまでの、そして「今ここ」から見通せる範囲のサバルタニティを本書の対象とし、次章以降の考察に入っていきたい。

〈私〉のとった研究手法

このように、限定的な文脈のなかで、メディアと文化を研究する〈私〉がとりうる方法論として、実はそれほど多くの選択肢はない。〈私〉は、本書の調査・分析において、以下のような方法論を採用している。

まず、分析・考察の俎上にのせるための、事象・事実の記述および説明（第2章）においては、震災直後の〈私〉の体験をオートエスノグラフィーとして記述する。つまり、外部からではなく、当事者自身の視点からの記述となる。オートエスノグラフィーとは、「調査者が自分自身を研究対象とし、自分の主観的な経験を表現しながらそれを自己再帰的に考察する方法[32]」である。オートエスノグラフィーでは当事者であるからこその個人的な感情経験が語られることが多いが、本書においても、〈私〉の経験を通じた「事実」、〈私〉が感じた「感情」は、サバルタニティという問題を提起する基盤になっている。このオートエスノグラフィーは、筆者が発災当日より毎日記してきた日記を再現する形で記述されている。このオートエスノグラフィーを通じて、〈私〉が、ポスト三・一一における「サバルタニティ」という言葉を使うときや、それを議論の俎上にのせるとき、どのような背景がその奥に潜んでいるのかを読者にあらかじめ提示しておく必要があると考えるからである。

次に、体験や印象、見聞を基にしたオートエスノグラフィーを背景として、そこで取り上げられた事象や事実について、別の角度からアンケート調査およびヒアリング調査による実証研究に基づいた分析を行なっている（第3章）。そしてさらに、事象・事実の分析から抽出された問題設定について、それらの学術的有効性や分析可能性について検証するために、サバルタン・スタディーズおよびメディア論を中心とした理論的考察を行なっている（第4章）。

そしてさらに、これらの議論を踏まえ、被災地におけるいくつかの「実践」を対象とした事例研究を行なっている（第5、6章）。ただし、これらの事例は、研究者としての〈私〉自身が、実社会のなかで、自ら実践をデザインして展開させたものである。本書においては、それを観察者として観察し、第5章ではエピソード記述[33]、第6章ではインタビュー分析と発話分析という方法論を用いている。

第5、6章における実践事例は、アクション・リサーチあるいは参加型研究など[34]と呼ばれ、メディア研究の領域では、主に二〇〇〇年から二〇〇五年にかけて、東京大学情報学環を拠点として展開したメル・プロジェクト[35]によって検討され、改善を加えながら進められてきた手法であるが、現在では、日本のみならず、世界的にも注目され、各地で展開されている方法論であり、その有効性と必要性についてもすでに一定程度認められている。[36] 日本のメディア研究という領域で「実践研究」が提唱されたのは、水越伸と吉見俊哉による『メディア・プラクティス』（二〇〇三年）が最初である。[37]

実践研究は、文脈に応じて丁寧に適切に用いられるべきであると同時に、文脈によって、その意義も成果も異なるものである。ここではひとまず、実践研究という手法について、これまでの実践を通じて確認されている点をいくつか挙げておきたい。

まず、東日本大震災のような自然災害や惨事の場合には特に重要なことだが、研究者あるいは調査者が、対象（今回の場合は被災者など）を搾取してしまうという構図を、研究者自身が自覚しつつも批判に晒されることは避けられない場合が多い。実践研究では、基本的に「よりよい」社会の構築に向けて実際に働きかけること、あるいは研究者自身も含め、社会に参画することで、参加者が協働しながら、自らの学びと気づき、そしてよりよい社会のあり方について考えることが目的であるため、そもそも研究者と参加者の視点を融合することが前提となる。とはいえ、決して研究者が免罪のためにこれを行なっているわけではなく、学術的な知識と現場の知識を融合させることによって生まれる「実践知」を、研究にも学びにも活かすという試みである。「社会学は社会を搾取している」と社会学者自身が自虐的に揶揄することがあるが、そうではない、社会と連携した新たな学問的領域の構築においても、不可欠な方法論であると考えられる。

また、研究あるいは学問的方法論という側面からのみ見ても、その有効性は高い。実践研究では、ワークショップなどの「参加型」の手法を取ることが多いが、研究である以上、そのデザインは研究者が行なう。研究者自身が場をデザインすることによって、実際に現地でフィールドワークなどを行なう場合に比べると、ハンドリングが容易になる。つまり、実社会のそのままの状況で調査を行なう際には、偶発的な出来事を待つか、研究者の側から働きかけて、言葉や行動をいわば強制的に引き出す必要があったが、実践研究では、それらが生じるフレームワーク自体をデザインすることができるため、対象に直接的に働きかけることなく（時にそれはある種の権力を伴う）、誘発することが可能になる。その際に、評価が必要な事象に対する反応、あるいはコミュニケーションが生じるようなきっかけを埋め込むようなデザインをしておけば、問題の所在が明確になると同時に、どのような場面で問題が生じるのかについて分析することによって、その解決策を考察することが可能になるのである。操作不能なフィールドワークと、完全な操作性を有するアンケート調査などの構造的調査や実験などのちょうど中程に位置すると考えられるだろう。

ただし、構造的調査と同様、ワークショップなどの実践研究の場のデザインについては、個別の評価・検討が別途必要となることは言うまでもない。一過性のものでなく、そして実験室ではなく、社会のなかで行なわれ、社会に働きかけるものである以上、その基準は徹底的に厳しくなければならない。本書では、その点については自省しつつ、あえてこのような実践研究を「事例」として取り上げ、検討し、考察している。[38]

率直に言えば、このような手法を取ることになった理由は結果論である。筆者は、まず、〈私〉自身が経験した事柄を客観的に捉える必要があった。新聞、テレビ（アーカイブ）、インターネットなどのメディア、あるいはアンケートやヒアリング調査によって、当時の事象・言説・風潮などを確認することは可能だが、〈私〉が現地で経験した事象は、これらと関連しながらも、その見え方は全く異なっている。何よりも、現時点で入手可能な当時のデータ（それらは、継続的に集積されていかなければならないものではあるが）は、主流の言説に回収されてしまう傾向があり、小さな断片は見落とされがちである。筆者は、〈私〉の場所から語るために、紙幅が許す限り多くの必要な断片《ピース》をはめ込みながら、オートエスノグラフィーとして〈私〉の経験や感情を記述していきたい。

そして、一方で、〈私〉の視点で捉えきれなかったもの、また〈私〉の視点によって歪められてしまった事象を、あらためて客観的な事実であると実証する必要があると思われる。そもそも、〈私〉の体験のなかで抱いた問題意識の背景に何があるのか。研究者として、この暗部に学術的な根拠がないまま、今後の研究を継続することはできない。問題の所在や背景、目に見えない人々の行動や思考については、実証研究という手法を採る必要があった。そして、それにより、問題の所在や背景を確認したうえで、事例となる社会に直接働きかける〈実践的介入〉の必要性を強く感じたことも自然の流れだった。

ただし、このような手法を用いた意義については、決して後付けではなく、以下のような学術的な根拠もある。

先述したとおり、そもそも現代のメディア社会というのは、テクノロジー、文化、現象、言説、人間といった社会的要因《ソーシャル・ファクター》が解《ほど》きようもないほど複雑に絡み合っていて、単一のメディア（例えば、テレビならテレビ）のみを社会という枠組みから抽出して語ったり分析したりすることは、ほぼ不可能である。ロジャー・シルバーストーンは、「メディアについて何か単一の理論だけでやっていけるということはないのだ」と断言する。[39] 同様に、このような状況を単一の道具（方法論）を用いて説明することも、ほとんど無意味であるといえるだろう。私たちが生きる〈日常〉としてのメディア社会は、二次元でも三次元でもなく、ほとんど四次元以上の領域に突入しているといえる。同時に、対象であるメディア社会はもはや「ジャングル」と化しており、その生態系を解きほどくために労力を割くよりも、あるがままの状態として捉える必要性についても指摘されている。[40] そして、何よりも研究者自身がそのような複雑な枠組みに内在しており、それに対して客観的な立ち位置を確保すること自体が困難になっている。

本書では、記述、理論、実証、実践という複数の方法論を取ることにより、一つの事象、一つの問題設定に対して、多様な角度から多様なアプローチにより切り込むことを可能にし、立体的かつ構造的な分析と議論を行なうことを目指している。

注

（1）Ranajit Guha, Partha Chatterjee and Gayatri Chakravorty Spivak, *Subaltern Studies*, I-III, Oxford University Press, 1984.（ラナジット・グハ「『サバルタン』第一巻への序文」ラナジット・グハ／ギャーネンドラ・パーンデー／パルタ・チャタジー／ガヤトリ・スピヴァック『サバルタンの歴史――インド史の脱構築』竹中千春訳、岩波書店、一九九八年、三ページ）

（2）同書三ページ

（3）アントニオ・グラムシ『グラムシ『獄中ノート』著作集Ⅶ　歴史の周辺にて「サバルタンノート」注解』松田博編訳、明石書店、二〇一一年

（4）Antonio Gramsi, "A Gramsci Ai Margini della Storia, Storia dei Gruppi Sociali Subalterni," 2011.（前掲『グラムシ『獄中ノート』著作集Ⅶ　歴史の周辺にて「サバルタンノート」注解』二一ページ）

（5）同書五一－五二ページ

（6）同書三一、一五四－一五五ページ

（7）ギャーネンドラ・パーンデー「日本語版への序文」前掲『サバルタンの歴史』ixページ

（8）同論文v－xページ

（9）ラナジット・グハ「植民地インドについての歴史記述」前掲『サバルタンの歴史』一四ページ

（10）同論文二二－二三ページ。多少乱暴な分類と思われるが、「エリート」と「サバルタン」という各カテゴリーの多層性については認識されている。

（11）崎山政毅『サバルタンと歴史』青土社、二〇〇一年、三六ページ

（12）G.C. Spivak, "Can the Subaltern Speak?" in Cary Nelson and Lawrence Grossberg eds., *Marxism and the Interpretation of Culture*, University of Illinois Press, 1988.（G・C・スピヴァク『サバルタンは語ることができるか』上村忠男訳、みすず書房、一九九八年）

（13）太田好信『民族誌的近代への介入――文化を語る権利は誰にあるのか』（「叢書文化研究」第一巻）、人文書院、

二〇〇一年)、前掲『サバルタンと歴史』、上村忠男「戦略としての歴史叙述——歴史のヘテロロジーのために(5)」(『思想』一九九九年六月号、岩波書店)、粟屋利江「『サバルタン・スタディーズ』の奇跡とスピヴァクの〈介入〉」(『現代思想』一九九九七月号、青土社)など。

(14) これについては、のちにスピヴァク自身がこのように結論づけなければならなかった状況と苦悩について率直に語っており(Gayatori Chakravorty Spivak「アポリアを教えること——新世界秩序のなかのサバルタン」鵜飼哲/崎山政毅/馬場智一訳、『現代思想』一九九九年七月号、青土社、八二ページ)、「この結語は得策ではなかった」とまで述べている(上村忠男「得策ではなかった結語?——「サバルタンは語ることができるか」改訂版への熱いうちの覚え書」『現代思想』一九九九年七月号、青土社、一九一ページ)。

(15) Trinh T. Minh-ha, *Woman, Native, Other*, Indian University Press, 1989.(トリン・T・ミンハ『女性・ネイティヴ・他者——ポストコロニアリズムとフェミニズム』竹村和子訳〔岩波人文書セレクション〕、岩波書店、二〇一一年、七七ページ)

(16) Gayatri Spivak, Donna Landry and Gerald MacLean, "Subaltern Talk: Interview with the Editors," *The Spivak Reader: Selected Works of Gayatri Chakravorty Spivak*, Routledge, 1996.(Gayatori Chakravorty Spivak「サバルタン・トーク」吉原ゆかり訳、『現代思想』一九九九年七月号、青土社)

(17) 言うまでもなく、人類学や歴史学をはじめとするさまざまな領域でこの命題に関する議論は現在でも継続しているが、「サバルタンが語る」という具体的な根拠や事例によって積極的に肯定するアンチテーゼはまだ提起されていないと言ってもよい。

（18）二〇〇七年に一橋大学で行なわれたスピヴァク自身の講演タイトルでもある。スピヴァクは、この講演を、「今日の困難な状況のなかで教員としてわたしたちに何ができるか」という問いかけから始めている（G.C. Spivak, *Conversations in Japan*, 2008.〔G・G・スピヴァク『スピヴァク、日本で語る』本橋哲也／新田啓子／竹村和子／中井亜佐子訳、鵜飼哲監修、みすず書房、二〇〇九年、一一ページ〕）。

（19）ただし、これまで議論されてはこなかったが、そもそも「学び去る」必要が本当にあるかどうかという問題についても問う必要があるように思われる。これについては、第8章で詳しく論じたい。

（20）太田好信『トランスポジションの思想――文化人類学の再想像』世界思想社、一九九八年

（21）上村忠男／太田好信／本橋哲也「討議 スピヴァクあるいは発話の場のポリティクス」『現代思想』一九九九年七月号、青土社、五八ページ

（22）Benita Parry, *Postcolonial Studies: A Materialist Critique*, Routledge, 2004.

（23）上村忠男『ヘテロトピア通信』みすず書房、二〇一二年

（24）スピヴァクによれば、「交渉（negotiation）」という概念は、「協調（collaboration）」とは異なり、親密性を維持しながら、置かれている構造自体を組み換えていくための戦略であり、諸矛盾がこの「交渉」を通じてずらされ、組み換えられていくことで、新たなポリティクスが生まれる契機となる（前掲『スピヴァク、日本で語る』ほか）。

（25）前掲『サバルタンと歴史』八三ページ

（26）例えば、前掲『トランスポジションの思想』、前掲『民族誌的近代への介入』、宮地尚子『環状島＝トラウマの

地政学』（みすず書房、二〇〇七年）など多数。

（27）熊谷晋一郎編『みんなの当事者研究』（〔臨床心理学増刊第九号〕、金剛出版、二〇一七年）、同責任編集『当事者研究と専門知――生き延びるための知の再配置』（〔臨床心理学増刊第一〇号〕、金剛出版、二〇一八年）、同『当事者研究――等身大の〈わたし〉の発見と回復』（岩波書店、二〇二〇年）などを参照のこと。

（28）『べてるの家』ウェブサイト（https://bethel-net.jp/）［二〇二一年三月四日閲覧］

（29）研究者が当事者の視点を獲得できない点は押さえておく必要がある。

（30）熊谷晋一郎／大澤真幸「痛みの記憶／記憶の痛み――痛みでつながるとはどういうことか」『現代思想』二〇一一年八月号、五〇－五一ページ

（31）〈私〉（括弧付き）という表記は、さまざまな立ち位置を取りながら、本書で俯瞰的に捉えられる個としての私を表現している。

（32）藤田結子／北村文『現代エスノグラフィー――新しいフィールドワークの理論と実践』（ワードマップ）、新曜社、二〇一三年

（33）鯨岡峻『エピソード記述入門――実践と質的研究のために』東京大学出版会、二〇〇五年

（34）「参加型研究」すなわち、“Participatory Method”については、Jesper Simonsen and Toni Robertson, *International Handbook of Participatory*, Design Routledge, 2013 および Patiricia Leavy, *Research Design: Quantitative, Qualitative, Mixed Methods, Arts-Based, and Community-Based Participatory Research Approaches*, Guilford Press, 2017 などを参照のこと。

（35）メル・プロジェクトとは、メディア表現、学びとリテラシー（Media Expression, Learning and Literacy =MELL）に関するプロジェクトである。同プロジェクトのウェブサイー（http://mell.jp/）を参照のこと［二〇二二年四月二五日閲覧］。メル・プロジェクト終了後は、二〇〇六年から二〇一一年までメル・プラッツとして、ネットワーク機能を活かした「広場＝platz」として活動している。ウェブサイト（http://mellplatz.net/）を参照のこと［二〇二二年四月二五日閲覧］。

（36）例えば、鳥海希世子「市民メディア・デザイン――デジタル社会の民衆芸術をめぐる実践的メディア論」（博士論文、東京大学、二〇〇三年）は、アメリカの情報技術と文化やコミュニケーションをめぐる「ＨＡＳＴＡＣ」、メディア教育実践である「connected learning」、複数のエスニック・コミュニティを架橋する市民参加型のメディアをつくる「アルハンブラ・ソース」プロジェクトなどの事例を挙げ、その意義について述べている。

（37）水越伸／吉見俊哉編『メディア・プラクティス――媒体を創って世界を変える』（せりかクリティク）、せりか書房、二〇〇三年。ただし、類似するものとして上野俊哉／毛利嘉孝『カルチュラルスタディーズ入門』（〔ちくま新書〕、筑摩書房、二〇〇二年）や粉川哲夫の一連のエッセイや評論、そしてさらに鶴見俊輔らの『思想の科学』という流れも弱いながらもある。

（38）本書で取り上げる二つのワークショップは、当初「実践研究」としてデザインされていた。しかし、本書の議論では、この「実践研究」が当初意図していた対話の実現や関係性の組み替えという目的とは異なる想定外の成果、すなわち〈あわい〉概念の構築に至る経験的土台となる発話のための新たな空間の発見があった。本書では、この発見の方を議論に組み込むこととしたため、二つのワークショップについて、「実践研究」ではなく「事例研究」として分析している。

（39）Roger Silverstone, *Why Study the Media?* Sage Publications, 1999.（ロジャー・シルバーストーン『なぜメディア研究か——経験・テクスト・他者』吉見俊哉／伊藤守／土橋臣吾訳、せりか書房、二〇〇三年、二九ページ）

（40）前掲『メディア・プラクティス』三五ページ

第2章　〈私〉の東日本大震災

序章で説明したとおり、〈私〉自身の〈当事者性〉については、当初より揺らぎがある。そもそも津波被災者ではない私は、ここで「当事者」であると自称することには、気恥ずかしさ以上の、どことなくうしろめたいような、罪悪感のような、何とも言えない落ち着かなさを伴う。それでも、私はここであえて〈当事者〉を名乗り、〈私〉の視点を前提とした記述を行なう。ここではその立場を「戦略的当事者性」と呼び、私の仮の〈当事者性〉に基づく記述を始める。これは、客観的でもなければ、俯瞰的でもない。あくまでメディアを研究している研究者としての〈私〉の立ち位置から見た震災の記録である。〈私〉の立ち位置にこだわる理由は序章で述べたが、この空間的にも時間的にもあまりに広範な震災のすべてを網羅的に捉えることはそもそも不可能である。中途半端な客観性と俯瞰性にしがみつくよりは、フィールドに居合わせた〈私〉の視点を軸にこの震災を記述することが、本章の議論を始めるための最善の方法だと考えている。したがって、この記述は、私のポジショナリティとともに、他の場所での他の誰かの記述、他の言説との相対的な関係において捉えられるべきであり、本書を絶対的かつ包括的な震災の記述として位置づけるつもりは一切ないことを最初に断っておきたい。

震災時、私のなかには三つの主なアイデンティティ（社会的立場と言ってもよい）が併存していたように思う。「母／女性」＝私的な私、「研究者／教員」＝公的な私、そして「人」＝公私を超越した人間主体としての私、という三つのアイデンティティである（そこには「日本人」とか「宮城県民」といったナショナリティやローカリティによるアイデンティティは含まれていない）。発災直後、最初に認識したのは、母親としてのアイデンティティだった。それは、地震の揺れがおさまると同時に最前面に押し出され、交通が混乱するなか、即座に息子を迎えに車を走らせた。二日間、余震が続くなかでろうそくの灯りとラジオの情報を頼りに、息子と二人で自宅避難生活を送った。三日目、電気の回復とともに電子メディアの使用が可能になると、公的な私としての研究者／教員というアイデンティティを回復する。メディアの開通（社会への回路が開く）と同時に自らの社会的な立場を思い出し、家族・友人以外の仕事関係の知人に安否を知らせたり、学生の安否を確認したりする。そして、テレビやインターネットを通じて沿岸被災地の状況（当時の私よりもはるかに深刻な状態）が伝わると同時に、人としてやるべきことについて考え始めることとなる。そしてこの最後に認識することになった「人」というアイデンティティは、結果として最も深く私を悩ますことになる。そしてまた、その悩みから救ってくれたのが、残り二つのアイデンティティでもあった。私はのちに、「母／女性」として、そして「研究者」としてできることから始めることで、「人」として感じた無力さや、やり切れないさまざまな事柄に対し、徐々に折り合いをつけていくようになる。

以下では、筆者が母として、そして被災者として、発災直後に体験したことや混乱した頭で考えてきたことを記述する。そのなかには、のちにサバルタニティについて考えるきっかけとなった痛みを伴う多くの体験が含まれており、後に述べるサバルタニティの記述につながっていく。また、これに続き、研究者というもう一つのアイデンティティに基づき体験したり考えたりしたことを率直に記述していきたい。これらの問題提起は、次の第3章で述べる、ポスト三・一一のサバルタニティについて考えていくことへと直接的につながっている。

第1節　発災直後――母として、被災者として

「被災」

二〇一一年三月一一日午後二時四六分。仙台市街地での仕事を終え、大学の研究室に戻る車のなかでこれまで経験したことがないような激しい〈ゆさぶり〉を感じた。「地震」という認識はなく、「地球が壊れるのではないか」と思うような、長く激しい揺れだった。記憶が定かではないが、車中で聞いていたラジオは、揺れが始まると同時に途切れ、直後に緊急地震速報が流れた気がする。ラジオ放送（Date FM）は、一〇分ほどして回復したが、パニックのなか、何が放送されていたのか今では全く覚えていない。

夫が東京で単身赴任をしているため、仙台で当時三歳になる息子と二人で暮らしていた私は、放心状態から脱すると、激しく脈打つ心臓と震える足で何とかアクセルとブレーキを確認しつつ、信号が消えて混乱が始まりつつあった仙台市内の幹線道路を抜け、息子のいる保育園へと向かった。最初の地震の直後は、仙台市街地でいくつかの建物で壁が崩落したり、ガラスが割れたりしていたが、その時点で倒壊している建物はなく、その後の余震で道路や建物の被害が徐々に拡大したようである。

保育園では、年長の子どもたちは異変を感じて泣いていたし、何もわからない乳幼児は本能的に異変を感じたのか、やはり大きな声で泣いていた。三歳の息子たちは、状況を把握できるほどの年齢ではなく、かといって本能で感じるほど幼いというわけでもなかったためか、神妙な面持ちで皆一緒に布団に

くるまっていた。

たまたま一人で移動中だったため、即座に駆けつけることができた私のような親と違って、他の子どもたちの迎えはなかなか来ず、余震が続くなか私はしばらく園にとどまり、繰り返し訪れる余震のたびに子どもたちが不安にならないように、「大丈夫だよ」と声をかけたりしていた。そのとき先生の一人と「これが、これから三〇年の間に、九九％以上の確率で来るって言われてた三陸沖地震ならいいんだけどねぇ」などと楽観的に話していたのをよく覚えている。私たちはその時点で、すでに多くの被害が出ている、そしてその後出ることになるなどとは夢にも思っていなかった。そしてそれほどの緊張感もなかった。そのときは、一瞬日常が歪んだだけ、とでもいった認識にすぎなかった。

明るいうちに自宅に戻ってみると、幸い地盤も固くて建物も頑丈だったためか、自宅はさまざまなものが移動したり倒れていたりはしたものの、大きな被害はないようだった。私がワーキングマザーであることもあって、買い置きしている食料や水があり、ひとまず困ることはなさそうだったので、自宅避難をすることに決め、非常用のラジオをつけ、ろうそくの灯りのなか、息子と毛布にくるまって一夜を過ごした。

ラジオでは、津波と余震への警戒を呼びかけていたが、津波の高さやマグニチュードを表す数字だけを聞いていても、実際の被害の様子は全くわからず、息子がラジオを嫌がるし、必要な情報が得られそうもないので、早々にラジオも消して就寝した。内陸にいた私にとって、そのときラジオから得た情報で役に立ったことは、「公衆電話が無料でかけられる」という情報だけだった。

翌日一二日、新聞は届いておらず、テレビもインターネットもつながらないので、とにかく情報収集をしようと街に出てみた。コンビニエンスストアに長蛇の列ができていたが、聞けばほとんど購入できるものは残っていないとのことだったので、まずは家族に連絡を取るため公衆電話の列に並んだ。一時間弱並んでようやく電話をかけることができ、東京にいる夫と、私と夫の実家にそれぞれ手短に無事を知らせる電話をかけた。私の後ろに並び、息子の話し相手をしてくれていた高齢の女性たちは、それぞれ沿岸部の東松島と岩沼から来ていて、結局電話が通じず、家に帰る手段もなく、おそらくその後しばらく仙台市内の避難所にとどまったのだと思う。その避難所では、高齢者と乳幼児から順番に配られた毛布と水は、七〇歳のその女性には回ってこず、段ボール一枚を敷いただけの極寒の夜を過ごしたという。それでも、一緒にいた七五歳の女性に向かって「先輩が先よ。私は、ほら、若いから」と笑っていた。

マンションに戻ると、上の階に住む男性が、「困っていることはない?」と聞いてくれて、「乾電池が足りないかもしれない」と言うと、車で散々探したけどほとんどの店が開いていなかったとのことだったが、調達できたばかりの貴重な乾電池をいくつかくれた。

翌々日一四日、さすがに息子の栄養も気になってきたので、食料を調達しようと、近くの個人商店の列に並んだ。ここでも、約一時間の列に並び、退屈する息子の相手に苦労しつつも、並んでいる人の協力でなんとか食料を手に入れることができた。ソルニットのいう「災害ユートピア」は、このとき確かに出現していた。

これとは前後するが、前日一三日には、朝目が覚めたら家中に電気が灯っていた。寝ている間に電気が回復したらしく、水道から水も出ていた。急いでパソコンを立ち上げ、無線LANを確認したところ、ほどなくネット環境が回復した。まずは、私の安否を案じている知人・友人に無事を知らせるメールを送った。携帯は相変わらず通じない。テレビは、揺れで配線がおかしくなっていて、復旧するまで時間がかかったが、何とか昼過ぎには映るようになった。

ここから、〈私〉の本当の震災が始まる。

この日から新聞も届くようになったが、この日初めて、とんでもない津波が家から車で三〇分ほどの沿岸部を襲っていたことを「認知」した。ラジオで津波について「知って」はいたが、新聞の写真とテレビの映像により、視覚的な情報を得て初めて津波を認知したのである。(1)

しばらくは、いったい何が起こっているのか、現実を知りたくて、テレビをつけ、インターネットで情報収集を始めた。テレビでは、津波が押し寄せるシーンが繰り返され、破壊された町や村が大写しになっていた。原発の報道もあったような気がする（なぜだかわからないが、関心はあまりそちらには向かなかった）。その合間に、かろうじて救出された人や避難所などの映像も流れたような気がする。情報が錯綜するあまり、現実を捉えきることができないまま、現状の確認と食料の調達の方法、このままここにいることができるのか、避難しなければならないのか、学生たちはどうしているのか、そもそも大学はどうなっているのか、家のなかも片付けなければ、とあれもこれもと混乱した頭を抱えつつ、時々つながるようになった携帯への電話やメールの対応に追われた。

確実に言えるのは、私がリアルな社会（地域コミュニティ）としかつながっていなかった最初の二日間、電気や水道やガスが通じていなくても、それほど大きな不安を抱くことなく、周囲の人の協力のもと、情報を得て身の回りの生活をなんとかこなし、息子と遊んだり、笑って話をしたりすることができていた。もちろん「まだ二日目」だったこともあるかもしれない。ちょっとした興奮状態だったのかもしれない。三日目にテレビとネットを通じて、怒濤のように情報が飛び込んでくることによって、私の生活は一変した。「道具」の復旧により、できる仕事が圧倒的に増えたこともあるが、何よりも、情報を得ることで、自分の置かれている状況に対する安心と不安が同時に襲ってきて、そのバランスを取ることが難しくなった。客観的に捉えようとすればするほど、状況がわからなくなった。メディアと情報は、〈私〉の場所を相対化し、〈私〉のアイデンティティが多様であることに気づかせた。〈私〉のいる場所は、津波の被害は受けていないので、それによる心配はないが、食料や燃料が手に入れられる保証はない。何よりも原発が爆発すると言われているが、そうなった場合、小さな息子を抱えて、ここで私はどうすればいいのか。そして、メディアと情報は、「母」以外の私のアイデンティティを呼び起こしていた。〈私〉は、息子のことだけを考えていてはいけないのではないか。〈私〉には、「社会人」としてするべきことがある。そして何よりも「人」としてするべきことがある。だが、どれを優先させればいいのか判断できない。私は「母」だけでいられたらずいぶんと楽だったと思う。しかし、メディアと情報は〈私〉にそれを許してはくれなかった。

「避難」

〈私〉というアイデンティティと、時々刻々と変化する物理的な状況の狭間で、「避難」という言葉は、日を追うごとに現実味を帯びていった。

第一に食料がない。あと二、三日はもつが、その後スーパーや商店が通常どおり営業するという保証はない。何よりも小さな子どもを抱えてあの行列に並ぶことはもうこれ以上は無理だ。そしてテレビやネットでは原発が爆発したと騒いでいる。それが何を意味しているのかよくわからない。仙台も危ないのか？　爆発したら何が起こるのか？　その詳細を確認するために、テレビやネットで情報収集する時間もほとんどない。そもそも息子は津波や原発のテレビ報道を嫌がり、スイッチを切ってしまう。パソコンにかじりついていると、外に行くこともできず退屈しきって、遊んでほしいとしきりにまとわりつく。部屋の片付けもしなければならない。学生の安否確認もしなければならない。支援の情報を集め、知人や友人に送らなければならない。被災地を救わなければならない。私は何から手をつければいいのか。

そんなことを考えているところに、突然知人から「米軍は原発から八〇キロ圏内の待避を決めたそうだ。仙台は福島原発から約九〇キロだ」という連絡を受けた。私にとっては衝撃だった。日本のマスメディアが伝えている報道から原発がそれほど危険な状況であるという認識を持っていなかった。ネット上にはそのような言説もたくさんあったのだろうが、そもそも私は原発に関する情報を積極的に集めようとはしていなかった。それよりも、まず目先の生活をどうするのかということや、支援物資の窓口があることをできるだけ多くの人に伝えることの方が重要だった。被災地の状況を私自身が知るとともに他者に伝えることが重要だった。それなのに、私は、このたった一つの情報により、この場所を離れることを決意した。発災から八日目の三月一八日に仙台を出た。

この避難を決めるまで、そして決めてからの短い間に本当に多くのことがあった。

知人が、乳幼児や高齢者を優先的に避難させるために仙台から新潟までのチャーターバスを確保したという連絡をくれた。原発のことも気がかりだったが、何よりもまず、食料や水、燃料の確保に苦しんでいたこともあり、むしろそちらを心配して、子どもを持つ知り合いにこの情報を伝えた。そのときの反応で最もショックだったのは、「情報科学研究科の教員のくせに、不安を煽るような情報を流していいのか」という批判を受けたことだった。批判を受けたことがショックだったわけではない。この状況下(当時、仙台でも原発に対する不安はますます高まっていた)で、子どもを避難させるということよりも、私の提供した情報を「原発による不安を煽っている」と捉えてしまうような母親の心理にショックを受けた。

また、一緒に避難することを決意した友人(同じ保育園に子どもを通わせていた)は、避難したいと勤務先に伝えたところ「職場放棄をするのか」と問い詰められ、結局避難することができなかったという。また別の友人は、避難したいと義父母に伝えたところ、「避難したいならおまえだけ行け。息子(彼女の夫)と孫は置いていけ」と言われ、こちらも結局避難することができなかった。おそらく同様のことが、東北各地で起こっていて、もしかしたら福島ではもっと多くの文脈の異なる同様のやりとりが交わされてきたのだろう。この後、一応原発は（仙台では）「最悪の事態」とはならなかったため、一人だけ避難できた私はうしろめたさを引きずらずにすんだが、「もしも」のことが起こっていたとしたら、私は本書を書き始められてはいなかったかもしれない。私は、被災地のなかで恵まれた立場にいた。

「支援」

避難を決意するまで（そしてその後もずっと）、おそらく世界中の人と同様に、私は私の立場から被災地にどのような支援ができるのかを考えていた。とはいえ、発災後数日は何も考えられず、まず息子と自分のことを考えるのに精一杯だった。

三月一三日にネットが通じたときに、私と息子の安否の問い合わせのメールに混ざって、いくつか支援物資の送り先についての問い合わせがあった。特に神戸では、発災翌日の一二日にはすでに多くの物資と義援金が集まっているということだった。翌日一四日に、さっそく、大学や行政などの受入窓口を探したが、どこもまだその段階ではなく、民間の窓口を探したところ、知り合いの夫のNPOが受け入れ準備中だという情報を得た。一六日になり、ようやく東京でフードバンクの活動を行なっている「NPO法人セカンドハーベスト・ジャパン」、仙台市内で生活困窮者支援を行なっている「NPO法人ワンファミリー仙台」、そして食品を生活困窮者へ届ける活動をしている「NPO法人ふうどばんく東北AGAIN」の三団体が連携して被災地への食料支援を行なう体制が整ったという連絡を受け、手元のメーリングリストなどで一斉に情報を流した。発災から六日が経っていた。

この情報は各方面でかなり重宝されたようだった。「行政一本化」という今になってはもっともらしいが現実的ではない言説のおかげで、各地で集められた被災地への支援物資は被災地へは届かずにいた。「被災地が混乱するといけないから」という理由だったようだが、被災地ではとにかく支援物資を必要としていた。多くの人々の生死がかかっていた。現地のことをまだ何もわかっていなかった専門家たちが、一九九五年の阪神・淡路大震災などの経験を元につくり上げた言説だったが、東日本大震災は、その発生時点からすでにわかっていたとおり阪神・淡路とは全く異なる状況だった。あらためて述べることでもないだろうが、原発事故への対応も含め、現実を直視せず、経験則のみに判断を委ねた前例踏襲主義的な施策は、概ね失敗だったと思われる。ここにも後述するサバルタニティ創出の一つの要因があったと言えるだろう。

その後、このことに気づき始めた人たちの手によって、手探りながらも少しずつ支援のあり方が見直されていく。発災直後から、全国、さらには全世界で、挙げればきりがないほどたくさんの支援プロジェクトが立ち上げられた。ここではあえて事例を挙げることはしないが、当時マスメディアやネット上の「大きな言説」に惑わされることなく、各自の立ち位置からできる範囲の支援を考えて実行した組織や個人によって、多くの重要な支援がなされていたと思われる。

「ボランティア抑制論」についても、同様である。当時、ボランティアが押し寄せることによる弊害について議論となり、申し込むことに躊躇した人も多くいたようである。しかし実際に被災地では、ボランティアを必要としている場所も内容も多様であった。ボランティアが殺到して迷惑になるというのであれば、集中していない場所を選んでボランティアに行くこともできたはずだ。当時の実体を伴わない主流の言説だけを聞いて、ボランティアに行くことを躊躇した人が多くいたとしたら、大きな問題である。あまり論じられてはいないが、このような「行政一本化」や「ボランティア抑制論」などの誤った言説が当時支配的であったことについてはきちんと検証されるべきだと思われる。

「原発と放射能」

本項の記述を始める二日前の二〇一二年八月、私は福島の浪江町、飯舘村、南相馬市小高地区の警戒区域解除地区を訪問した。[2] そこで見聞きしたことや考えたことと、発災直後から私が実際に体験したこととの間には著しい距離がある。

二〇一一年三月一二日に福島第一原発の一号機が水素爆発を起こしたということを当時私は知らなかった。一四日の三号機の爆発についても、情報収集や食料調達のために出かけていたのでやはり知らなかった。その後おそらくニュースは見たのだろうが（記憶がない）、この時点で、事の重大性をほとんど認識していなかった。テレビが原発の報道ばかりしていることにむしろ反発を感じた。仙台の私の周りの人たちの原発報道に対する反応は、後で聞いてもだいたい同じようなものだった。福島や東京の人たちとはおそらく全く異なる反応だっただろう。

三月一七日に、知人から米軍が八〇キロ圏内待避を決めたという情報を聞くまでは、私は身の回りのことで精一杯で、原発については「ないこと」にしていたのだと思う。一方で、原発教育を受けてきたという、福島県いわき市出身の友人による状況分析を聞きながら、水素爆発後、少しずつ不安が高まっていたのも事実である。私はその時点で、いったい原発のことをどう捉え、どう反応するべきかわからなかった。原発がよりひどい状態になったとして、移動のための燃料も確保できない状況で小さな子どもを抱えてどうやって避難すればいいのか、見当もつかなかった。私の場合、さまざまな情報が飛び交うなかで、いったい何が真実なのか、メディアや専門家が正しいかどうか判断できないというような、おそらく東京の人たちが抱いていた苛立ちとは異なり、「原発事故」という事象そのもの、あるいはそれに関する言説について考えるには、当時の状況はあまりに混乱しすぎていて、結局「なかったこと」にしたのだと思う。

その後、なんとか夫の実家のある栃木に避難し、約一週間をそこで過ごした。その後東京を経由して、四月中旬に仙台に戻るまでの数週間、私の実家のある鳥取県米子市に避難した。関東では、計画停電も経験した。東京では水道水から放射能が検出されるという騒ぎもあった。関東での出来事とそれに対するメディアや人々の反応は、どれもこれも私を苛立たせるものだった。買い占めなどしなくても、スーパーには電気がついていて食料がたくさんある。被災地はもっと過酷な状況にあるのに、安全圏《セイフティゾーン》にいる人たちが大騒ぎしている。原発が爆発しても逃げられる立場にある人たちが、原発の向こう側にいる東北の被災者たちを置き去りにして逃げようとしている。ものすごく腹が立った。しかし、それは私自身の姿でもあった。

米子は別世界だった。そこでは、思いっきり空気が吸えた。息子は実家の庭を裸足で駆け回り、草むらに寝転んではしゃいでいた。満開を迎えた桜の下では、バンドが心地よい音楽を奏でていた。東北とのあまりの違いに涙が止まらなくなった。私は逃げてきたのだ。

一ヶ月後、仙台に戻ると、当初の混乱はさすがに落ち着いて、私自身も事態を冷静に捉えられるようになっていた。この頃には、仙台でも原発問題から放射能問題へと関心が移っていた。宮城県の場合、他の地域と比べて、この問題はきわめてデリケートで、私たち母親は、相変わらずその問題を「ないこと」にしていたような気がする。保育園で線量の測定結果と保育園の対応に関する通知が張り出されたのは、夏頃だったと記憶している。

「ないこと」にしていた原因のうち、最も大きいのは、やはり津波被害の復旧・復興が最優先だと誰もが考えていたことだろう。命が助かった内陸の私たちは、放射能への不安よりも、沿岸部を救うことを考えていた。私自身、放射能の測定よりも先に、沿岸部の支援にお金を使ってほしいと考えていた。そんなこともあったのか、心配性の母親たちは、幼稚園の庭やプール、給食の放射線量を測定してほしいと考えていたが、大きな声にはならなかった。「とても」心配性の母親たちは、子どもに水筒や弁当を持たせたり、自分の子どもだけは園庭で遊ばせないようにしたりした。

もう一つの理由として、他の地域と同様、情報の真偽や放射能の安全基準の判断がつかず、そもそも放射線量自体の情報が、先に挙げた理由からか宮城では十分に得ることができなかったため、行政や保育園に、どのように訴えればいいのかということすらわからなかったという事情もあった。

そして、こうした理由もあってか、例えば私のような「少し」心配性の母親は、「とても」心配性の母親たちの仲間に入ることはしなかった。行政や園に訴える必要があるのかどうかもわからなかったし、そうすることで、「不安を煽っている」とか「過敏すぎる」とか思われて「浮いてしまう」のが嫌だった。自分の子どもだけが、他の子と違う食事をしたり、一緒に園庭やプールで遊んだりできなくて「浮いてしまう」のはかわいそうだった。

宮城の場合は、しばらくはっきりとした線量がわからなかったこともあり[3]、母親たちが現実を知るまで時間がかかった。福島のようにはっきりと高い数値が出ていたら、母親たちはやはり福島のように分断していたかもしれない。結果的に、仙台の線量は低くてホットスポットもほとんどないことが徐々に明らかになった。結果的には、白黒つかない状態にあったことが、大きな分断を防いだといえるのかもしれない。

その後、福島県出身の新聞記者から、「放射能不検出と言われても福島県産の商品を買わないのはなぜ」と聞かれた。私は「私自身は食べるけど、子どもにはやはり食べさせたくない」と答えた。それは理屈ではない母親の本能のようなものだ。このような本能から、私は当時まだ線量の高い福島にとどまる母親たちのことをどのように考えればいいのかわからずにいた。ある人は、私が母親としての本能から子どもを守りたいと考えるのと同様、本能的にそれを危機的状況とは捉えないよう自己防衛をしているのではないか[4]、と言っていた。状況が許さない以上、避難すること自体難しい。それは、仙台から避難しようとしたときにすでに明らかだった。問題なのは、移動手段の確保や金銭的な問題と関係なく、彼女たちの思考を停止させるような何らかの社会的な力が働いたのではないか、という点である。この疑問に明確な根拠があるわけではない。この問題におけるサバルタニティについては、また別の機会にあらためて考えたいと思っている。

第2節　メディア——研究者として

先述したように、メディア研究者としての〈私〉の本当の震災は、電子メディアの復旧とともに始まった。メディアの復旧によって、社会とのつながりも回復した。しかしそれは同時に、異なる者同士を隔てた。画面のこちら側と向こう側を隔てた。私は、メディアの報道や情報によって、いつもは画面の前にいた私が、画面のなかにいると感じた。画面に映っているのは私自身ではなかったにもかかわらず、〈私〉は画面のなかに位置づけられた。では、ソーシャル・メディアは画面のこちら側と向こう側の溝を埋めたのだろうか。いや、ソーシャル・メディアはもしかしたら、その溝をさらに深くしたのかもしれない。私たちはメディアによって分断されてしまったのだろうか。

震災の〈リアリティ〉

震災後、誰もが感じていたこと、そして必然的なことでもあるが、先述したように、私は被災地から関東を経て西日本まで移動するなかで、地域によって震災に対するきわめて大きな温度差があることを肌で感じていた。被災地の内側と外側には、圧倒的な感覚の「ずれ」があった。

「坂田さん、あああああああああぁっぁぁぁぁっぁあああああ、よかった。本当によかった」

これは、私が安否を知らせたときに実際にもらったメールの一つだが、何日か後に私に電話が通じた友人たちも同じような反応だった。電話口でいきなり泣き出す人までいた。私は当初わけがわからず、「えっ、全然大丈夫だよ」と、とまどいながら状況を説明していた。彼女たちの反応に面食らった。しかし、後でテレビによる報道を見て合点がいった。友人たちは、私があの津波にのまれたのではないか、と思っていたのだ。

このようなリアリティに対する感覚のずれ、そしてその後さらに大きくなる温度差の要因として、もちろん震災を実際に体験したか否か、ということは大きいのだろう。ただ、東京もかなり揺れたはずだし、帰宅困難や計画停電など、震災を実際に経験している。仙台にいた私と彼らの違いは、発災直後にあの衝撃的な（リアルタイムの）映像を目にしたかどうかということだろう。あの〈スペクタクル〉を私は経験してはいない。日々暮らしてきた場所から見えるものしか見ず、聞こえることしか聞いていなかった。メディアが復旧した時点で、私にとっても震災は〈スペクタクル〉になりつつあった。ただし、同時にそれは、身近な場所で展開する〈リアリティ〉でもあった。

震災後、テレビ報道だけではなく、ユーチューブなどでも公開された被災地で撮影された映像は、見ている人たちの全感覚をその圧倒的な表象の内に取り込んだ。被災地すべてがそうなっているかのような錯覚は、時に、映像に収まりきらない悲しみがあることを、見ている人たちが想像することさえ抑圧した。被災地にはあの映像以上の苦しみがあったし、一方で、もっと小さいけれども数え切れないぐらい多くの苦しみや不安があった。そして今でもある。当時、東北の内陸にいた私たちは、津波に比べれば小さくて、個人的で、救いを求めるのも申し訳ないような、けれども自分にとっては大きな不安で押しつぶされそうになりながら、日々を過ごしていた。

震災では、ソーシャル・メディアの役割がクローズアップされた。ただし、橋元良明が指摘するように、震災直後の被災地でのソーシャル・メディアの評価はそれほど高くはない[5]。このことは、私自身の体験とも一致する。震災前からツイッターとフェイスブックのアカウントだけは持っていたが活用していなかった私は、必要に迫られてこれらを活用しようと試みた。しかし、ツイッターに関しては、まず、そもそもこまめに情報を探している時間がない。情報の真偽どころではない。私が必要としている情報を与えてくれるのは誰なのかもわからず、本当に必要とする情報は、ほかの大量の情報に埋もれて見つけることができなかった。「リアルタイム」であるはずの情報は、それを行動に結びつけるほどには「リアルタイム」ではなく[6]、結局はほとんど活用できずに終わった。フェイスブックでは少しずつ情報発信を試みたものの、実際にはそのための時間はほとんど取れなかった。被災地からの救助を求める、もはや「つぶやき」とは言えない悲鳴がリツイートされていく一方で、救いを求めて情報を探す被災地の人々にとって、本当に必要な「救い」は膨大な情報の渦にのまれた。プル型のメディアの限界だったと言うこともできるかもしれない。当時のような混乱のなかでは、他の作業をしながらでも情報を得ることができるプッシュ型メディア（主にラジオやテレビ）の役割は大きかった。ただし、これらもインターネットにアクセスできた人にとっての話である。橋元が指摘したとおり、こうした問題を含め、デジタル・デバイドの大きな被災地で、ソーシャル・メディアが十分な役割を果たしたということはできないだろう。

一方で、被災地の外側でも、ツイッターを含むネット上の大量の情報は、人々をいっそう混乱させたのではないかと思う。確かに、ネット上には、マスメディアが報じない情報がたくさんあった。真偽についての議論はともかく、ローカルな情報や生活情報、原発や放射能に関するオルタナティブな情報は実際に必要とされていた。ただし、その反面、マスメディアが報じない情報の「すべて」がそこにあるかのような錯覚もあったのではないだろうか。膨大な情報の陰で、そこにすらのらない声や苦しみがあるのだと想像することさえも抑圧されてはいなかっただろうか。ネット上で発信されたSOSや支援物資を求める声により、助かった人も多かったことだろう。しかし、その裏で、ネットにアクセスなどできない多くの人の苦しみ、場合によっては命を救うことができなかったことをどれだけの人が認識していただろうか。

他者化される被災地・被災者——当事者不在の言説

すでに何度も述べているとおり、私たちは被災地で、地震発生直後の数日間、電気が回復するまで、テレビからもネットからも情報を得ることができなかった。被災地の外側で人々があの衝撃的な映像に晒され、被災地の現状を知ろうと、インターネットを見続ける一方で、当事者である被災者たちは、「蚊帳の外」で、それぞれの生活を続けるために、家族や知人の安否を確認するために、食料やガソリン、情報をどうすれば得ることができるのかただただ考えていた。

ようやくテレビが復旧した仙台では、必要としている生活情報などが得られず、衝撃的な津波のシーンや原発のことばかり繰り返す報道に対して、かなり強い反発があったように思う。これは、私の個人的な見解ではあるが、同時に、周囲の反応でもあり、私がメディアの研究者であることを知っている友人や知人が私に訴えてきたことでもある。メディア、とりわけ中央のメディアに対する違和感や不信感は、子を持つ母、沿岸部出身で身近な人を亡くした友人、知人、ゼミの学生たちなど、多くの人の口から聞かれた。

すでに指摘したことではあるが、まず何よりも情報がない。被災地が必要としている生活情報が圧倒的に少ない。この苛立ちに関しては、後述するとおり、その後ローカルメディアやコミュニティ・メディアによって徐々に解消されていくが、主に中央のメディアに対しては、「被災地の現状がわかっていない！」、「そのシーン、もうやめて！　つらすぎる……」、「美談は要らない！」、「正直、原発より食料と燃料」、「私たちは物語ではない！」といったような強い反発の言葉を幾度となく聞いてきた。私自身がそうだったが、何よりも先に進むために、希望を見いだすことのできる情報がほしかった。

なんとか情報を得ようと血眼になってかじりついたテレビでは、繰り返し津波と瓦礫の映像が映し出され、インターネットでは、被災者ではない人たちが被災者を代弁していた。

「支援物資を送ると過集中が起こって被災地が混乱するから勝手に送らない方がいいよ」、「迷惑になるからボランティアには行かない方がいいよ」、「(マスメディアに対して) 被災者にカメラ向けるのは暴力ではないのか」(無理矢理カメラを向けたのだとしたらそれは暴力だろう) など、これらすべてが間違いだと言うつもりはないが、そんな風に口々に言う人たちは、どれくらい被災地の現状を把握していたのだろう(仙台にいる私自身でさえ全くわかっていなかったことだ)。被災地では何もかもが不足していた。物資も、ボランティアも、情報も必要だった。マスメディアに取り上げてもらうことで、物資が届いたり、家族や知人の安否が確認できたりしたこともあった。過去の経験や憶測だけで、被災地を代弁する言説が、どれだけ被災地への支援を妨げただろうか。どれだけ支援に向かう人々の気持ちを萎えさせただろうか。どれだけ被災地のことを考えてくれた人たちを傷つけただろうか。たとえそれが、その人にとっての善意だったとしても。

そして、そんな言葉を綴ってきた人たちが、その後は、自分たちの地域が被災地の瓦礫を受け入れることに反対し、東北に足を運ぼうともしない。福島はすべてが汚染されていると信じ込む。このような、被災地・被災者を他者化する当事者不在の言説は、当時から今現在も変わることなく被災地の人たちを苦しめている。

一方で、すでに周知のとおり、この大震災によって、ラジオをはじめとする地域メディアの役割があらためて見直された。私自身は、三日目に電気が回復して以来、ラジオは車のなかでしか聞いていないが、沿岸部で立ち上げられた臨時災害FMの重要な役割については、ここで繰り返し記述するまでもないだろう。[7]ラジオを終始聞いていられるわけではないし、実際にそれほど多くの情報を得られたわけではなかったのかもしれないが、地域コミュニティが必要とする情報がきわめて少ない状況で、必要としている情報をきめ細やかに伝えてくれるコミュニティFMや臨時災害FMという存在は、被災者たちの「心の拠り所」としても大きな役割を果たした。

私自身は、必要な情報がほとんど情報が得られないことや心的負担が大きいこと、何よりも小さな息子に与える影響を考えて、三日後にはテレビをつけなくなった。新聞は届いていたが、ざっと目を通すだけで、ほとんどの情報はインターネット（SNSではなく）から得ていた。とはいえ、情報源は多くはなく、主に仙台市による情報と地元のブロック紙である『河北新報』のオンライン版「KOLNET」（当時）などから情報を得ていた。

『河北新報』では、被災者が必要とする、炊き出しやライフラインの情報、店舗や公衆浴場の営業時間まで、きめ細かい生活情報が掲載されていた。被災者たちは、同じ被災者でもあり、同じ目線、同じ気持ち、同じつらさを共有している地元メディアに対して、安心感と連帯感のようなものを強く感じていた。

当事者として、取材して記事を書くということについて、ジャーナリストの佐々木俊尚は、以下のように述べている。

私のような気仙沼にゆかりのない外部の人間には、「瓦礫の山がそこにある」というひとつのレイヤーしか目に入ってこない。しかし地元の人には、「瓦礫の山」と「瓦礫になる前の街の記憶」というふたつのレイヤーが重なって見えるのだ。[8]

被災者たちは瓦礫の山の向こうに「街の記憶」を見ると同時に、同じ記憶を持つ記者に対する敬意と信頼を感じる。それは大きな支えになったに違いない。

大船渡市の『東海新報』の長谷川記者は、「被災者にとって何が必要なのかを考え、被災者に密着し、寄り添った新聞をつくりたい。美談はいらない。現実を知らせるのが自分たちの役目だ」と述べている。[9]このような記者の姿勢と視点こそが、被災者たちがメディアに対して求めていたものだった。NHKのテレビ番組『クローズアップ現代』の「被災者が発信する災害FM」という回では、災害FMを聞いているという被災者が、「へたくそなんだよ。へたなんだけど、素人が一生懸命やっているのが伝わる。それがいいっぺ」[10]と語っていた。地元メディアは、そのとき確実に被災者たちを元気づけていた。

このような話をすると、「中央のマスメディアはだめで、ローカルメディアがよいと言っているのか」、と短絡的に捉えられることがある。実際にそのような質問を受けたこともあるが、これは各メディアの特性や社会的機能に関わることで、当時の被災地ではローカルメディアによる情報が必要とされていた、ということにすぎない。ただ、受け手である被災者にとっては、中央のマスメディアが伝える情報には、大きな違和感があったのは第3章でも論じるとおりである。そのかなりの部分が感情論であったことも、添えておかなければならないだろう。[11] そしてこれは、マスメディアが被災地外において果たした役割を否定するものでは全くない。世間にはマスメディアに対するさまざまな批判もあり、問題は残るものの、「3・11からメディアを考えるプロジェクト」による調査[12]などから、マスメディアは、少なくとも、当時の混乱した状況下で考え得るべき最善の取材と報道を試みていたことは明らかになっている。それは、全国、さらには海外からの被災地への支援の大きさや共感に表れている。しかしながら、表象というレベルや文化的な側面から言えば、やはり大きな問題があったと言わざるを得ない。それは、メディアで働く個々人やメディア組織そのものに向けられるべき個別の批判ではなく、私たちの社会に根付く文化としての問題であり、メディアの社会的機能やシステムの問題でもある。

紡がれていく物語とこぼれ落ちる断片《ピース》

そして、周知のとおり、時とともに被災地外での被災地の報道は減っている。世の中は被災地を忘れ去ろうとしているように見える。さらには、日本国内だけでなく世界中で次から次に「被災地」が生み出されている。すなわち、言い方は悪いが、どの災害においても限られたメディアの枠組みのなかで伝えられる被災地の状況は、わかりやすく、情緒的で、見ている人が泣いたり感動したりといった、エンターテインメントとしての〈物語〉へと紡ぎ上げられていく傾向がある。

震災後、再開した大学院のゼミや講義のなかで、被災地で震災に遭遇した学生たちに、メディアや報道に関して感じたことを率直に話したり書いたりしてもらった。すると、多くの学生がメディアに対する違和感や苛立ちを口にした。マスメディアに対するものも、ソーシャル・メディアに対するものもあった。その多くは、先述したように、自分たちが必要とする情報が得られなかったことに対する不満だったが、次に多かったのが、被災地の報道のされ方やメディアの表象に関するものであった。

特に、被災地、被災者、亡くなった人たちが「美談」として描かれること、東京（中央）の視点から「他者化」して伝えられること、そして同時に「誰のため」の情報ないし報道なのか、という点について、多くの学生が口々に違和感を口にした。実際に被災し、震災後もボランティアなどで沿岸部に出向くことの多い学生たちは、現実とメディアの表象との間の大きなギャップ、あるいはメディアの偏向について強い問題意識を持っていたようだった。沿岸被災地出身の学生で、実際に身近な人や家を失った学生はさらに強い違和感や憤りを訴え、メディア不信に陥っている者もいた。

被災地の宮城県山元町出身の社会人学生は、被災地・被災者が「美談」として描かれることに非常に強い違和感を訴えていた。「被災地の現状は、もっともっと混沌としていて、美談や物語として回収されうるものではない。被災地はもっとどろどろしている。メディアは全く現実を反映していない」、というのが彼女の主張だった。

そして、この学生は、出身地である山元町の報道が震災後、極端に少なく、それによって支援物資が山元町に届かなかったことを指摘していた。これは、当事者ならではの視点であり、当事者でなければ指摘できない点である。その時点で事実を確認することはできずにいたが、のちに三浦伸也などによって、テレビで報道される被災地の地域格差について、例えば、南三陸町などと比較した際に、山元町に関するテレビ報道が少ないことが明らかになっている。[13] また、三浦は、テレビジョン・アーカイブを使ったテクスト分析と、実際の地域別の支援物資、ボランティア数、義援金額などのデータを用いて、報道量と支援の相関関係を明らかにしている。[14]

南三陸町と山元町などの報道格差の原因について、三浦は、「物語のある場所が取り上げられやすい」という指摘をしている。実際には、先述した「3・11からメディアを考えるプロジェクト」によるテレビ局に対するアンケートとヒアリング調査の結果からは、報道格差が生じた最も大きな要因として、震災後の混乱における現実的かつ物理的な問題（取材あるいはその地域へのアクセスの問題、被害の規模や取材能力の限界など）が大きかったことが明らかになっている。しかしながら、一方で、三浦の指摘は十分な説得力を持つ。

実際、南三陸町と山元町にそれぞれ足を運んでみたが、この二つの地域の「物語性」の違いは一目瞭然である。リアス式で起伏の多い南三陸町では、山手から被災地に入ると、突然視野が開け、天気のよい日には、被害の爪痕が深く残る一帯の向こうに、あの日、牙を剥いたとは考えられないような、穏やかで青く輝く海が見える。美しい海が悲惨な被災地とのコントラストを描き、ある種の情緒さえ醸し出し、私たちの感情をかき立てる（写真1）。一方、平野である山元町では、実際に外から撮影に行ったカメラマンが、どこを撮影していいのかわからないと言うくらい、（外から入った者にとっては）どこも同じ風景で、元々家屋などもまばらだったため、他の地域と比べて「絵」になるところがない（写真3、4）。そして当然、「山元町」ではなく「被災地」を知りたい人には、南三陸町の写真や映像の方が心に響く。そして心に残る。

南三陸町の「絵」のなかには、津波被害の象徴的な建物でもある、赤い骨組みだけが残った防災対策庁舎が、やはり青い海とのコントラストとして「描かれる」(写真2)。この防災庁舎は、のちに「天使の声」と呼ばれる危機管理課職員の遠藤未希のエピソード[15]とともに、南三陸町の〈物語〉となる。

写真1　高台から見た南三陸町

写真2　南三陸町防災対策庁舎

一方で、実際には、山元町にもたくさんの大小異なる物語がある。山元町に関してよく知られた話題としては、臨時災害FM「りんごラジオ」があるが、ほかにも特産のいちご農家の苦難や復興に向けた動き、常磐山元自動車学校での悲劇、復興計画に関する町民の働きなどがある。聞こえてはこないけれど存在している物語も無数にあるだろう。それは、南三陸町でも同様である。

このように〈物語〉あるいは〈絵〉になるということは、遠く離れた人に伝わりやすいということでもある。直接現地に足を運ぶことのできない人にとっては、一目見て、あるいは概要を聞いて知る、ということは重要であるし、マスメディアにはそれが求められている。おそらく、マスメディアの記者でなくても、被災地の様子を手短に伝えようとすれば、写真1～4のような写真と、わかりやすい悲劇をまず伝えることだろう。

写真3　旧山下第2小学校付近住宅

写真4　山下駅ホーム

問題は、紡がれる〈物語〉そのものにあるわけではない。〈物語〉を紡ぐことにあるわけでもない（それが歪曲したり偏向したりしている場合はもちろん別であるが）。物語として伝えることは、多くの場合、重要である。ただし、紡がれた〈物語〉は広大な被災地全体から見ると、ごく一部の情報がわかりやすく形成されたものでしかない。ごく一部の地域、人、復興のみが取り上げられ、それ以外のことは瞬く間にこぼれ落ちていく。こぼれ落ちていくものの方が圧倒的に多く、〈物語〉となってメディアで伝えられる情報は、被災地の氷山の一角にも満たない。

わかりやすい物語へと形成しにくい、人々の感情の断片や耐えがたい苦しみ、言葉にならない思いといった、形にならないものや個人的なストーリーなどは、メディア、特にマスメディアでは伝えようもない。私たちにはそういった多くの被災地にある断片《ピース》について知る術がないのである。

東北では、何年もの間、震災関連のニュースがローカルニュースの大部分を占めていた。それでも、見聞きする情報は、おそらくメディアが伝えることができるような、情報としての体裁が整ったものだけで、形にならない声や言葉、絵にならない景色のほとんどは私たちには届かないままその場で消えてしまっているかもしれない。

震災後、私は、何度か沿岸被災地に人を案内しているが、皆が口をそろえて言うのは、「やはり来てみないとわからない」という言葉である。におい、空気、気配なども含め、メディアには伝えきれないものがあるということは、今さらここで主張するまでもない。マスメディアの報道に偏りがあるということをあらためて批判したいわけではない。メディアが伝えられるのは、所詮、最大公約数の悲しみでしかない。私がここで問いたいのは、このような、私たちの目に見えないもの、耳に届かない声を等閑視したまま、この東日本大震災という歴史をつくり上げてしまっていいのか、ということである。メディアが伝える「大きな物語」を中心とした中央の視点による「東日本大震災」という〈物語〉を紡いでしまっていいのか、ということである。それはいったい誰のための歴史になるのだろうか。後世に残されたそれらの記憶は、誰を救ってくれるのだろうか。

被災地に散らばる断片を、少しでも多くすくい上げる必要はないだろうか。それらを再構成して新たな物語を紡いで後世に伝える必要があるのではないだろうか。

さて、ここまでは震災のなかで私自身が体験し、見聞きして感じたことや考えたことを軸に記述を進めてきた。それはあくまで印象だったり、根拠がはっきりしなかったり、そもそも噂にすぎないこともあるかもしれない。ただ、震災のなか、一被災者（n=1）としての私が感じたメディアに対する違和感や憤り、それによって生じていたと思われる社会的な歪みなどを言葉にしたものである。続く第3章では、本章における〈私〉の視点からの記述となるオートエスノグラフィーとは対照的に、実証的なアンケート調査とインタビュー調査に基づき、メディアによる「物語」が被災地でどのように受けとめられていたのかという点について明らかにしつつ、紡ぎ上げられる大きな物語と、そのように物語が形成されてしまう背後にある問題を取り上げ、物語はこれまで何を語り、何を語ってこなかったのか、なぜサバルタンの声はかき消され、サバルタニティが生じてしまうのか、これまでとこれからの歴史についても考えながら、これらの点について具体的に検証していく。

注

（1）被災地でも、ワンセグやカーテレビなどでテレビを見ていた人もいたようであるが、多くの人が数日間、テレビやインターネット、新聞へもアクセスできない状態だった。

（2）原発から二〇キロ圏内にある南相馬市小高地区は、二〇一二年四月一六日に「警戒区域」から「避難指示解除準備区域」となった。この場所を訪れたのは、二〇一二年八月二九日。

（3）東北大学など、仙台市の二、三箇所で当初よりモニタリングは行なっていたが、行政が学校や保育園など個別の場所の測定を始めたのは、福島と東京比べてかなり遅れていた。

（4）心理学ではこれを「正常性バイアス」という。

（5）橋元は、マス・コミュニケーション学会二〇一二年春期研究発表会シンポジウム「震災後のメディア研究、ジャーナリズム研究」（二〇一二年六月三日）における報告「調査から見た被災地におけるメディアの役割」のなかで、震災後の被災地での情報収集において、ソーシャル・メディアがあまり大きな役割を果たしていないことを指摘している。

（6）例えば、「〇〇には□□が売っています」という情報を得てその店に行けば、すでに売り切れており、「〇〇のガソリンスタンドが営業しています」という情報を得てそのガソリンスタンドに行けば、すでに長蛇の列、といった状態だった。

（7）臨時災害放送局については、大内斎之『臨時災害放送局というメディア』（青弓社、二〇一八年）で詳細に論じられているため、そちらを参照されたい。

（8）佐々木俊尚「佐々木俊尚 現地レポート Vol.1「客観中立報道」という枠組みを乗り越え被災地から生まれた「メディアの可能性」」「現代ビジネス」（http://gendai.ismedia.jp/articles/-/3423）［二〇一一年三月四日閲覧］

（9）「毎日ＪＰ」二〇一一年六月六日

（10）『ＮＨＫクローズアップ現代』二〇一一年七月五日放送

（11）坂田邦子／三村泰一編『被災地から考える3・11とテレビ』サンパウロ、二〇一六年

（12）東北大学大学院情報科学研究科メディア文化論研究室では、震災後「3・11からメディアを考えるプロジェクト」を立ち上げ、現在までに、被災三県のテレビ局および在京キー局を対象とした、アンケート調査と聞き取り調査を行なっている。

（13）三浦伸也「311情報学の試み――ニュース報道のデータ分析から」高野明彦／吉見俊哉／三浦伸也『311情報学――メディアは何をどう伝えたか』岩波書店、二〇一二年、田中孝宜／原由美子「東日本大震災 発生から72時間 テレビが伝えた情報の推移――在京3局の報道内容分析から」『放送研究と調査』二〇一二年三月号、ＮＨＫ出版

（14）同論文

（15）南三陸町では、多くの職員や警察官、消防職員が行方不明となったが、そのなかに最後まで防災無線放送で住民に避難を呼びかけた危機管理課職員の遠藤未希がいた。遠藤は、地震後も役場の防災対策庁舎に残り、津波に襲われるまで無線放送で避難を呼びかけ続けた。

第3章　東日本大震災におけるサバルタニティ

「サバルタン」「サバルタニティ」という言葉は、本書のキーワードではあるが、まず、東日本大震災の事例のなかで考える場合に、社会的な立場が従属的であるがゆえに、「(自分の気持ちや必要なことなどを) 語れない人」と「語れ（ら）ないものごとがある状態、発話できない状態」というように元来の意味を起点としてこれらの言葉を考察していくことを確認しておきたい。

大震災のなかで語られなかった（届かなかった）、そして今でもなお語られていないこと（私たちに届けられていないこと）は、それこそ瓦礫のように本当にたくさんある。今では明らかになってきていることも多いが、一般的に弱者と呼ばれる、高齢者、障害者、女性、子ども、外国人などが、震災直後の健康な男性中心の支援体制のなかで必要なことを言葉にできなかったことがたくさんあった。避難生活のなかで「優先度」を考えるあまり、必要なものを「欲しい」と言えなかったこともあっただろう。辛くても「辛い」と言えない場面もあっただろうし、嬉しくても「嬉しい」と言えない場面もあっただろう。ある僧侶への取材によると、被災地では、亡くなった人たちの幽霊を見たという被災者が数多くいたという。誰も信じてくれないだろうという気持ちから自分の心の奥に押し殺していた人もいたということであった。[1] 第2章でも述べたが、東北では「避難したい」という当たり前の願いさえも口を噤まなければならない状況にあった人も実際にいた。さまざまな場所で繰り返しこのような言葉が飲み込まれてきたのかもしれない。

一方で、被災地を離れても、また口に出せない言葉があった。原発の専門家たちは、本当はわからなくても「わかったふり」をしなければならなかった。別の見方があるということを口にすることもなく、決して使ってはいけない言葉を注意深く回避しながら、当たり障りのない説明をしなければならなかった。メディアもまたわかったふりをしなければならなかった。こんなにもわからないことがたくさんあったというのに、わかったことだけを報道して、わからないことについては「わからないから報道できない」ということは許されなかった。危険かどうかわからないときに、マスメディアが「わからない状況」にあったことを正直に語っていたとしても、「何のためのメディアだ」とやはりバッシングされただろうか。すべてを他人任せにしてきた日本社会において、現実は自分自身に判断が委ねられているのだということを思い知る機会だったのかもしれない。

「支援物資を送ってはいけない」とか「ボランティアに行ってはいけない」という世論をおかしいと思った人もいたはずである。納得できない世論を無視して被災地に足を運んだ人も多くいた。しかし、人命に鑑みて明らかに「おかしい」言説について「おかしい」と断言するオピニオンリーダーが少なかったことは今振り返ると不思議ですらある。

放射能を「怖い」と言ってはいけなかったのだろうか。あのときは、「怖いから逃げる」と言えば、ことさらに恐怖を煽っていると非難された。数年間そのような状況が続き、小さい声で苦しみを訴えていた人たちも次第に声を上げることをやめてしまった。報道に携わる者が、放射能が怖いから逃げると言えば、そこにとどまる住民たちに非難された。したがって、「怖い」人はこっそりと逃げた。とどまらざるを得ない住民たちの非難もまた、それを非難されるべきものでは決してない。

被災者と被災地のためを思って発言されたものに多くの同情が寄せられた結果、形成されていた言説だったのかもしれない。あるいは、被災者を傷つけることを過度に心配するあまり、被災者不在の言説が流布されるような状態であったのかもしれない。それでも、結果として被災者のためにならなかったことも数多くあった。主流の言説は、ほかの多くの小さな声や言説をかき消して膨らんでいった。

以下、第1節では筆者の所属する東北大学大学院情報科学研究科のメディア文化論研究室で行なった被災地のオーディエンス研究を基に、震災後のメディア状況のなかで、実際に被災地の声がメディアに反映されていないという彼らの思いとともに、どのようなサバルタニティの構造が構築されていたのか、ということを明らかにしていく。第2節では、コミュニティ内、あるいはコミュニティの内と外の人間関係において、その差異や関係性から生じるサバルタニティについて論じる。最後に第3節では、これまでのサバルタン・スタディーズとは異なる、ポスト三・一一のサバルタニティについて論じるとともに、既存の議論を超えた新たなパースペクティブを導入する必要があることを述べる。

第1節　メディアにおけるサバルタニティ

東北大学のメディア文化論研究室では、震災後まもなく、筆者が代表となり、「3・11からメディアを考える」という研究プロジェクトを発足させた。この研究プロジェクトでは、理論・文献研究と並行して、調査研究を行なっており、二〇一六年にそのいくつかの成果をまとめた『被災地から考える3・11とテレビ』[2]を上梓している。詳細については同書を参照されたいが、本書では、これに公表していない調査結果を含め、必要に応じてデータを参照しながら議論を進めていきたい。

プロジェクトは研究室の共同研究として行なったため、以下でも述べるように、学生たちの意図や意見に基づき、研究室としての問題意識を明らかにしようとしている。そして、主としてテレビによる震災報道の検証を通じて、災害報道は今後どうあるべきかということを被災地の目線から提言しようというのが、その目的であった。そのため、このプロジェクトの研究の目的自体は、必ずしも本書の目的と合致するものではないが、本節では、この研究のなかから、主に被災地におけるオーディエンスが、メディア、とりわけテレビメディアに対してどのような思いを抱いていたのか、彼らの真の思いや声が世の中に届いていたのかについて、まずは議論の根拠となるデータを紹介することで、被災地の声が届かないという現実が確かにあったことを示していきたい。

被災地におけるオーディエンス研究から

震災によって大きな被害を受けた東北大学では、二〇一一年五月の連休明けに新学期が始まった。初回のゼミで、集まった院生たちに、今回の震災におけるメディアについて、被災地で感じたことや考えたことを自由に議論してもらった。その内容の一部は第1章に反映している。そこで学生たちから繰り返し批判の声が上がり、真っ先に検証する必要があるということで意見が一致したのが、テレビ報道についてであった。テレビメディアの報道は、被災地ではとりわけ「おいてきぼり」感を抱かせるものであった。これは、ゼミでの議論でも幾度となく繰り返されたことであった。誰が誰のために報道しているのか？　どこからの視点で描かれているのか？　被災地は物語の対象でしかないのか？　筆者も院生らもそのような問題意識をどうしても抱かざるを得なかった。そこで、被災地にいる自分たちだからこそ持てる視点や問題意識を基に、震災報道について検証し、今後起こりうる災害の際に、自分たちが経験したような混乱を避けるために、メディアにもよりよい震災報道を考えてもらいたいという思いから、最初にテレビ局に対する送り手調査を行なうことに決めた。同時に、テレビ報道に関して、被災地のオーディエンスがどのように感じているのかを客観的に検証したい、ということも考えていた。そこで、テレビ局に対する送り手調査を終えたのちに、被災地である宮城県の山元町においてテレビ報道に関するオーディエンス研究を行なうことに決めた。

基本的な研究目的と問題意識については、先述したとおりである。被災地のなかから、宮城県山元町を取り上げた理由としては、第1章で述べたように、被害の大きさのわりには、実際の報道量が最も少なかった市町村の一つであるということが挙げられる。また、震災直後はこのような研究上のアンケートやインタビューを行なうことがそもそも困難であり、研究プロジェクトのメンバーである院生がこの町の出身であったことも、山元町をケーススタディとして取り上げた大きな理由の一つである。以下が調査の概要である。

・調査対象：宮城県山元町住民
・調査期間：二〇一二年九月～一〇月
・調査方法：各戸配布による留置法
・配布および回収：配布部数　四七五件
　　　　　　　　　回収部数　一七七件*
　　　　　　　　　回収率　　三七・三％

*調査実施当時、仮設住宅に住んでいた住民からの回答が一一四件、仮設住宅以外に住んでいた回答が六三件となっている。

アンケート調査のなかでは、震災に関するテレビ報道について、被災地のテレビ報道全般と、山元町に関する報道のみに絞って、時期別（「ゴールデンウィーク頃まで」〔二〇一一年四月末から五月初旬頃まで〕、「仮設住宅移動まで」[3]〔二〇一一年五月初旬から七月頃まで〕、「現在」〔二〇一二年九～一〇月〕）にその感じ方を質問している。[4]

図1～3は、「山元町のことが十分に報道された／報道されていると思いますか」という質問に対する回答結果である。各グラフを比較することで住民らのメディアに対する意識の変化が窺える。

図1～3の三つのグラフから、「はい」という回答が極端に少なく、時間とともに減少してはいるものの「いいえ」が多数を占め、ほとんどの世代において被災者が山元町に関する報道が十分になされていなかったと感じていることがわかる。

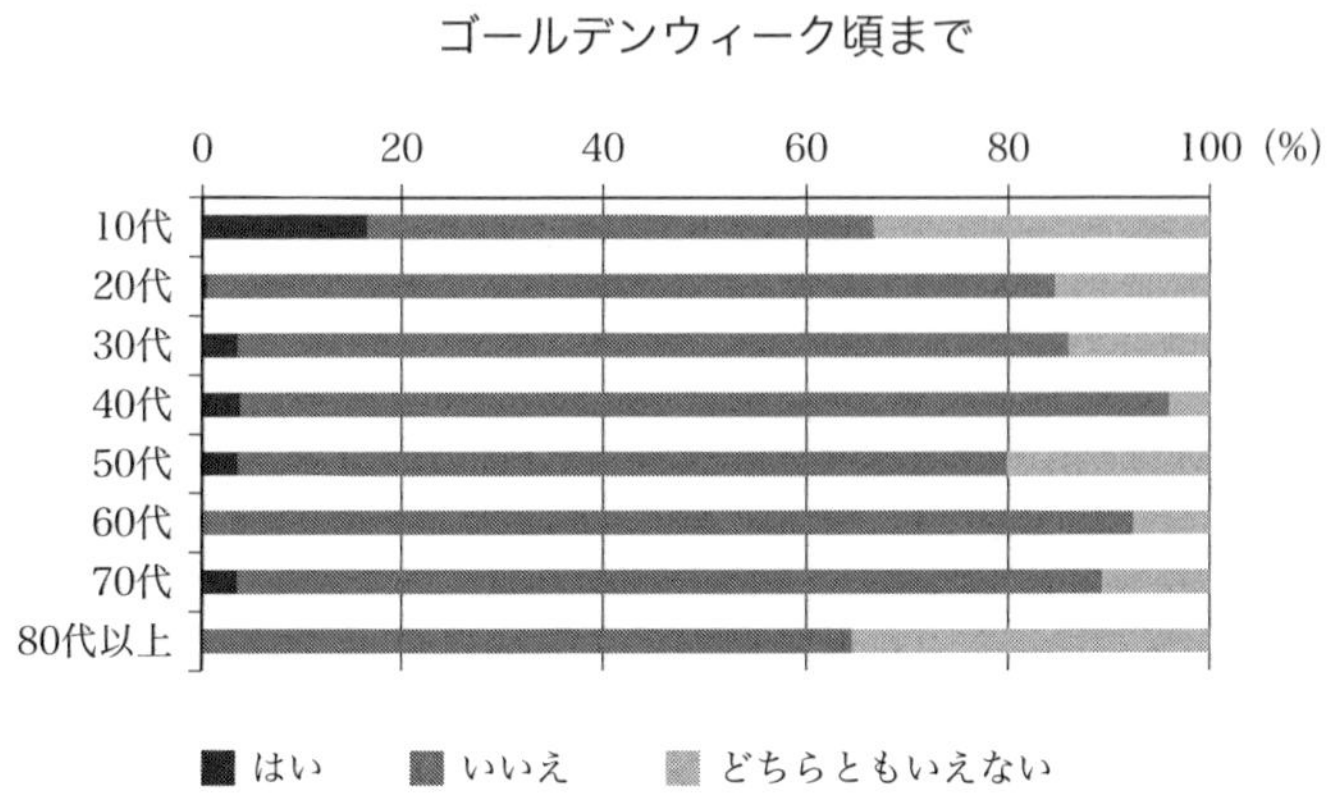

図1　山元町に関する報道は十分か（初期）

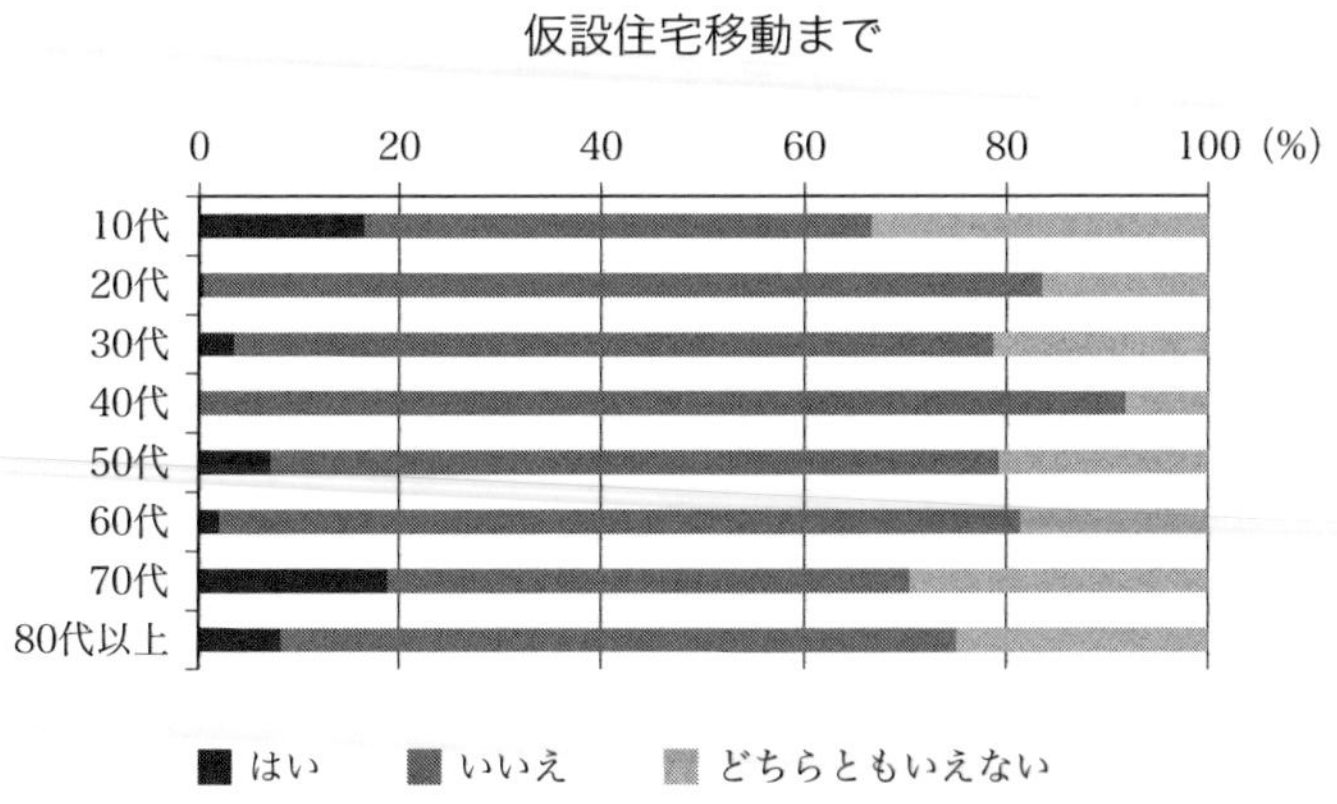

図2　山元町に関する報道は十分か（中期）

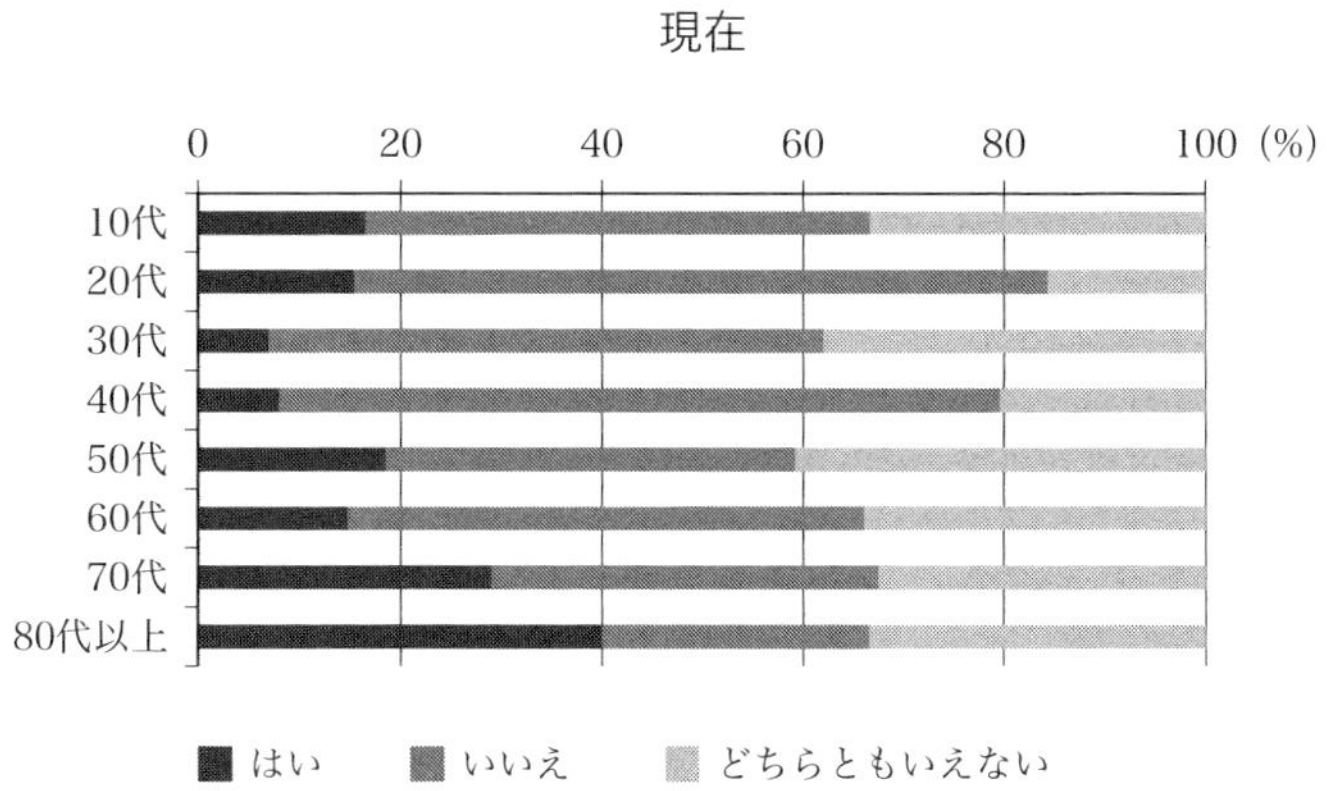

図3　山元町に関する報道は十分か（後期）

以下は、同じ設問に対する自由記述における回答である。

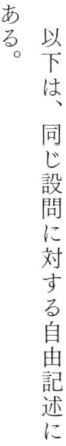

「遺体捜査で毎日が気が狂う状態で、町内の報道がない」

「山元町の報道があまりなかったので不安だった」

「山元町は報道されるのが遅く、なんでなのだろうと腹立たしく思っていた」

「石巻や南三陸町ばかり報道されて、山元町はいつテレビに出るのかと思った」

「自分たちの地区（山元町）が他の市町村と変わらないほど被害を受けているにもかかわらず、毎日他の市町村のことばかりで苛立ちを感じた。各テレビの報道が公平でない」

「テレビ、ラジオでも山元町の報道がまったくなかった。遠方の親類は山元町はあまり被害がないと思っていたらしい。もっと公平な報道をしてもらいたかった」

自由記述欄には、同様の回答が隙間なく書き込まれ、山元町の人々が自分たちの地域に関するメディア報道に対して大きな不満を抱いていたことが明らかになった。

ただし、時間とともに、山元町に対する報道不足は徐々に解消されていったと捉えられていることもグラフからは読み取れる。これについては、NHKなどもその内部調査で明らかになったことを認めており、ほかの調査などでも被害の大きさに照らして報道量が少ないことが指摘されたこともあり、軌道修正が行なわれたと考えられる。[5] また、先述したように（第2章第2節）、三浦は、報道量とその地域に寄せられた義援金やボランティアの支援などとの間には、実際に相関関係があったことを明らかにしており、山元町出身の院生の仮説は事実であったことが実証されている。

これに対して、図4〜6のグラフは、報道の量ではなく質に関するものであり、「山元町の本当の姿が伝えられていた／伝えられていると思いますか」という質問に対する回答結果である。

こちらも時間とともに、「現在」ではテレビ報道に対して肯定的になってきていることがわかるものの、それ以前は「いいえ」が圧倒的に多く、当事者らが伝えたいことが十分に伝えられていないことに対する違和感が強いことが示されている。

図7はその具体的な理由について聞いたものであり、最も多い回答は、「放射能のことが伝えられていない」ということであることがわかる。この質問については、自由記述でも一七七件の回答のうち七〇

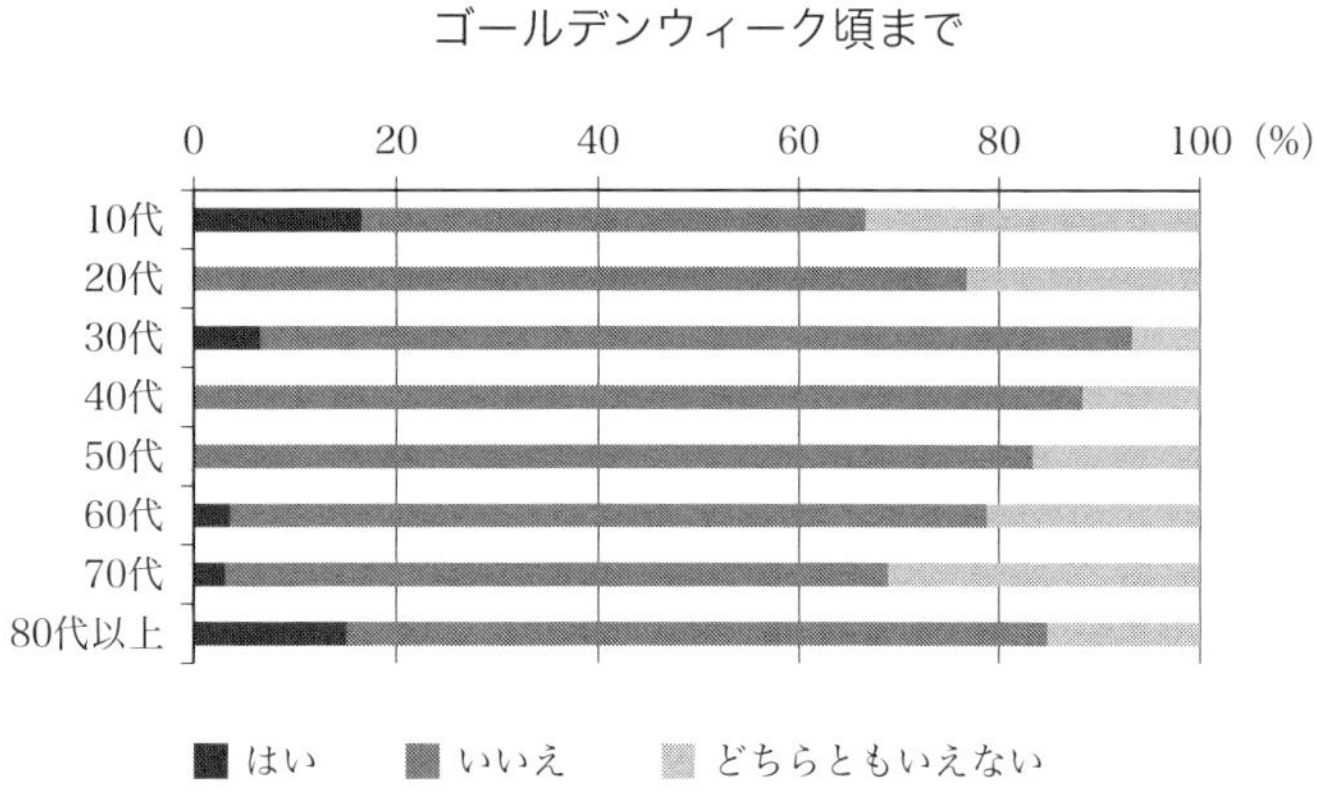

図4　山元町の本当の姿が伝えられたか（初期）

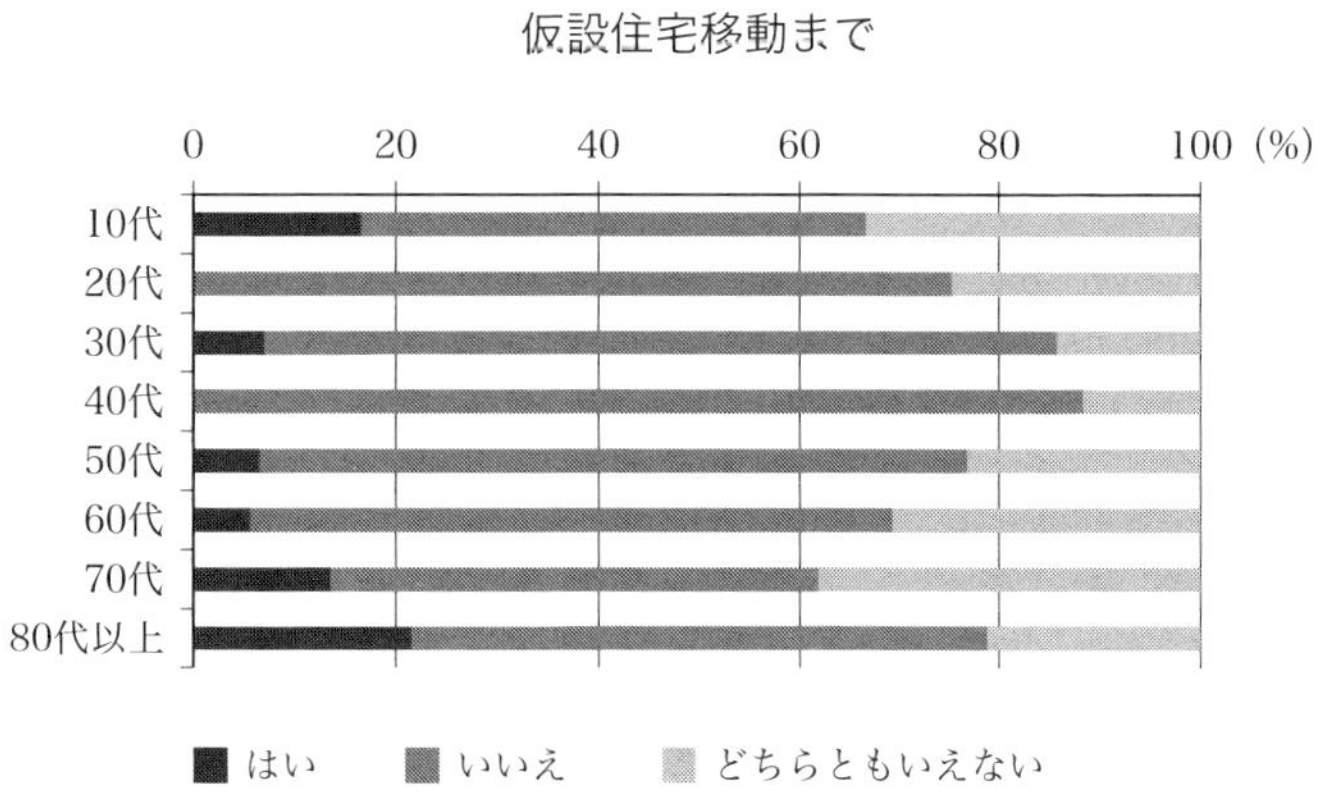

図5　山元町の本当の姿が伝えられたか（中期）

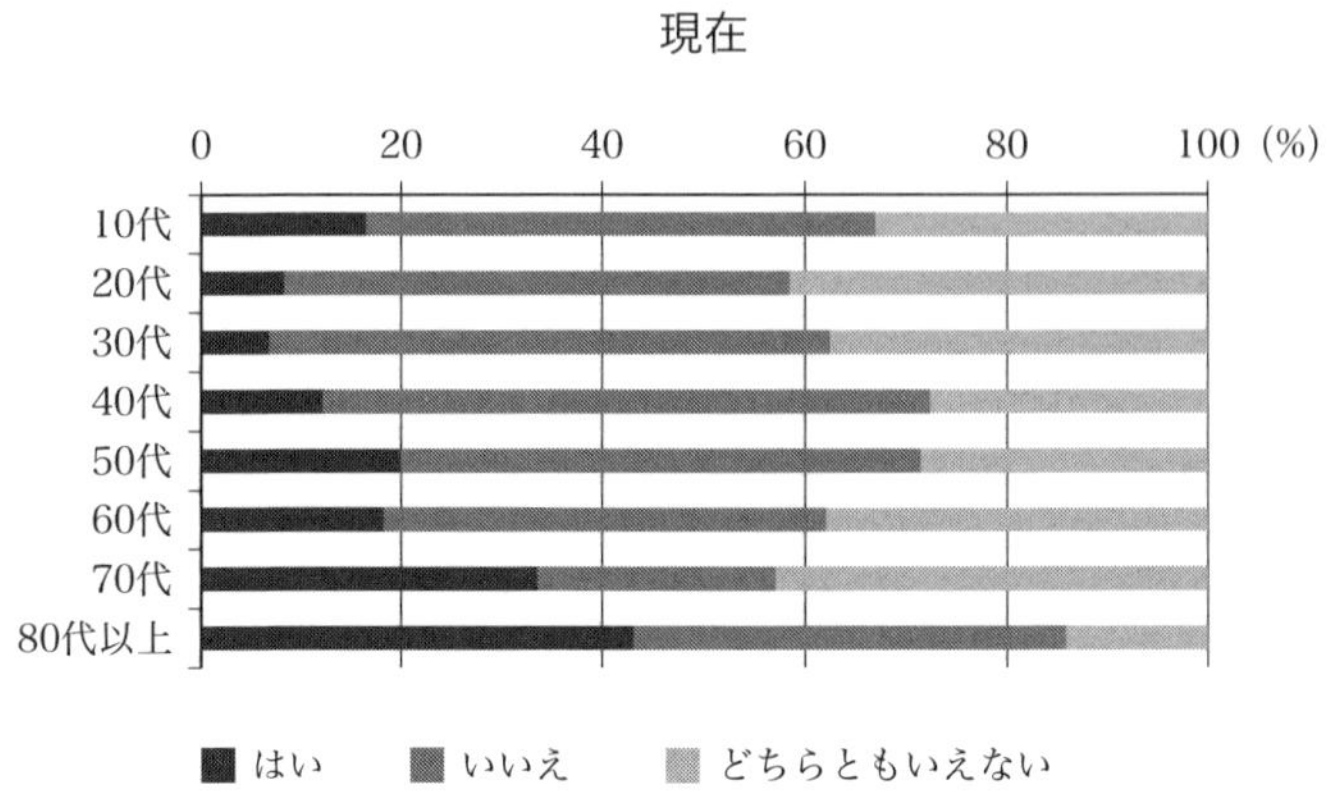

図6　山元町の本当の姿が伝えられたか（後期）

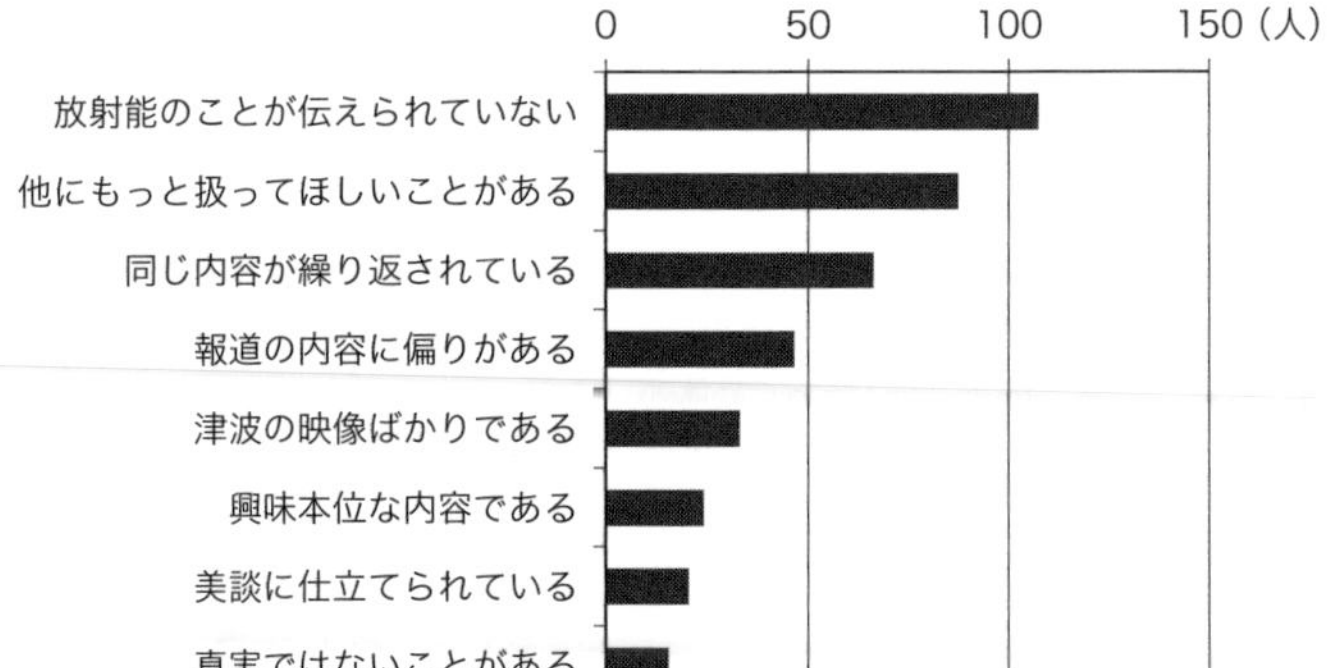

図7　本当の姿が伝えられていないことの理由

件の回答があった。具体的に以下のようなものがある。

「放射能に対する影響を正直に伝えてほしい」

「放射能の事を全く耳にしない。隣町の新地はきちんと対象になっているのにおかしい。せめて小学校の子どもだけでも検査をして安全を確信したい。学校の除染も全く遅くて話にならない。体育館が使えず震災後から校庭で体育をさせていたのでとても心配だ。もっと放射能に対して取り組むべきだと思う。町長や教育長にもしっかりしていただきたい」

「福島との県境であり、放射能が関係ないと言われているものの震災時、妊婦であり、翌月に出産したが、本当に危険性がないのか？　小学生たちにも、影響ないのか疑問。空気中に壁でもあるのか？　保障するのが大勢になるからなのか？　おかしい。そして、防災と称して全国各地で、関係のない工事が行なわれている。震災地では保育所、小学校も場所を借りており、何もかも不自由なのに、政治家たちや各県のトップはどう思っているのか？　世帯主に義援金が渡り、同世帯というだけで、小さい子どもたちがいるが一銭ももらえず何をどうすればいいのか。最悪」

これらの記述からは、全くと言っていいほど報道されない放射能に対する危惧が表れている。福島との県境である山元町で放射能汚染に対する懸念が大きかったことは事実であろう。なかでも著者と同じ幼い子どもを持つ親の不安はこれらの回答から推し量るに余りある。県ごとに取材・報道がなされる県域放送・県域報道という戦後からの日本の放送システムの限界はここにも表れている。

二番目の「他にもっと扱ってほしいことがある」という回答については、以下の自由記述がその具体的な内容となる。


「メディア的にはすでに過去の出来事としか扱っていない。まだまだ安定しない生活者を捉えていない」

「資料が少ない小さい町かもしれませんが、元の街並みや津波の状況を詳しく報道してほしい。小さな町なのに、死亡者が多いと思う。その時の人の流れ、避難状況が知りたい。役場管轄の死亡者が多い。後片付けだけ早く、被害にフタをしているような気がする」

「震災後の映像ばかりで、地元の人たちは、前の山元町を知っていますが、同じ宮城県に住んでいても、わからない人がたくさんいると思います。海がきれいで、苺ハウスがたくさんあった事をもっともっと伝えてどれだけ大きなものを失ったか、伝えたい」

「今でも現実を受け入れられない部分がある。何故このようなことが起きたのか、実際は前向きなことばかりではなく、どうしたらよいのかわからないのが現状である。弱者に対しての報道をもっと期待したい」


序章でも述べたが、山元町という町はメディアでは表象されにくい特徴のあまりない町と捉えられがちであるが、町民にとっては、震災前の風景も震災後の風景もそれぞれ特別なものであり、切り離せないものでもある。一方、最後の回答に見られるように個々人の胸の内は決してメディアですべてが伝わるものではない。サバルタニティはこのような場面でも生じていることがわかる。

そして三番目が、同じような報道ばかりが繰り返されているという回答で六〇人がそのように答えていた。以下の回答がその代表的なものである。

「基本的に同じ映像の繰り返し」
「あいかわらずおきまりの場所しか報道されていないことに腹がたった！」
「震災後、約一か月、同じような内容の番組ばかり。子どもには、ショッキングすぎたし、残酷すぎた。どこか一社でいいから和むような内容の番組を流してくれないかと思っていた。アニメとか人形劇とか」

繰り返される衝撃的な津波の映像と感傷的な報道については、仙台の内陸部にいた著者の気持ちとさほど変わりはない。しかし実際に津波被害に遭い、生活が一変してしまった山元町の人たちにとって仮設住宅で流されている映像が第2章で述べた私が見ていたものと同じようなものだったらと考えると、やはりその胸の内を推し量ることも容易ではない。

また、「もしあなたがテレビ局で働いていたら、山元町のどんなことを取り上げましたか」（自由記述）

という質問に対する回答からは、「おきまり」の内容だけではなく、山元町の人々が何を知りたかったのか、何を伝えたかったのかが窺える。

> 「津波以前の状態と津波後、仮設に移ってから山元町の海側の町が消えてしまったことなど、仮設での生活、遠くから通学通勤、取り上げてほしいことがたくさんあるなかでいつしか忘れられている現状を政治家の方に訴えるようなことを取り上げたい」
>
> 「津波の前と後では生活の状態（が全く異なり）、家がたくさんあり、お祭り、海水浴など（でにぎわっていたが）、それが今は砂漠のような状態であり、学校は避難した人々を津波から守ったが今は近づけなくなっており、波がどのように押し寄せたかを分析してほしい」
>
> 「津波でみなさん家を流され、不安な気持ちで過ごしておられることをわかってほしいと思います」

震災以前と以後で被災者の日常が一変してしまったことを為政者や研究者がどのようにすくい上げることができるのか、また被災者の内面や本質をどこまで想像することができるのか。自由記述欄には届け先のない言葉で溢れていた。

メディアにおけるサバルタニティの構造

さて、ではなぜこのように、自らの声や本当の姿が伝えられていないと感じる現象が生じるのか、という点について、いったん少しマクロな視点から捉え直してみたい。

日本のメディアの構造をあらためて俯瞰してみると、ＮＨＫと民放がそれぞれ東京キー（中央）局を中心に、各地域の支局あるいはローカル局と縦の系列で結ばれている。今回の震災報道においても、縦の系列から被災地のローカル局に応援が入り、「どこの人間」ということはなく、日本中から派遣された取材スタッフが被災地でカメラを回し、被災者にマイクを向けている。つまり、取材現場だけを見ると、特に初期の報道では、被災者と向き合っているのは、同じ被災地のローカル局の取材記者のみでなく「日本中」の記者たちであった[6]。

震災当初から、そして「３・11からメディアを考える」プロジェクトを始めたときから、外から来た記者たちが、遠慮なく被災地に入りこみ、土地の文化も知らないままに図々しく取材や報道を行い、自分勝手なストーリーとしてオンエア用のＶＴＲを編集したのではないか、という思いがどうしてもぬぐいきれなかった。しかし、同プロジェクトで実際にヒアリングをしてみると、各局の記者たちは、かなりの配慮を持って被災地に入って取材活動を行なっていたことが明らかになっている。もちろん、ヒアリングしていない多くの記者が私たちの思い込みのような行動を取っていたことも考えられる。しかし、あの状況で、そのような慎みのない行動を取ることのできた人間もまた多くはないのではないかとも思われる。

では、このような配慮を持って取材・編集したということを前提としたうえで、オンエアされた報道に対して被災者たちが違和感を抱き、自分たちの本当の姿が映されていないと感じるのはなぜだろうか。

それは、テレビに映る彼らが「他者」だったから、と考えることができるのではないだろうか。池澤夏樹は以下のように述べている。

> ぼくは東北という名称のことを考えているのだ。
> 方角を含む地名の基準点にはその地にはない。どこかから見て東北の方にあるからそう呼ばれる。つまりその地域は自分を命名する権利を持っていなかった。他者によって名付けられてしまったところ。他者とはその時々の日本国の中央である。他の地域を他と呼ぶ権力を持つところ。(中略)「みちのく」すなわち道の奥もまたこちらからあちらを措定しての命名である。人は自分がいるところを奥とは言わない。(7)

東北地方と関東以西の日本との間には、歴史的に長い時間をかけて中央と周縁という関係性が構築されていた。すでに指摘されているように、福島や新潟に東京電力の原子力発電所が建設されたことも、「白河以北一山百文」と蔑視されてきたことも、長い日本の歴史のなかで作られてきたこの関係性の上にある。

「東北の人は本当に我慢強い」と震災のときに、海外メディアだけでなく、国内メディアでも大々的に取り上げられて賞賛された。「東北の人は……」と言うとき、そこに「私」は入っていない。「東北の人は……」「私ではない」。つまり「他者」なのである。私ではない他者を描くとき、そこには常にステレオタイプが存在する。意識的か無意識的かに関わらず、そこには、カメラを持つ人や映像を編集する人の何かしらの「東北観」があるのではないだろうか。それは、東北の風景かもしれない。東北の人々の訛りかもしれない。東北の人々ののんびりとした所作かもしれない。

同様に、「震災」というものに対するステレオタイプも存在するのだろう。瓦礫、避難所、高台からみた被災地、というような風景のステレオタイプは、もっと解像度を上げると見えてくる、被災者たちが実際に見ているもの、実際の暮らしぶり、心に抱えている思い、あるいはしまい込んだ悲しみなどを描くことはない。山元町の人々が「本当の私たちの暮らしを伝えたい」と言うとき、そのステレオタイプに影響された報道とのギャップを感じているのかもしれない。(8)

最後に、メディアと取材対象者の関係がさらに大きな要因として挙げられる。両者の関係性が、その場の人間の采配ではなかなかコントロールできないものだとすれば、その場の生きたやりとりのなかで生じるものであり、だからこそ、取材者と被取材者、それぞれの立場や人間性を取り持つ関係性が大きく取材内容に影響してくることになる。相手によって話せることと話せないことがある。信頼関係《ラポール》ができるほど通い詰めた記者には、ふいに本音を漏らすこともあるかもしれない。そのような記者が誠実な取材や番組制作を行なっていることも、テレビ局へのインタビューのなかでいくつかの事例とともに明らかなった。しかし東京や地方から来た多くの記者は初めて対峙する傷ついた被災者に対して、どのような感情を持ったのだろうか。東京キー局のある記者は、「罪悪感を覚えた」という。あるカメラマンは、「カメラを向けることがしばらくはできなかった」という。発災から間もない頃、被災者たちは、自分の安否を親類などに知らせるためにも、カメラに写ることを拒まなかったそうである。また、興奮状態でカメラの前で饒舌に語る被災者も少なくなかったという。しかし、時間とともに、「あのときの話はもうしたくない」と突然取材を断る被災者が多くなっているとのことであった。にこやかに取材に答えた翌日に縊死した被災者もいたという。

カメラやマイクは一種の舞台装置となる。アーヴィング・ゴッフマンは、人間の日常の行動は演劇的であるとするドラマツルギーという理論を唱え、そのなかで、舞台装置の機能に関して以下のように述べている。

> 多くの重要な社会的状況においては、相互行為が生起する社会的舞台装置はそこに集まったチームのうちの一チームだけがこれを組み立て運営する。その社会的舞台装置は、それを組み立てたチームが演ずる行為に対して他のチームが応答として演ずる行為に対してより、いっそうしっくりした形で役立つのである。(9)

これに当てはめると、この舞台を運営するのはメディア側であり、それに応答するのは取材を受けている被災者側となる。ゴッフマンはまた、これらの舞台装置を統制することは「相互行為においては有利なことである」と述べており[10]、この議論に従えば、カメラやマイクといった舞台装置や小道具を利用することで、メディアは被災地での相互行為をより有利なものにするために取材対象としての被災者に働きかけていることになる。

被災者は、カメラの前に立ち、マイクを向けられると、何かを提供することを期待されていると無意識のうちに認識する。限られた時間のなかで突発的に話せることは限定的である。それでも、人は語る。舞台装置の出現とともに、舞台に立たされたからである。もちろん、舞台に立たない人もいる。「アドリブで話せるようなことなど何もない」という人もいる。ただし、テレビとカメラの持つ力は想像以上に大きい。記者たちは、それを自覚していたのだろうか。

鷲田清一はそれとは異なる視点から、被災者たちに「被災者役割」を押しつけることで、彼らの言葉を奪ってしまうという点について以下のように指摘している。

現地の人にまさに「被災者役割」を押しつけることでかれらを受け身の存在にしてしまい、かれらの再生への力を削いでしまうことが「被災者役割」を演じさせることで、言いたいことがそのまま口に出せない状況になってしまったということもあったでしょう。[11]

このように、悪気はなくむしろ善意から、ボランティアやメディアは被災者を弱者として位置づけて

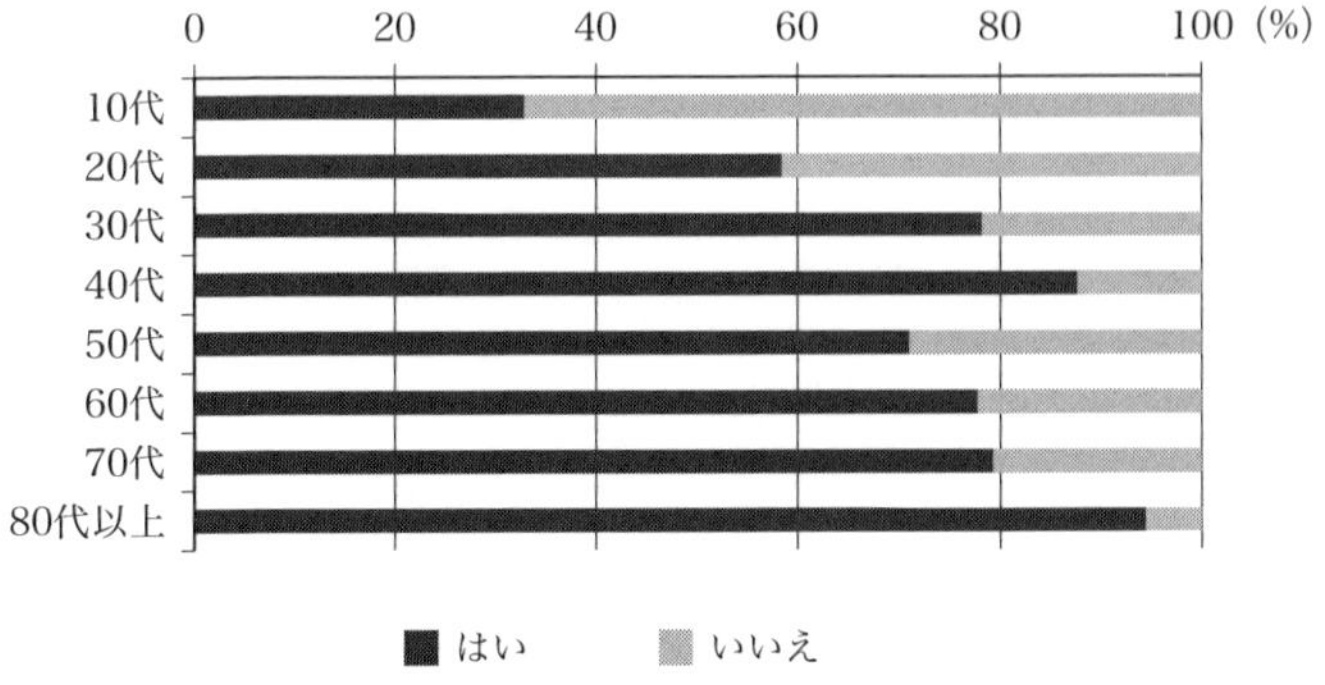

図8　周囲に言えなかったことがあるか？

しまうことがある。これにより、彼らの言葉は、発話の段階から「演技」として口から出され、メディアという権力によって絡め取られ、自らの声ではないものとして編集される（もちろんすべてということではない）。舞台に立てない人は最初からサバルタンであり、舞台に立たされた人も結局はサバルタンなのである。

第2節　コミュニティにおけるサバルタニティ

次に、コミュニティ内におけるミクロなサバルタニティに目を移してみる。

図8は、山元町におけるテレビ報道に関する視聴者アンケート調査のなかで、「周りの人々に気兼ねして、言えないこと／言えなかったことがありますか」という質問に対する回答をグラフにしたものである。

世代が高くなるほど言えないことが多かったことがはっきりとわかる。八〇代以上の高齢者に関しては、一〇〇％に近い人が何かしら周囲の人にさえ言えないことを抱えていた。

言えなかったことの内容についての設問はあえてしていない。ただ、その次の自由記述「あなたが、いま思っていること、感じていることを、何でもご自由にお書き下さい」という欄には六七件の回答が寄せられた。


「この仮設に何年住んでいられるのか？　いつになったら集団移転できるのか？　仮設を出ろと言われたら、どこに行けばよいのか？　家も建てる力がない七五歳おんな一人ではどうにもならないです」

「新しい土地（災害住居）を待っているところです。新しい場所は荒地になっているのを見てると何をどう決めて進んでいるのだろうか？と毎月いらいらして持っている。今月の新聞「山元町」報告はのってるかと毎日さがしてる。あと三年は私達初老には長い月日です」

「今、仮設住宅に入っていますが、狭くて物を入れておく場所がなく、天井が低く、暑くて家の中にいられない。早く町営住宅を建て、入居できるようにしていただきたいと思ってます。八六歳の老人のお願いです」


一つ目と三つ目の回答のように、彼らの力にはならないであろうアンケート用紙に具体的な年齢を示して切々と書き込まれた高齢者からの回答もある。その多くは、空白に隙間なく書き込まれた行き場のない彼らの胸の内であったのだろうと思われる。

これらを参考にしながら、以下では、コミュニティ内におけるサバルタニティの本質とその要因について論じていく。

あらゆる差異と格差

震災発生から数日間、見方によっては被災地内にサバルタンはいなかった。むしろ、被災地全体がサバルタンであったと言った方がいいだろうか。彼らは、自分たちをサバルタンだとは思うこともなく、[12]不安や心配や悲しみや希望を語った。多くの人の安否がわからず、発表される死者数がうなぎ上りに増えていくなかで、家族、親類、友人の誰かを失った人は悲しみに暮れ、行方不明者がいる人は心配で押しつぶされそうな気持ちを抱え、安否の確認ができた人は密かにあるいは人目を憚らず抱き合って喜んだ。そのすべての光景は明日にも自分の身に起こりうる出来事であった。そして、被災者たちは、それら一つひとつの日々の出来事を他人事としてではなく「自分事」として捉えていた。

言い方を変えれば、そこに「差異」は明確な形で存在してはいなかった。着の身着のまま逃げて来た人たちが集まり、同じように家族の安否が確認できず、この先どうなるのかわからないという不安や心配も極限に達し、ある種の興奮状態にあった。

序章で述べたように、時とともに「差異」はその意地の悪い表情を露わにしていった。格差とともに比較が始まり、ユートピアの代わりにサバルタニティが蔓延した。多くの人が誰かに向かって口を閉ざし、誰かに向かって饒舌になった。

差異や格差というのは、あらゆる場所に存在する。日常的にあったものが震災をきっかけとして、その境界線が明確になったり、非日常に陥ったがゆえに新たに引かれた境界線がそこここに見え隠れするようになったりした。被災格差、支援格差、環境格差、経済格差など、さまざまな格差が顕在化した。アンケートのなかにはこれらの格差に対する愚痴のようなものもあれば、格差を是正してもらいたいといった要求なども数多くあった。政府や行政機関に届くものではないと知りつつ、「テレビ報道に関するアンケート」の末尾に補足でつけたこの自由記述欄に、行き場のない苦情のはけ口のように書き殴ってある回答も多く見られた。

「全壊」と「半壊」の格差。「いっそ全部流されていれば気が楽だったかもしれない」と言う、家が半壊した七〇代（当時）の女性に、「あら、残っているだけましと思わなきゃ」と全壊した八〇代（当時）の女性が応じる。仲の良い二人だから冗談めかして話せる内容も、普通なら当惑するようなやりとりである。本当なら家が半壊した七〇代の女性のように言いたくても、全壊してすべてを失った人の前ではそのような言葉は出せないだろう。小さな子どもを持つ母親は、放射能のことが気がかりでたまらないが、津波で子どもを亡くした母親の前で、その悩みを口にすることなどできない。高台で家を失わずにすんだ人は沿岸の人たちに何と声をかけて励ませばいいのかわからず、口を閉ざし、大事な人を失った人は、何も失わなかった人にその悲しみが伝わるわけがないとまた口を閉ざす。

序章で書いたとおり、被害の少なかった人は、「私は語るべきではない」という思いに苛まれ、被害や失ったものの大きさや悲しみで途方に暮れる被災者は、その社会的存在を隠すように暮らす。

このような差異や格差を気にせず、自らを語る人も多いが、その声が大きいほど、被災地を代表する声となる。サバルタンの声はますます小さく、聞こえにくくなる。社会はサバルタンが語ることに聞き耳を立てて待っているのに、それでも彼らの声は聞こえない。何とか舞台に上がってもらおうと、押しつけがましくならないように待ち続け、聞き取る準備はできているのに、サバルタンは舞台に上がってはくれない（押しつけがましく舞台に上がらせようとする者は、すでにサバルタンの創出に加担している）。明らかにこれまでのサバルタン・スタディーズの議論と異なる要素がここにはある。

発話の立ち位置《ポジション》

一方で、経済格差や政治的問題も大きい。自らの主張を明確にすれば、誰かを糾弾することになるか、誰かの立場を危うくする。そのような立場から口を閉ざす人も少なくないという。[13]

震災直後も自らの置かれた立場ゆえに語ることができない人は実際に多かった。語るべき人が、語るべきことを持っていたとしても、「語らない」ことが多かった。彼らは実際に語ろうと思えば語ることができるはずで、決してサバルタンではない。しかし、語ることができない。そのような人が多かった。その多くは、自らが当事者ではないがゆえに語るべきではないと考え、口を噤んでいる人たちだ。これには、先述した「差異と格差」の問題も関係している。

当事者と非当事者の関係、内と外の関係、被災格差による「語るべき人」という考え方というような、従来とは異なるさまざまな関係性においてサバルタニティに陥る人たちは未だに多いが、それが最も明白に表れているのが、被災地の外側にいる人たちの反応であろう。信田さよ子は当時の状況を以下のように述べている。

今回の大震災に際して多くの人たちを席巻した「不幸の比較」と主体的体験の剥奪はつながっているように思われる。自分が不安であること、つらいことを「被災地の人と比べれば」という比較によって否定し、承認できない人たちが膨大に産まれ、もしくは自分の不安や苦痛を表現する人を不謹慎だとバッシングする言説も生まれた。またはそんな言動を監視する視線が満ちているような重苦しさが満ちていた。あの「自粛」という空気のそこには、主観的体験を自分より不幸な人との比較・相対においてしか承認されないのではないかという恐れがあった。[14]

当事者を代弁するかのような正義を振りかざした言説が横行するなかで、「当事者でなければ語ってはいけない」、「当事者を代弁するべきではない」という気弱で繊細な、けれども人間の心理の深くに根ざすこの感覚を持っている人たちは、一様にサバルタンになってしまったのではないだろうか。この「当事者でなければ語ってはいけないのではないか」、「当事者を代弁するべきではないのではないか」という感覚は、これまでのサバルタンに関する議論とはまさに逆の構図である。つまり、彼らは、自分自身の立ち位置＝ポジションから言葉を発することをためらってしまうのである。「サバルタンのために声を上げなければ」、「サバルタンの声を聞き取り、その声を代弁しなければ」と考えるのではなく、当事者のことは結局当事者でないとわからないのではないかという、ある意味では自然な考えがこのような「反対側の」ポジションにいるサバルタンを生み出していたのだと考えられるのである。

ただし、これまでにも述べてきたが、「当事者」とはいったい誰なのかについての定義は曖昧で、文脈や関係性によって規定される。「語るべき人」を追って当事者について突き詰めていくと、究極のサバルタンは死者ということになってしまう。死者は語らない。だが、ここでは死者については議論の範疇から外したい。死者が究極のサバルタンであることは否定しない。ただし、「サバルタンは語ることができるはずだ」という本書の前提となるテーゼが必然的に「否」となってしまうため、ここでは論じないということである。(15)

またこのようなサバルタンは、社会のなかで、自分の発言が過度に影響力を持ってしまうような場合にも多く見られる。影響力がなくても、自分の言葉や意見に対する反応を恐れて、ツイッターなどで公に自分の考えを述べられないような人たちもこの意味でサバルタンであると言えるだろう。このような、発言に影響力がありすぎるがゆえに発話できないという逆説的なオピニオンリーダーと、自らが置かれた立場を過剰に意識するために発話できない一般人を総じて〈隠れサバルタン〉とでも称することができるだろう。

そして、このような〈隠れサバルタン〉のなかで、最もサバルタンとして認識されにくいのが、専門家や有名人、オピニオンリーダーのような人たちである。このような人たちが〈隠れサバルタン〉になる要因としては、やはり原発の問題が大きい。鷲田清一と赤坂憲雄は、原発に関して、当初の「世の中を覆う静けさの理由」あるいは「原発」を語れない理由として、大きく分けて以下の三点のような内容を挙げている。

（1）これまで大きく原発に反対してこなかった、科学技術の恩恵を受けてきていたという一種の共犯関係を持っていると感じていること。責任の所在を明らかにすることができない。

（2）これまで、感心を持ってこなかったことへの恥じらい。「恥じらいなくしては語れない」。

（3）東京だけではなく、福島県も恩恵を受けてきていたので「仕方がないのではないか」という空気。[16]

以上の理由に加え、四点目の理由として、原発問題と何らかの関係を持つ学者や研究者など、何かを言えばその言葉が一人歩きしてしまうような場合、個人的な発言を慎んでいた傾向があったように思われる。もちろん、原発および関連する問題と直結する領域の専門家は何かしらの意見や助言を求められた。しかし、それ以外の専門家たちの間では、できるだけ白黒ついた意見を述べることを避けようとする傾向が明らかであった。震災に対するショックのためだったのかもしれない。当事者ではないことが彼らの発言を躊躇させたのかもしれない。理由は想像以上にたくさんあるだろう。いずれにしても、マスメディアやインターネットで特定の言説が主流になっていく過程で、反対意見を述べなければならなかったはずの人たち（専門家たち）の多くは当時声を噤んでいた。

すでに第2章で筆者自らの体験として述べたことではあるが、支援物資一元化言説やボランティア抑制論などは、冷静に考えれば、その言説の根拠以上のリアリティがあることがすぐにわかる。あるいはその根拠そのものを改善していくような道を提案することもできる。そのような状況において、主流の言説に対する反対論がほとんど出なかったことは、〈隠れサバルタン〉たちが多くいたことをほのめかしているのである。

このように、ここにも、既存のサバルタン・スタディーズの議論のなかでは扱われてこなかったサバルタニティがある。さらに言えば、これまでのサバルタニティの構図の逆転が見られる。

当事者ではないから語らないというのは、サバルタン・スタディーズが問題にしてきた、表象や代弁以前の問題である。また、震災時には、主流の言説が知識人や専門家よりも、むしろそれらを取り巻く大衆によって創り上げられていることが指摘できる。特にソーシャルメディア環境においては、マスメディアの言説を塗り替えたり、対抗言説を創り出したり、多くのオルタナティブな動きが見られた。このように、主流の言説＝マスメディア、対抗言説＝ソーシャルメディアという自明とされてきた言説構造を超えて、大衆がソーシャルメディアを通じて、主流の言説を創出する現代においては、新たな言説的権力関係とサバルタニティが生じていることが指摘できるのである。

トラウマあるいはサバイバーズ・ギルト

最後に、これが本当の意味でカタストロフが創出するサバルタンたちなのだが、トラウマやサバイバーズ・ギルトによって語れない人たちが数多くいることを忘れてはならない。彼らが語らないことは、ハンナ・アーレントが指摘した「忘却の穴」という概念[17]によって提起された問題と類似している。アーレントは、全体主義的な政府が歴史的に不都合な真実を殺戮などの暴力的な方法で葬り去ってしまうことに対して警鐘を鳴らすが、語る者が生存していないために、歴史のなかにどうしても埋められない（真実が明らかにならない）穴ができてしまうという点においては、東日本大震災のようなカタストロフもまた、その歴史性・政治性（いや、実際にはいわゆる小文字の「政治」によって）は異なるものの「忘却の穴」を生み出してしまう。彼らはおそらく死者の次に「語る権利」を持っている（権利というものが語るために必要ならば、だが）。東日本大震災におけるこの問題は、アウシュヴィッツ、広島・長崎、沖縄などの戦時下の記憶やトラウマやサバイバーズ・ギルトの議論と酷似している。

以下は、山元町でのアンケートの自由記述欄に書き込まれた人々の叫びである。

「助けられたかもしれない命を助けられなかったことを今でも悔やんでいる人間がいる。その中の一人です」

「震災からだいぶ経っているが心の傷がある人が何人もいます」

「立ち直れない人、心に傷をおった人はたくさんいるということを忘れてはいけないと思う」

ここで語られているのは、自分だけが生き残ってしまったことの罪悪感である。例えばほんの一言声をかけていれば助かったかもしれない命、もう少し自分に体力が残っていれば救えたかもしれない命、ほんの紙一重で助かってしまったわが命などである。そのような罪悪感に苛まれることをサバイバーズ・ギルト（生存者の罪悪感）と呼ぶ。それはもちろん、大きなトラウマともなる。忘れたい、しかし忘れてはいけない、そもそも忘れることなどできはしない。あの大惨事のなかで、そのような想像を絶する体験をした被災者も少なくないはずである。もちろんそこに身内や愛する人たちが関わっているのであればなおさらである。戦争ならば、敵を憎めばいいのかもしれない。しかし、天災の場合は、憎しみの対象がともすれば自分自身に向けられるために、はけ口を見つけられず、余計に言葉を呑んでしまうことが多いのではないだろうか。

いずれにしても、東日本大震災の最大のサバルタンであるこうした人たち自身の語りは未だほとんど公にはなっていない。そうなるのは、数年後か数十年後、あるいはさらにずっと先のことなのかもしれない。

サバルタン・スタディーズにおいては、このようなカタストロフが生み出すサバルタニティについてはこれまで議論されていない。サバルタンの定義は「従属的な人または集団」という前提であるが、そこには「社会的に」という枕詞が付く。今回の東日本大震災、アウシュヴィッツ、広島・長崎の原子爆弾のように、突如として悲しみに従属し、通常の社会の動きについていけなくなってしまった人たちは、これまでその範疇に入れられてはこなかった。これらの人のみが知っている真実や出来事、人類の歴史の本質的な側面は、結局なかなか語られることがない。彼らは通常の社会の価値観や言説にすがることもできない。また自らの逆境を撥ね返す力もない。既存のサバルタン・スタディーズとは文脈が異なるものの、このように、はっきりとこれまでのサバルタンたちと同じ状態にあることが指摘できるのである。このような人たちの語りが歴史に反映されるには多くの困難がある。(18)

しかしながらアウシュヴィッツ、広島・長崎、沖縄のいずれの場合も、時間とともに少しずつ、歴史の証人が口を開きつつある。この種のサバルタニティは、時間との交渉も重要である。本書の実践研究では、現時点でこの問題に応答することはできないことから、このカテゴリにおけるサバルタンの議論は極力扱わない。もちろん、実践研究でもこれらのサバルタンの声を聞き取ることはできてはいない。ただし、次章の理論的な記述においては、この問題をもう少し詳細に検討していく。

第3節　ポスト三・一一におけるサバルタニティ

さて、ここまで述べてきたように、東日本大震災後のサバルタニティの状況は、従来のサバルタン・スタディーズで論じられてきたこととはかけ離れたような印象すら持てるほど、複雑で多層的ある。社会のなかで恒常的に疎外されながら生きてきたサバルタンたちについての議論は重要だが、災害などによって突如として語れなくなってしまったサバルタンたちに対して目を向けることも同様に重要である。

次章で詳しく述べるが、これまでのサバルタン・スタディーズにおいて、従属性は差異と関係性によって規定されるものであった。そして、サバルタンの声を聞き取る知識人による代弁・表象の問題がある限り、サバルタンは語ることができないという議論がなされてきた。ここでは、第4章でそのような具体的な議論に入る前に、東日本大震災によって明らかになったサバルタニティの特質について、まとめておきたい。それは、これまでの議論の枠に収まることなく、新たな問題を提起することになるだろう。

サバルタニティ（従属性）の多層性

ここまで、日本のナショナルな空間におけるサバルタニティについてマクロに検討するために、メディアという観点からこれを論じるとともに、ミクロなコミュニティにおけるサバルタニティの現象についても論じてきた。さらに言えば、被災地の内と外という差異と関係性にも言及してきたが、このようにサバルタニティは幾層かのレイヤーで生じていることがわかっている。

メディアを通じて見てみれば、メディアが社会に提供する大きな表象や物語から断片《ピース》として抜け落ちてしまうような、目に見えない、耳に届かないサバルタン的な声や風景が存在していた。それは日本における歴史と文化がつくり上げてきた緻密な構造のもとに不可視化されていて、これまで見逃されてきたものが、大震災というカタストロフを経て、明らかになったにすぎない（いや、実際はその潜在性が明らかになったのみである）。実は、このようなサバルタニティは、日本中至るところに存在する。それらは決して、社会的属性や支配的階級によってもたらされるものではなく、日常的なごく自明のものとして私たち自身が享受してきた文化のなかに存在していたにすぎない。私たちは東北を「みちのく」と呼び、その歴史的に構築された呼称に違和感を覚えることもなく、東京電力の原子力発電所が福島や新潟に建設されていることを不思議に思うこともなく、日本人として何食わぬ顔で生活してきたのである。

繰り返すが、ポスト三・一一におけるサバルタニティは、必ずしも支配的階級や社会的属性によってのみ生じた従属性ではない。強いて言うならば、それは支配的言説における従属性である。

しかしながら、この支配的言説というのもまた、必ずしも従来のようにマスメディアや支配的階級、知識人、エリートなどが創り出すものというわけではなくなった。ソーシャルメディアの時代、特に原発報道でマスメディアの権威が失墜すると、大衆は自身が受け入れることのできる言説を求め、新たなオピニオンリーダーや知識人が生まれた。先述した〈隠れサバルタン〉のように、これまで権威や発言力を持っていた知識人や有名人が影を潜めると、大衆は新たなオピニオンリーダーを求めた。

このように、三・一一以降は、言説構造における支配・従属の関係性にも反転が見られた。しかしだからといって、マスメディアや既存の支配的イデオロギーの影響力が全くなくなったわけではない。そうではなく、支配的な価値観や主流の概念が、必ずしも特定の階級や集団に属するものではなくなり、イデオロギーや言説といったさまざまな要素によって、支配・従属の関係性がその都度、その場面ごとに重層的に規定されるようになったということである。つまり、支配・従属の関係性を規定する構造そのものが大きく変わったと言うことができるだろう。

それは、コミュニティ内のサバルタニティなど、ミクロな社会でも同じである。自らの立場を社会の「空気」のなかで感じとり、語ることができなくなった者、他者との関係性を過度に気にするあまり、何を話すべきかわからなくなった者などに見られるように、これまでの差異や関係性が根底から覆された、あるいは、これまで隠れていた差異や関係性が露わになったときに、コミュニケーションにおける新たな主従の関係、すなわちサバルタニティ（従属性）が生じると言うことができるだろう。

サバルタニティの複雑性

サバルタニティは多層的であるとともにその複雑性を増している。

これまでのサバルタン・スタディーズにおいては、発話の場のポリティクスが問題とされた。それは、サバルタンが語っても聞き手がいない、つまり語りが成立しないという問題であった。しかしながら、カタストロフのサバルタニティにおいては、発話以前の問題が生じている。つまり、「語れない」のではなく、積極的に「語らない」のである。

それは先述したような、当事者と非当事者、「語るための権利」、そして、トラウマとサバイバーズ・ギルトという問題である。サバルタンは語ることを持っており、聞き手は、サバルタンが語り出すのを聞き耳を立てて待っているにもかかわらず、「語らない」のである。もちろん、従来どおり、語っても届かない声もある。しかし、語るべき相手を選ぶ、あるいは見いだすことのできないサバルタンは、被災地の内側にも外側にも存在している。

このことは、これまでのサバルタン・スタディーズの議論の中心でもあった〈表象／代弁〉の問題をも反転させている。ポスト三・一一における「知識人」（と同様の立場にある人たち）は、この問題を過度に恐れて、当事者しか語ってはいけないと思い込んでいる。つまり、サバルタンは自分の声でしか語ってはいけない、と自分自身がサバルタニティに陥っているのである。サバルタンは語らない。〈表象／代弁〉もなされない。サバルタン自身が自発的に語ることはなく、〈表象／代弁〉も問題を孕んでいるのだとすれば、彼らの声を届けるどのような回路があるのだろうか。この点については、第5、6章の事例を踏まえ、第7章でさらに具体的に考えていくことにする。

もう一点、考えておかなければならない重要な要素がある。それは時間である。サバルタニティは長期的な視点からみた歴史的時間と深く関係している。東北の歴史と、それによって培われた文化とともに考える必要があるのである。スピヴァクは「学び去る（unlearn）」必要があると言ったが、歴史を学び去ることは難しい。むしろ、私たちは、身体に自明のものとして組み込まれている日本の歴史を「学び直す（relearn）」必要があるのではないだろうか。

また、アウシュヴィッツ、広島・長崎、沖縄その他の生き証人のなかで、自らの人生を全うする頃になって、その吐き出せなかった思いを語る人が数多くいる。そこまでではなくても、何年も何十年も経って、ようやく自分の体験を語ることができる人もいる。そのときにはサバルタンはサバルタンではなくなる。時間が少しずつ彼らを解きほぐし、歴史の穴は一つずつ埋められていく。そのような長期的な時間の流れのなかでサバルタニティを考え、根気強く待つこともまた必要なのかもしれない。

念のため付け加えておくが、大震災を経験して、これまでのサバルタニティが根底から変化したというわけではない。むしろ、従来の議論に加え、以上のような要素についても考える必要が出てきたということである。これまで同様に、いわゆる社会的弱者の声が聞こえないということももちろんある。仮設住宅に暮らす高齢者の実態がどのようなものなのか、彼らの生の声や実際の姿がメディアにのることはない。ここでは、あくまでポスト三・一一という特殊な状況のもとに生じたサバルタニティの本質を取り上げることで、これまでのサバルタン・スタディーズの限界にも挑戦しようとするものである。そのための具体的な議論は、第4章で論じる。

対話の不可能性？

ここまで、ポスト三・一一という従来の議論以上に困難な状況のカタストロフにおける新たなサバルタニティとサバルタンのありようについて論じてきた。次章の議論に進むためにも、最後に問いかけておきたい。サバルタンと対話をすることは不可能なのだろうか。震災後、被災地の内外のさまざまな関係性のなかでサバルタンの声は聞き耳を立てても聞こえてこない状況にある。そのための回路すらなく、全くのコミュニケーション不全に陥っているような感がある。

テレビでもインターネット／ＳＮＳでも相変わらず、（震災を忘れないための）さまざまな情報が取り上げられているが、サバルタンたちの声は聞こえてこない。

そもそもサバルタニティ自体の構造が揺らぎ、何をもってサバルタニティを定義し、誰をサバルタンと呼ぶのか。ポスト三・一一の日本では、それすらも難しい問題である。そのことに答えを出すのが次章の課題となるが、もう一方で、メディア自体の限界についても述べておかなければならないだろう。

これまで、サバルタンは語る、語れない、と簡単に述べてきたが、それらはすべて言葉によることが前提であった。語れないのは、何も気持ちの問題だけではない。「言葉にならない」「かける言葉がみつからない」という表現がある。まさにそのような状況にあるとき、サバルタンは語りたくても語ることができない。語るという行為は「言葉」というメディアによって媒介される。あるいは、言葉がなければ語りは他のメディアによって媒介されようもないのである。

ただし、言葉にならない苦しみを伝えようとするとき、岩川大祐は、以下の原民喜の『水ヲ下サイ』を引用し、「擬声語／擬態語は、いまだに語られていない過去の傷の存在を証明する無数の声を回帰させるための言語的な通路となる」[19]と述べている。

水ヲ下サイ
アア　水ヲ下サイ
ノマシテ下サイ
死ンダハウガ　マシデ

死ンダハウガ
アア
タスケテ　タスケテ
水ヲ
水ヲ
ドウカ
ドナタカ
オーオーオーオー[20]
オーオーオーオー

原民喜によるこの最後の二行の表現は、言葉以外の表現方法があるのだということを強烈な方法で読者に知らしめる。言語化できない感情、苦しみ、痛みの表現は多様である。つまり、メディアには言葉以外の表現方法を求めることが実際には可能なのである。しかしながら一方で、言葉によらないメディアの表象について、アーサー・クレイマンらは以下のように述べる。

ある種の痛みや悲しみの経験は表現できても、他の経験は沈黙に閉ざされることになるのである。また経験は、表現されることによって形作られる一方で、そうした表現に抵抗する言語にあらがい、あるいは言語を新しい方向に曲げて、苦痛や絶望を表現する従来のやり方を訂正する。その結果、これらの歪曲自体が苦しみの経験を変形させることになる[21]。

それでは、痛みのや苦しみに関する対話はやはり不可能なのだろうか？　サバルタンはその本当の姿を最後まで見せることはないのだろうか？　われわれは「彼ら」の痛みを知らないままに、わからないことを理由に、それを聞き取る必要はないのだろうか？　これらの問いかけについては次章であらためて検討したい。

小結

矢守克也は、被災に関する「ドミナントストーリー」（支配的言説）として、〈喪失・懺悔の語り〉〈苦闘・悲嘆の語り〉〈美談・献身の語り〉〈教訓・備えの語り〉を挙げ、これらが「政治・経済的な、あるいは社会・文化的な資源の分布や権力関係に影響されて、私たちが出来事について語るときに依拠するフレームワークが特定のものに偏向したり、出来事の当事者が必ずしも望まないフレームワークが第三者によって公然とあるいは暗黙のうちに矯正されたり」することによって、それらが「何かを抑圧している」可能性について示唆している。そして、これらのドミナントストーリーが「われわれ」の価値観のもとに「われわれ」の物語となっていることを指摘し、「より大きなドミナントストーリーの影響下、すなわち出来事の衝撃を踏まえた語りの影響下にあって、その陰で失われている何かがまだ残存しているのではないだろうか」と述べる。[22]

このようなドミナントストーリー（支配的言説）からはじき出された「何か」については、以下のような山元町民の自由回答記述がヒントを与えてくれるかもしれない。


「書ききれないほどある」

「大勢の中ではガマンすることが大事と思った」

「報道に関しては美談すぎて……。正直「はいはい、この人だけではなくみんな苦労してるんだけどね」という気持ちで見てしまいます」

「津波被害にあった人ばかりが被災者扱いです。仮設住宅に住む人とそうでない人の差があります。学校を見てもそのとおりですよね。不公平と子どもの口から出るしまつです」

「避難先で暮らしている中、心無い人の言動にショックを受け、心開くこともできず、ただ一人ふさぎこむことが多い」

「自分の意志に関係なく、人生が変わってしまった不条理。それでも前に向かわなければ、生活できないが、まだ心は切り替えきれないでいる」


主流の言説というのが、マスメディアをはじめとするメディアが創り出した言説なのだとしたら、そこにのらない小さな隠された右記のような現場のリアルな声の一つひとつが従属的な言説と言えるだろう。私たちは実際にはそのような声が存在することを知っているのかもしれない。しかし矢守が言うように、フレームワーク化されたドミナントストーリーはこのようなきわめて小さな声をかき消しながら大きなわかりやすくて消費しやすい物語を創り出しているのであり、それによって私たちが本当の痛みや苦しみ、そのリアリティをやはり理解することはできない。

このような他者にはなかなかわからない痛みや苦しみを、それでも歴史の一部にきちんと残していけるように、次章では、東日本大震災において見られた新たなサバルタニティについて考察するとともに、メディア論の介入の可能性について論じてみたい。

注

（1）宗教者たちがそのような悩みの相談にのっていた。Team Ra+制作『Café de Monk』（二〇一二年）、『産経新聞』二〇一二年一月一八日付、東北学院大学震災の記録プロジェクト金菱清（ゼミナール）編『3・11霊性に抱かれて――魂といのちの生かされ方』（新曜社、二〇一八年）など。

（2）「3・11からメディアを考えるプロジェクト」は、東北大学大学院情報科学研究科メディア文化論研究室が行なっているプロジェクトであるが、国立情報学研究所の「NII研究用テレビジョン放送アーカイブを用いた東日本大震災の社会的影響の学術的分析」によるテキスト分析・内容分析と連携しながら進められた。

（3）山元町では、二〇一一年七月下旬に仮設住宅への移動がほぼ完了している。

（4）この時期区分は、被災者は具体的な日にちなどを覚えていないと思われるため、記憶に残りやすい変化を基にして聞いたものである。
（5）前掲「3 11情報学の試み」、前掲「東日本大震災 発生から72時間 テレビが伝えた情報の推移」
（6）海外テレビの取材・報道については、被災地で被災者がこれらを目にすることはほとんどなかったため、ここでは割愛する。
（7）池澤夏樹「東北の土地の精霊」『考える人』二〇一二年春号、新潮社、三七ページ
（8）もちろん、このほかにも、現実のほんの一部分しか放送できないテレビの限界もあるだろうし、スポンサーを意識した報道などもあっただろう。本章では、そのようなこれまでのメディア論のなかで指摘されている論点はあえて割愛し、今回の大震災において新たに発見された要素だけを提示している。
（9）Erving Goffman, *The Presentation of Self In Everyday Life*, Doubleday, 1959.（E・ゴッフマン『行為と演技——日常生活における自己呈示』石黒毅訳、誠信書房、一九七四年、一〇八ページ）
（10）同書一〇九ページ
（11）鷲田清一／赤坂憲雄『東北の震災と想像力——われわれは何を負わされたのか』講談社、二〇一二年、一二九－一三〇ページ
（12）この場合、社会のなかで自分（たち）だけが弱い立場にあるという意識を持っていないということを意味する。
（13）これらの傾向は、報道取材の際というよりは、東日本大震災の記録を残すためのアーカイブ活動のなかで見られるものである。

（14）信田さよ子「訪れる痛みと与える痛み」『現代思想』二〇一一年八月号、青土社、一一六ページ

（15）これと同じ問いについては、これまでもアガンベンらが、アウシュヴィッツの議論のなかで繰り返し問いかけてきた。「底に触れた者」と彼らは呼び、極限的な体験をしたもの以外は語る権利を持たないのか、という議論を展開している（Giorgio Agamben, *Quel che resta di Auschwitz: L'archivio e il testimone*, Bollati Boringhieri, 1998.〔ジョルジョ・アガンベン『アウシュヴィッツの残りのもの――アルシーヴと証人』上村忠男／廣石正和訳、二〇〇一年、月曜社〕）。

（16）前掲『東北の震災と想像力』一五九－一六二ページ

（17）アーレントは、「全体主義の政府が発見したことの一つに、巨大な穴を掘って、そこに歓迎できない事実と出来事を放り込んで埋めてしまうという方法があります。これは、過去において行為者であったか、過去の事実の承認であった数百万人の人々を殺戮することによってしか実現できない一大事業です。過去はまるでなかったかのように、忘れ去るべきものとされているのです」と述べ、死んだ者が存在していた記録だけでなく、彼らの命を奪ったことを証明するすべての証拠がことごとく消し去られ、彼らの語りや記憶が歴史上から抹殺されてしまうような状況を「忘却の穴」と呼ぶ（Hannah Arendt, *Responsibility and Judgement*, Schocken Books, 2005.〔ハンナ・アレント、ジェローム・コーン編『責任と判断』中山元訳（ちくま学芸文庫）、筑摩書房、二〇一六年、四八四ページ〕）。

（18）下河辺美知子『歴史とトラウマ――記憶と忘却のメカニズム』（作品社、二〇〇〇年）、前掲『環状島＝トラウマの地政学』、岡真理『記憶／物語』（〔思考のフロンティア〕、岩波書店、二〇〇〇年）など。

(19) 岩川大祐「「痛み」の認識論の方へ——文学の言葉と当事者研究をつないで」『現代思想』二〇一一年八月号、青土社、一〇一ページ

(20) 原民喜「原爆小景——水ヲ下サイ」『原民喜全集・121作品⇓1冊』原民喜全集・出版委員会、二〇一五年

(21) 前掲『他者の苦しみへの責任』viiiページ

(22) 矢守克也『アクションリサーチ・イン・アクション——共同当事者・時間・データ』新曜社、二〇一八年、九八‐九九ページ

第4章　サバルタン・スタディーズ×メディア論

さて、本章では、第3章で明らかになった東日本大震災におけるサバルタニティの事例を基にした、サバルタン・スタディーズの再考を試みたい。このことは同時に、サバルタン・スタディーズが直面しているアポリアについて再検討することにもつながるだろう。本章の目的は、東日本大震災で浮き彫りになった、新たなサバルタニティの創出のプロセスに関する検討を行なうことで、サバルタンとサバルタニティについて、概念的な転回を試みるものである。また同時に、これまでのサバルタン・スタディーズに関する議論のなかで問われることのなかった媒体《メディア》の問題を取り上げ、メディア論の視座から「サバルタンが語る」ための実践的な企てを行なうための試論としたい。

第1節　多層化・複雑化するサバルタニティ
——東日本大震災の事例より

序章で論じたように、サバルタン・スタディーズの潮流を形作ってきたサバルタン・スタディーズ・グループは南アジアという文脈にこだわっており、同様に、スピヴァクのサバルタン論も、彼女の出身である南アジアの文脈に多くを負っている。つまり、これまでのサバルタン・スタディーズの成果の多くは、西洋・東洋の多くの知識人たちの知見を用いながら、南アジアのサバルタンたちの過去を歴史のなかに取り戻そうとする試みを通じてもたらされたものであった。これに対し、その後、異なる文脈のなかでサバルタン概念を位置づけようという動きも多く見られる。[1] 本章が試みようとしているのは、現代の日本、とりわけ東日本大震災という文脈（それは新たなサバルタニティが創出されたプロセスでもある）において、サバルタンたちの声を歴史に反映させるための試論である。

ここでは、これまで異なる文脈で議論されてきたサバルタンとサバルタニティという概念を現代の日本社会という文脈に移して考察するために、あえて、既存のサバルタン・スタディーズのいくつかの枠組みの組み換えを行なう。この組み換えは、第3章で明らかにした、実際に被災地で起こっているサバルタニティという事象についても説明可能な理論的枠組みを提示するための試みでもある。

サバルタンとは誰か——社会的差異から言説的差異へ

最初にあらためて問い直さなければならないことは、東日本大震災における「サバルタン」とはいったい誰なのか、そして、この「サバルタン」たちは何に従属しているのか、という点である。先に確認したとおり、グハは、「サバルタン」について、「階級・カースト・年齢・性別・職業、あるいはその他どのような言葉で表現されるにせよ、民衆が従属している状況を指す一般的な言葉として用いる」と述べている。ここでは、この「従属している状況」について、もう少し掘り下げて考えてみたい。

今回の震災におけるサバルタンの従属性は、これまでのサバルタン・スタディーズが対象としてきた南アジアの文脈とは異なり、イギリスやインドの知識人《エリート》あるいは男性といったような支配的階級に対するものではない。そして、ソーシャル・メディアを含む多様なメディアに多様な言説が飛び交う現代の日本社会において、主流の言説というのが、必ずしも知識人たちが作り上げる支配的言説だと言い切ることはできない。

スピヴァクは、「なんらかの形で従属させられていると感じているグループがすべて、自分はサバルタンだと主張しているような現状にあっては、（中略）「サバルタン」という言葉が定義として持つ力を失いつつある」と述べ、この定義の曖昧さを指摘している。[2] この見解には同意するが、一方で、サバルタニティがいわゆるポリティカルエコノミーにおける意味での主従関係にのみ帰するものであるという前提も、現代の日本社会においては、それほど説得力を持たない。

現代の日本社会におけるサバルタニティは、社会的マイノリティ集団（障害者、高齢者、在日外国人、貧困層など）と相関性がある場合もあれば、必ずしもそうではない場合も多く、ひきこもりやニート、いじめを受けている子ども、高齢者などといった、可視化されにくい、あるいは線引きの難しいサバルタンの存在が、問題をよりいっそう複雑にしている。そして、本書が対象としている東日本大震災という文脈に限定して言えば、第3章で〈隠れサバルタン〉という存在について述べたように、社会的地位としてはむしろ上位にあった者たちが、主流の言説から取り残され、語りを阻まれ、言説形成に関与できない状態にあったことも事実である。逆に（誤解を招かないといいのだが）被災地では、すでに社会的に認知され、可視化されているマイノリティ集団に対しては、程度の差はあれ、社会的な救済や語りのための物理的な回路を準備しやすかったという側面もある。このように、今回の震災では、特に、社会的にマイノリティ集団として位置づけられていないサバルタンたちの苦しみ（物理的苦痛だけでなく精神的苦痛も含む）を社会に表出させる回路や手段の方が少なく、主流の言説に置き去りにされた不可視のサバルタンたちの存在が明らかになっている。

そこであらためて確認しておきたい。ここで論じている「サバルタン」「サバルタニティ」という従属性は、あくまで支配的言説に対する従属を意味し、既存の社会的枠組みにおける支配的階級や支配的集団に対する従属ではなく、元来の「エリート」と「サバルタン」という二分法《ダイコトミー》も否定する。それは、必ずしも社会階層や資本によって規定されるものではなく、絶えず変化する状況とともに、創り出され、弱者をサバルタン化する支配的な言説そのものである。サバルタンはマジョリティの声のもとにマイノリティとして声を奪われていくのである[3]。

繰り返すが、第3章で論じたとおり、東日本大震災のような災害によって、社会的な属性や階級とは関係なく、個々の環境や関係性、文脈においてもサバルタニティが創出されることが明らかになっている。そして、災害がなかったとしても、貴戸理恵が指摘しているように、些細な躓きによって変化する関係性において、誰もがサバルタンになり得るのが、現代の日本社会なのである[4]。

東日本大震災では、「エリート」であるがゆえに社会的な言説体系においてサバルタン化したと考えられる事例も多くあった。主従関係は文脈によって変化する。現代社会における苦しみや悲しみ、傷は、経済的な要因、政治的な抑圧、社会的な規範における「従属性」によってのみ生じるものではない。そして、もちろん苦しみや悲しみや傷を負っていること自体を「サバルタニティ」として定義するものでもない。このような苦しみや悲しみや傷について「語ることができない」こと、そのような経験を歴史のなかに反映できないという状況自体、従来のサバルタンの定義に則って捉え直されるべきなのである。

本書では、東日本大震災という文脈のなかで、そのような状況に置かれた人々を「サバルタン」と称することをここであらためて確認しておく。「サバルタニティ」とは、言説体系のなかで、そして関係性と差異のなかで語ることができないことにより、社会的周辺に追いやられてしまうという状況を指し、「支配的階級」ではなく「支配的言説」に対して従属していることを意味する。このような言説体系において語ることができないものを本書では「サバルタン」と称する。そして、ひいては、この「支配的言説」に従属すること自体がサバルタニティの根源であり、階級的差異や社会的差異をも超えた言説的差異に基づくサバルタニティが、現代日本の特徴であるということを主張しておきたい。

もう一点、これはスピヴァク自身が述べていることでもあるが、サバルタンを集団として扱うことに対する疑問がある。スピヴァクは、「サバルタンは語ることができるか」のフランス語訳が「サバルタンたち（Les subalterns）」となっていることに対して、その誤りを指摘し、自分が語っているのは「一人の女のサバルタンのこと」であるとはっきりと述べている。(5)

何度も繰り返しているとおり、本書におけるサバルタニティは必ずしも社会的集団・階層に属するものではない。それは個別の文脈や関係性において創出される。集団と集団の間で生じるサバルタニティもある一方で、集団の内部に語ることができる者とできない者が存在する。その場合、サバルタンを集団として捉えることにより、その内部の小さな、しかし重要な差異が見逃されることになる。サバルタンの集団性については、個別の文脈により丁寧に扱われる必要があるだろう。

語ることへの許可

さて、ここまで見てきたように、サバルタニティが言説体系における関係性と差異のなかで創出されるものだとすると、サバルタンはどのようにして社会的に認知されるのだろうか。サバルタンは、そもそも社会のなかで、「サバルタン」として認知されてはいない。そのサバルタン化した「断片的」で「挿話的な《エピソード》」語りとは、どのように社会に現れてくるのだろうか、もしくは永遠に語られずに終わるのだろうか。

スピヴァクは「語る」という行為を「聞かれる」ということと併せて成立するものとしているが、第3章で述べたように、東日本大震災の場合は、「聞かれる」以前に「語る」行為自体が許されない（と語り手が考えてしまうような）場面が多々生じていた。サバルタンが社会的に認知されているような社会的集団やカテゴリに属していない場合、「語る」ことが行為として現れないという時点でサバルタンは可視化されない。では、サバルタンとは自称するものなのか、それとも他者によって見いだされるものなのか。サバルタンは常に客体として位置づけられるしかないのか。

これらの点について、エドワード・サイードの指摘した「語ることへの許可」という問題について、より広い文脈において考察する必要がある。

「語ることへの許可（permission to narrate）」という言葉は、一九八四年に、サイードが、『ロンドン・レビュー・オブ・ブックス（London Review of Books）』に寄稿した論文のタイトルである。この論文のなかで、サイードは、シオニスト的言説が支配的なアメリカを中心としたメディアによってパレスチナの真実が隠蔽され、パレスチナ問題に対する全世界的な（虚偽の）イメージやステレオタイプが創られ、そして「パレスチナ人」自体が無人化され不可視化されたなかで、パレスチナ人たちが自らの歴史を取り戻すために「語ることへの許可」を得なければならない状況にあることを訴えている[6]。そして、スピヴァクは、サイードのこの言葉になぞらえて、帝国主義的な意図によって「異種混交化した」サバルタン主体が語る場の権力構造における「語るための許可」という問題について論じるのである[7]。

異なる文脈ではあるが、複雑化した言説構造において、不可視化された異種混交的なサバルタン主体が語ることができないという類似した構図において、「語ることへの許可」を求めなければならないような状況は東日本大震災以降の日本においても生じている。語る権利は誰にあるのか。自分に語る権利はあるのか。そのことに逡巡してしまうことが、東日本大震災におけるサバルタニティの要因の一つでもあった。

先に見てきたように、これまでのサバルタン・スタディーズ、人類学、社会学、カルチュラル・スタディーズにおいて、サバルタンによる語りに対する〈表象／代弁〉の問題が論じられ、語る主体に対して、それを聞き取り代弁する知識人の「透明化された表象」について議論が展開されてきたことはここで繰り返す必要はないだろう。同様の文脈において、太田好信は人類学の立場から、「文化を語る権利は誰にあるのか[8]」、そして「代弁＝表象する権利は誰にあるのか[9]」と問う。太田は、この問いを文化の持つ異種混交性や雑種性に基づき問いかけているが、これとは異なる（ただし同根の問題である）震災における当事者性という文脈においても、全く同じことが問われている。多くの人はこの問いに対して、「語る権利は当事者にしかない」、あるいは「他者には代弁＝表象する権利はない」といったある意味で良心的な解答を導き出す（自らの発言による影響や責任回避のためのエクスキューズであるという考え方もできる）。そしてそこには、自分よりもさらに社会的立場の弱い者を意識するあまり、「語れない」という逆説的なサバルタニティが生じているのである。

当事者性という問題は根が深い。サバルタンの定義と同様、そもそも震災の当事者とは誰か、という問いに対して明確な答えはない。それはやはり関係性と差異のなかに生じるポジショナリティでしかなく、文脈に依存して規定されるものである。しかしながらさまざまなレイヤーで突きつけられる〈非－当事者性〉は、このような考えのもと、人々から言葉を奪ってしまうような状況を生み出している。そしてこの語れない状況＝サバルタニティのもとにサバルタンが創出されているのである。サバルタンが語れないことがサバルタニティなのではない。サバルタニティという状況に置かれた者が、サバルタンになるのだ。

当事者も非－当事者も「語れない」とすれば、誰が「語ることへの許可」を得て、記憶を語り継ぐことができるというのだろう。

ジョルジョ・アガンベンは、アウシュヴィッツで生き残った者の「恥ずかしさ」の感情（「負い目」という言い方もできるだろう）と証言に関する考察において、典型的な生き残り証人の一人とされているプリーモ・レーヴィの言葉を引用している。長文ではあるが、ここではそのまま引用したい。

くり返し言うが、わたしたち、生き残って証言する者は、本当の証人ではない。〔……〕わたしたち、生き残った者は、わずかな少数者であるだけでなく、例外的な少数者である。わたしたちは、不正のゆえに、あるいは能力のゆえに、あるいは幸運のゆえに、底に触れることのなかった者たちなのである。底に触れた者、ゴルゴンを見てしまった者は、戻って来て語ることはなかった。あるいは、戻って来たとしても、黙していた。しかし、かれら、「回教徒」、沈んでしまった者たちこそは、完全な証人であり、包括的な意味内容をもった証言ができたはずの者である。かれらが正規なのであって、わたしたちは例外なのだ。〔……〕運がよかったわたしたちは、自分の運命についてだけでなく、他人の運命についても、そう、沈んでしまった者たちの運命についても、多少の知恵を働かせて語ろうとした。しかし、それは「第三者の立場からの」話、身を以て体験せずに傍から見たことについての話だった。完遂された破壊、なしとげられた作業については、だれも語ってこなかった。戻って来て自分の死について語ることはだれにもけっしてできないのだ。それだけではない。沈んでしまった者たちは、たとえ紙とペンをもっていたとしても、証言することはなかっただろう。というのも、かれらの死は、身体的な死よりも前に始まっていたからである。死ぬよりも数週間前、数か月前に、かれらはすでに観察し記憶し比較考量し、考えを述べる力を失っていた。わたしたちは、かれらの代わりに、代理として語っているのである。[12]

アガンベンによると、生き残りの証人たち、すなわち「回教徒」について語る生存者は、実際に「回教徒」を体験しているわけではなく、代理にすぎないという意識から、真の意味で語ることができない。ただし、語ることができないにもかかわらず、語り継がなければならない。話す内容を持っている「回教徒」たちは、すでに語る言葉を持っておらず、語ることのできる生存者は語る内容を持っていない。

これと同様のことが被災地でも起こっている。生き残ったという恥ずかしさと負い目から、語ることができないでいる被災者は多い。また、より被害の少なかった人たちが、自らの考えや震災に対する考えを述べることに対する躊躇もあるだろう。しかし、震災を「語ってよい」のは、本当に「真の証人」だけなのだろうか。「底に触れた者」しか語ることができないのだろうか。「底」はすなわち「死」を意味するのだろうか。さまざまな苦しみにおいて「底」はさまざまに定義されうるのではないだろうか。

すでに述べたように、〈当事者性〉には揺らぎがあり、文脈によって規定される。率直に言えば、筆者自身が、第2章で、〈戦略的当事者性〉と定義したポジショナリティは、語るための許可を得るための手続きでもあった。しかしながら、〈当事者性〉そのものを本質主義的に捉えることをしなければ、その文脈において、語り手は自らのポジショナリティを明示しながら「語ることの許可」を得ることは可能なはずである。

この当事者性に関する問いは、同時に、誰に対してなら語ることができるのかという聞き手との関係性に関する問題と、どのような状況でなら語ることができるのかという文脈による問題を孕んでいる。

つまり「語り」とは多分に文脈依存的《コンテクスチュアル》なものとして捉える必要があると言える。

崎山政毅は、「レヴィナスにおける「第三者」という概念が拓く、「自己」と「他者」双方にとっての「他者」が行なう「悲惨」の《証言》の問題、《証人にかわって証言する証人》の可能性に、すなわちサバルタンになりかわることなくサバルタンを語りうる一個の可能性にいかに達しうるのか？[13]」と問う。本章では、これらの問いかけに対し、実践的な研究を通じて少しでも解答に近づくための議論を展開したいと考えている。

以下では、「語ることへの許可」「代弁＝表象」の問題とともに、「語る」という実践を具体的に構想するための、もう一つのパースペクティブを導入したい。それは、「語り手」と「聞き手」の間に避けがたく横たわる媒体＝メディアの問題であり、〈あわい〉そのものである。メディアは、「語り手」と「聞き手」を有機的につなぐ媒《なかだち》としての社会的かつ文化的な機能を担うものである。以下では、メディア論の視座を基に、サバルタンの「語り」を可視化し、聞き手につなげるための具体的な方法について論じていきたい。

第2節　サバルタンのためのメディア論

主流の歴史のなかに埋もれたサバルタンたちの「断片《ピース》」や「挿話《エピソード》」の復権、そしてそれらを後世に伝えるために、サバルタンたちの語りを言説体系のなかに可視化させること（あるいは時期が来たらそれらが可視化され伝承されるように仕込んでおくこと）。さらに、そのプロセスにおいて、知識人や非‐当事者による〈表象／代弁〉の問題を解消して、サバルタン自身の自律的な語りと主体性を取り戻すこと。そのために具体的に働きかけること。何度も繰り返すようだが、本書は、東日本大震災という事象に基づく、そのための試論である。

グラムシの問いかけをサバルタン・スタディーズ・グループが継承し、スピヴァクの介入によりその本質主義的な実践のあり方が再考され、「サバルタンが語る」という当初のユートピア的な目的を達成できないアポリアのなかで、サバルタン・スタディーズの動きは滞っているようにみえる。一方で、自らこのようなアポリアをサバルタン・スタディーズに突きつけつつ、積極的に個別の働きかけをしてきているスピヴァク自身、この行き詰まりに甘んじているわけではない。

さて、どうすればサバルタンの言葉が容易に聞かれるようになるのかに、入って行きたいと思います。それこそ今しなければならないこと、まず最初にしなければならないことだと思っています。目の前の若い女性が彼女の言葉を聞いてもらってないことを知ったら、知識人としての責務――グラムシからの言葉の引用です――は、サバルタンがサバルタンに止まらないような構造を創り出すことだと感じました。「サバルタン」はけっして良い言葉ではありません。サバルタンが市民になる軌道に乗ることを願うこと、それがわたしたちがやるべきことなのです。[14]（傍点は筆者）

ここで、スピヴァクが知識人の一人として宣言しているのは、まず語り手と聞き手の関係性における発話の場の権力構造を脱構築する試みであり、それによるサバルタンの市民化のための具体的な働きかけの必要性である。

本節では、知識人による〈表象／代弁〉の問題を乗り越え、さらには、語り手と聞き手の膠着した関係性を脱構築するための潜在力を持つ、媒《なかだち》としてのメディアに注目し、「語ることへの許可」を誰もが得られる自由な言説空間を可能にし、スピヴァクの言う「サバルタンがサバルタンに止まらないような構造」をメディアが創り出す、その実現可能性について考察する。

語りのための透明な媒体？

あらためて指摘しておこう。サバルタンの声が語られ、聞かれ、記憶されていくというプロセスにおけるこれまでのサバルタン・スタディーズの議論のなかで、メディアあるいは媒体という概念が抜け落ちしてしまっていることはいささか不可解である。「語り」を伝え、聞き手に届けるためには必ず何らかの媒体にのせる必要がある。それは文字であったり、音声であったり、映像であったりする。メディア論的視座に基づくと、その媒体は決して透明なものではない。文字であれ、音声であれ、映像であれ、メディアを通じて伝えられるテクストが、その媒介のプロセスにおいて社会装置としてのメディアが有しているイデオロギーや価値観、文化的コードや記号などと絡み合い、メッセージあるいはコミュニケーション自体に大きな影響を与えることは、マーシャル・マクルーハンを引かずともすでに周知のことである。ルイ・アルチュセールは、この点において、メディアを「国家のイデオロギー装置」[15]と呼ぶ。それは、知識人の透明性と同様に指摘されるべきメディアの透明性に対する疑義である。

「語り手」と「聞き手」の関係（メディア論では、一般に「送り手」と「受け手」の関係と言い換えることができる）について考察する際に、そのコミュニケーション媒体であるメディアについて言及することは不可欠である。サバルタン・スタディーズの主要な行為主体である「語り手」としてのサバルタンと「聞き手」としての知識人の関係性が問われる際に、両者の間を取り持つ回路としてのメディアのイデオロギー性、あるいは社会的特性について、いま一度考察してみる必要があるだろう。実際には、第2、3章でこれまで見てきたように、言説体系のなかで、メディアそのものがサバルタンあるいはサバルタニティを創出しているという事実がある。厄介なのは、そうしたサバルタニティの創出だけでなく、メディアの表象が発話の場の権力関係をも再生産し、それが社会的に定着してしまっていることである。

さらに、サバルタン・スタディーズのそもそもの出発点として、文書あるいは言語による歴史の構築が前提となっていたこともあり、「語る」「聞く」という言語行為におけるプロブレマティークとしてのみ捉えられていることに関する問題もある。つまり、言語メディアだけではなく、むしろ視覚メディアの影響について問われなければならない。とりわけ、現代の日本のデジタルメディア社会においては、支配階級や知識人《エリート》たちの言語を通じて創り出される、ある意味で単純すぎるとも思える支配と従属による権力関係ではなく、ポストモダン時代の断片的なビジュアル・イメージやソーシャル・メディア時代の散逸的なテクスト、ユーチューブなどのクリップ的な映像によって創出される複雑で多層的な表象と言説構造のなかで、自己と他者の関係性は、これまで以上に文脈依存的《コンテクスチュアル》なものとして規定されるようになっている。自己と他者、自文化と異文化の線引きはますます曖昧になり、映像メディアからインターネット時代、ソーシャル・メディア時代へとメディア社会が変遷するなかで、送り手と受け手の境界は関係性と文脈においてその都度規定されるような状況になっている。(16) 現代のメディア社会において、サバルタニティは、そのような重層的で複雑な言説構造のなかで生じているのである。

このような権力は、二〇世紀初頭のグラムシの時代のイタリアや、一九八〇年代の南アジアで問題とされた支配集団や知識人《エリート》に属するものでもなければ、経済的階層や政治的イデオロギーによって規定されるものでもない。第2、3章で明らかにしたように、現代の日本社会におけるメディア状況のなかで、支配的言説とサバルタニティの関係について考えるとき、それは、例えばグローバルとローカルというジオポリティクスの狭間、中央と周縁という歴史的に構築された構図の狭間、そして自己と他者のミクロな関係性の狭間で、時間の経過とともに、揺らぎつつ絶え間なく変化する文脈《コンテクスト》において個別に規定される権力関係として捉える必要がある。そして、メディアは、その表象あるいは媒介作用そのものを通じて、社会における既存の文化や価値観を再生産し、言説を生み出すプラットフォームとなっているのである。

そして、メディアが言説的支配を生み出す社会的機能を担っているということは、同時に、メディアがその言説構造自体を内側から脱構築する契機を孕んでいるということでもある。この点については、次章以降の実践に関する議論のなかで論証していきたい。そのために、次項では、先述したようなサバルタン・スタディーズのアポリアを乗り越え、サバルタンが市民として語るためのメディアの実践的介入の意義について論じたい。

サバルタン・スタディーズにおけるメディアの実践的介入

ここでもう一度スピヴァクを引用したい。「知識人としての責務（中略）は、サバルタンがサバルタンに止まらないような構造を創り出すこと」であるとスピヴァクは述べる。ではそのような構造の創出はいかにして可能になるのだろうか。ここでは、序章で紹介した実践的なメディア研究という視座に基づき、「学問的アクティビズム」としてのメディアの実践的介入の意義について論じたい。

スピヴァクの介入以降、サバルタン・スタディーズにおいて知識人は、サバルタンの語りを強制する〈表象／代弁〉により、主体を抑圧する権力として批判されてきた。その一方で、東日本大震災の場合には、これと裏表の批判の前に立ちすくみ、自ら語ることさえできなくなってしまった研究者もいた。そのような研究者たちは、サバルタンに語りかけることすらできない。しかし、今、研究者に必要とされているのは、必ずしもサバルタンたちの声を直接聞き取るメディアになることではないのかもしれない。そうではなく、彼らの声を誘発し、すくい上げ、届けるための、新たな回路としての、あるいはオルタナティブなメディアを準備することが、研究者がしなければならないことなのではないだろうか。

先述したとおり、メディアは、サバルタンの創出の要因となると同時に、それが創り出した言説構造自体を脱構築する契機を孕んでいる。そのためにはメディアを戦略的に利用しつつ、サバルタンの語りを引き出し、メディアにのせて伝えていくという実践をまず試みる必要があるのではないだろうか。その一方で、伝えられた語りに耳を傾けるための受け手との関係性を再構築していくことについても同時に考察する必要がある。それらを両輪として実践的に研究していく必要があるだろう。

ここまでの議論で、東日本大震災におけるサバルタンが語れない要因として、すべてとは言えないが、いくつか側面を明らかにしてきた。どのような差異、関係性、文脈が、どのように語りを阻んできたのか。そして、語られないままの語りがおそらくかなり多く存在しているだろうことも明らかになっている。

語りの顕在化のためにメディアを使って実践的に介入すること、そしてその意義と可能性を明らかにすることこそが、本書がたどり着こうとしている目的地《ゴール》なのである。そして、それがスピヴァクの言う「サバルタンがサバルタンに止まらないような構造を創り出すこと」という最終的な目的地《ゴール》に少しでも近づくための最初の到達点だと考えたい。

「サバルタンを発見するのは難しいことではありませんが、応答が双方向に流れるような、サバルタンとの応答責任《レスポンシビリティ》の構造に参入するのが難しい」(17)とスピヴァクは述べる。確かにこれまでの議論から考えると、このような構造自体を想定することが、そもそもきわめて困難である。そこで、まずは、この構造を社会全体としてではなく、研究という枠組みのなかで、社会の片隅に実際に創り出し、そのなかで生じるさまざまな交渉やコミュニケーション、コンフリクトやすれ違いをつまびらかにしていくことで、その問題点を明らかにし、同時に解決方法を模索しながら、サバルタンと知識人、あるいは直接、サバルタンと社会の間に「応答可能な共同体」[18]をつくるということが可能なのではないだろうか。メディアを活用したり、メディアのあり方自体をデザインしたり、あるいはメディア自体が共同体となったりしながら、このような共同体の実現可能性を考えることを本書では「メディアの実践的介入」と呼ぶ。そして、その場のなかで生じたダイナミズムを社会に拓いていくような方法で、社会全体におけるサバルタンとの「応答可能な共同体」の実現を目指す。それは気が遠くなるようなプロセスを要するかもしれない。しかしあきらめることなく、一歩ずつ共同体を築いていくことはいかにして可能だろうか。

このような共同体として想定しているのは、メディアを活用することで差異や関係性を脱構築しながら、「誰もが語れる場所」である。そこではサバルタンも知識人も語る。そして、サバルタンも知識人も聞く。一方向ではない、多方向の対話と多声的な会話が生じるのである。いわば、スクランブル交差点のようなものだ。メディアは、回路であると同時に、場であり、共同体である。

そして、さらに、それは「語る」「聞く」という言語行為のみにとどまるものでもない。多様なメディアを活用することで、言語行為に限定されたアポリアを打破することも可能になる。言語によらない表現としての音楽やダンス、アートなどといった前‐言説的なメタコミュニケーションによる発話の可能性もある。[19]そもそもサバルタンには発話すらできないこともある。擬音語や擬態語を言葉として、ため息を記号として、空白を表現として書き換えていく必要がある。

それでもなお、スピヴァクが例に挙げたインドのサティーの命をかけた「語り」のように、アウシュヴィッツの「回教徒」のように、そして東北の被災地のように、どのようにしても語りえない語りもある。このような「忘却の穴」に落ちていく語りについては、そのような存在があるということ自体を忘却してはならない。その欠落しているという事実そのものを記録しておかなければならないのである。変換したり表現方法を変えたりしながら、このような語りの欠落までをも時空間を越えて伝えることができることがメディアの特長である。

このように、概念としてはメディア論をサバルタン・スタディーズに取り込みつつ、メディアの特長を活かしながら学問的な実践を行なうことが、いま必要なのではないだろうか。

第3節　サバルタンが語る場所

メディア論と〈あわい〉

では、このような共同体としての語りの場所が拓かれる可能性は、どのようにしてあるいはどこに見いだすことが可能なのだろうか。

メディア論、とりわけメディア・コミュニケーション論という領域において、その議論の中心には、常に実体としてのメディアがあった。それはテレビのモニターであったり、ラジオの受信機であったりした。また、オーディエンスが向き合うべきはメディアを含むテクストそのものであった。一九八〇年代以降、ブリティッシュ・カルチュラル・スタディーズの議論では、テクストとオーディエンスの交渉や意味生成の場としての「読み」に焦点が当てられてきた。そして、社会経済的な要因が背景にあったとしても、このテクストとオーディエンスの関係性は、密接につながっていた。オーディエンスは常にテクストが提供する記号やコンテクストと向き合っていた。そこでは、テクストとオーディエンスはある社会的文脈（たとえそれが重層的であり変容するものであったとしても）のもとに固定化される傾向があり、文脈の解放なくしては、テクストとオーディエンスの関係性も閉じられたままであった。

一方で、デヴィッド・モーレイやショーン・ムーアらは、「脱メディア中心的メディア論（non-media-centric media studies）」という概念を用いて、メディアそのものを中心に研究することは将来的にメディア研究の幅を狭めるとして、メディアと密接な関係にある物質的・空間的なコミュニケーション自体を対象とするメディア研究のあり方を示唆し、人の移動や物流などを含め、「実際のコミュニケーション」を捉え直す必要性とともに、人類学、地理学、社会学などの知見を反映させたメディア研究のさらなる学際性を主張している[20]。このような議論から、メディア論でありつつ、メディアそのものではなく、むしろメディアが置かれている社会・文脈・空間を重視し、研究の対象としていくという新たなパースペクティブの定め方について考えてみる必要があるのではないだろうか。

本書で用いるメディア論という概念も、このような「脱メディア中心的」なメディア論を念頭に置きつつ、メディアあるいはテクストそのものと「人間」の直接的な関係ではなく、その「間」からメディアとメディアによる人間の営みを逆照射するような視点を持つものである[21]。つまり、人と人、物と人の間にあること、すなわち〈あわい〉の可能性について詳細に検討することが本書の次のステージとなる。

この〈あわい〉という概念は、主にはホミ・バーバの有名な著書『文化の場所（The Location of Culture）』

において展開されている議論を土台としている。バーバは、『文化の場所』において、ポストコロニアル研究の立場から文化の境界を再編成しようと試みる。バーバはこの境界を開くなかで、"in-between" "third space" "liminal space" "stairwell" など、さまざまな言葉で本論の〈あわい〉に該当する概念について表現している。この空間は、異なる文化、あちらとこちらの中間地点であり、アイデンティティを固着化させない時間的／空間的通過点であるとし、こうした境界を「何かが存在することをはじめる場所」だと述べる。このような考え方は、ジェラール・ブシャールが多文化主義の異なるあり方として「間文化主義」と定義している概念とも通底している。ブシャールは、主流の文化とマイノリティ文化が互いに交流するなかで新しい文化が生まれると主張し、カナダのケベックの事例などを基に、多文化主義の新たな可能性を示している。また、アクティビストで人類学者のデヴィッド・グレーバーは、『民主主義の非西洋起源について――「あいだ」の空間の民主主義』において、民主主義は西洋で生まれたわけではなく、非西洋文化と交わることで発生し発展してきたものであると主張し、民主主義の起源を「あいだ」にあるとする画期的な論考を世に出した[22]。

こういった考え方は、メディアの／という〈あわい〉において新しい意味が生成されるとする本書の立場が依拠するものである。本書における〈あわい〉とは、中心と周辺の関係性の間にあり、まさにこの関係を再編していくような、レスポンスとコミュニケーションが行なわれる場所／空間のことを意味している。メディア・コミュニケーションにおいて、人がテクストと向き合うとき、記号論であれ、受容理論であれ、テクストと受け手は直接つながっていると捉えられてきた。しかしながら、実際には、例えば記号のコードは、テクストのなかにありながら受け手のなかにもある。あるいは、その整合性を求めて、常にテクストと読み手の間を行き来している。つまりは、〈あわい〉に存在していると言える。また、受け手は、テクストから意味を引き出そうとするとき、テクストに内在する意味そのものを受容しているわけではない。テクストに存在する意味と、自らが読み解こうとする意味の擂り合わせをしながら受容しているのであり、その意味が存在する場もまた、テクストでもなければ受け手自身でもない。意味はやはり〈あわい〉に存在するのだと言える。つまり、本書における〈あわい〉とは、単なる空白を意味するものではなく、意味生成の場として、関係性の間に生じるものであり、両者をつなぐものでもある。コミュニケーションは〈あわい〉を通じたやりとりであり、〈あわい〉それ自体が意味を為すものでもあり、意味生成に寄与するプロセスそのものである。

一方で、この〈あわい〉という概念は抽象度が高く、質感もなければ具体性もない。第5、6章では、メディア実践の二つの事例を紹介しつつ、この共同体あるいは語りの場所を拓いていく可能性と展望、すなわちそのための場や空間としての〈あわい〉について論じていきたい。

メディア実践における〈あわい〉

第5章では、『語りと記憶のプロジェクト』という語りを引き出して未来に伝えるための、コミュニケーション・デザインとメディア・デザインを行なうプロジェクトについて考察する。このプロジェクトでは、断片としての語りを集め、小さな語りの行方について考えるとともに、その語りと物語の関係について検討していく。サバルタンの声なき声を伝えるための可能性と、そのための仕掛けあるいは仕組みについて具体的に考えていくことになる。そして、このような仕掛けないしは仕組みを通じて現れる自己と他者の関係性における〈あわい〉の可能性について論じていく。

さらに、第6章では、『Bridge! Media 311』というメディア実践を通して、当事者と非当事者の間を阻む高い壁の存在とともに、その壁を乗り越え、自らが当事者となり、自らの文脈において情報を発信する可能性について検討する。ここでは、〈あわい〉を越えて行き来する「人間」の可能性とともに、サバルタンの〈表象／代弁〉という問題を超えて、サバルタンの語りが外へ届けられる可能性について示したい。

この第5、6章のメディア実践の事例には、それぞれに〈あわい〉の意味やあり方について考察するための多くの示唆的な手がかりがある。意図的にデザインされたコミュニケーションもあるものの、実際に観察された語りは、必ずしも企図したものとは言えない場合の方が多い。むしろ、企図しなかった場所に〈あわい〉を見いだす手かがりが発見されている。これらのプロジェクトを「サバルタンが語る場所」としての〈あわい〉を発見するプロセスと位置づけ、以下では、サバルタンが語り出す環境、対話が創発される条件を追究しつつ、〈あわい〉を導く実践の場を通じて誘発されたその語りにも耳を傾けていきたい。

なお、先述したとおり、サバルタニティとは理論上、言説体系のなかに生じる差異と関係性における文脈依存的《コンテクスチュアル》な概念であり場所や個人として特定されることなく、どこにでも誰にでも生じうるものとして捉えている。しかしながら一方で、第5、6章では、ある特定の「被災者／非-被災者」をサバルタンと想定して、彼らが語り出すことを目的とした実践事例について紹介している。これは、第3章で論じたように、東日本大震災という特定の文脈において、いわゆる震災における弱者である被災者が言説体系のなかでさらに語ることができなくなっているようなサバルタニティの複雑性と多層性に取り込まれることなく、現実の場所からこれを脱構築し、戦略的に「サバルタン」を想定して実践として扱うためである。これらの「サバルタン」は皆、被災地を取り巻く言説関係に囚われて語れなくなってしまっていた人たちである。

この問題は、「サバルタンは語ることができない」というスピヴァクの言説構造における権力関係に対する主張とそれによって生じるアポリアを乗り越えようとする実社会でのサバルタンによる発話の試みがねじれた関係にあることともつながっている。サバルタンが発話をする可能性について実践として検討するために、言説上のサバルタンを「語ることのできない」被災者また非-被災者として限定的に捉えてしまうことをひとまず断っておきたい。

注

(1) 例えば、キャサリン・ジョイ・マクナイトはラテンアメリカ、イーエン・アリク・シャハダはアフリカ、筆者はインドネシアの事例をそれぞれ論じている。Kathryn Joy McKnight and Leo J. Garofalo eds., *Afro-Latino Voices:*

Narratives From the Early Modern Ibero-Atlantic World, Hackett Publishing Company, 2009, Owen Alik Shahadah, "The removal of agency from Africa," *Pambazuka News*, 310, 2007（http://www.pambazuka.org/en/category/features/42249201l）〔二〇一二年八月一九日閲覧〕、坂田邦子「「開発」とメディア――インドネシアの開発におけるメディア活用と創出されるサバルタニティ」修士論文、東京大学、二〇〇一年

（２）Gayatori Chakravorty Spivak, "More on Power/Konwledge," *Outside in the Teaching Machine*, Routledge, 1993.（Gayatori Chakravorty Spivak「権力／知、再論」高橋明史／師玉真理訳、『現代思想』一九九九年七月号、青土社、八二ページ）

（３）同様の構図としては、E・ノエル＝ノイマンの「沈黙の螺旋」理論が参照できる（Elisabeth Noelle-Neumann, *The Spiral of Silence: Public Opinion - Our social skin*, University of Chicago Press, 1984.〔E・ノエル＝ノイマン『[改訂復刻版]沈黙の螺旋理論――世論形成過程の社会心理学』池田謙一／安野智子訳、北大路書房、二〇一三年〕)。

（４）貴戸理恵「支援者と当事者のあいだ」(『支援』第二巻第六五号、生活書院、二〇一二年）の序章を参照。

（５）前掲『スピヴァク、日本で語る』九八ページ

（６）Edward Said, "Permission to narrate- Edward Said writes about the story of the Palestinians," *London Review of Books*, 16, 1984, pp.13-16

（７）前掲『サバルタンは語ることができるか』

（８）前掲『民族誌的近代への介入』四〇ページ

（９）同書四七ページ

（10）ゴルゴンとは、見たものを石に変えてしまうギリシャ神話の魔物のこと。アガンベンによると、「回教徒」が見たゴルゴンとは収容所内のさまざまな出来事ではなく、回教徒自身における「見ることの不可能性」を指すのだという。

（11）「回教徒」とは、ユダヤ人収容者のなかで、極限的な疲弊状態あるいは絶望状態により、人間性を失った「非人間的」な者たちに対する隠語である。頭を床につけて祈る様子が回教徒に似ているためにこのように呼ばれた。「回教徒」になることは、そのままガス室行きを意味していたため、「回教徒」は真の証人でありながら、後に言葉を残すことさえなかった。

（12）前掲『アウシュヴィッツの残りのもの』四〇－四一ページ

（13）前掲『サバルタンと歴史』八〇ページ

（14）前掲『スピヴァク』九九－一〇〇ページ

（15）Luis Althusser, "Ideology and Ideological State Apparatuses," *Lenin and Philosophy and other Essays*, Monthly Review Press, 1970.（ルイ・アルチュセール『再生産について――イデオロギーと国家のイデオロギー諸装置』下、西川長夫／伊吹浩一／大中一彌／今野晃／山家歩訳〔平凡社ライブラリー〕、平凡社、二〇一〇年、一六五－二五〇ページ）

（16）メディアが文化を差異化するメカニズムについては、拙論「メディア・テクノロジーの発展と異文化の創造」（小野善邦編『グローバル・コミュニケーション論――メディア社会の共生・連帯をめざして』世界思想社、二〇〇七年）を参照のこと。

（17）前掲「サバルタン・トーク」八六ページ

（18）前掲『サバルタンと歴史』八三ページ

（19）Paul Gilroy, *The Black Atlantic: Modernity and Double-Consciousness*, Harvard University Press, 1993.（ポール・ギルロイ『ブラック・アトランティック――近代性と二重意識』上野俊哉／毛利嘉孝／鈴木慎一郎訳、月曜社、二〇〇六年）

（20）David Morley, "For a Materialist, Non—Media-centric Media Studies," *Television & New Media*, 10(1), 2009, pp. 114-116, Zlatan Krajina, Shaun Moores and David Morley, "Non-media-centric media studies: A cross-generational conversation," *European Journal of Cultural Studies*, 2014, pp. 1-19 など。

（21）この議論は「間文化主義（inter-culturalism）」の概念を参考にしているが、ここではこの議論を深めることを意図しないため、Gerard Bouchard, *L'Interculturalisme: un point de vue québécois*, Boréal, 2013（ジェラール・ブシャール『間文化主義――多文化共生の新しい可能性』丹羽卓監訳、荒木隆人／古地順一郎／小松祐子／伊達聖伸／仲村愛訳、彩流社、二〇一七年）を参照されたい。

（22）David Graeber, *La démocratie aux marges*, Le bord de l'eau, 2014.（デヴィッド・グレーバー『民主主義の非西洋起源について――「あいだ」の空間の民主主義』片岡大右訳、以文社、二〇二〇年）

第5章

事例1『語りと記憶のプロジェクト』

本章では、小さな語りの断片を拾うための実践として始まり、「私」と「公」、モノローグとダイアローグ、そして断片と物語の〈あわい〉の可能性を示す『語りと記憶のプロジェクト』(1)について紹介したい。このプロジェクトは、情報デザインを専門とする東北工業大学の堀江政広研究室と東北大学大学院情報科学研究科の坂田研究室が協働で展開してきたプロジェクトで、(2)主にコミュニケーションや対話を誘発するための場《メディア》のデザインを目的として行なってきたものである。本プロジェクトは、当時筆者自身が抱えていた悩みや苦しみをもとにした問題意識をやはり仙台で被災した堀江と共有することによって、プロジェクトとしてそのような場を被災地に実際につくることについての検討から始まった点において、当事者研究の視点に多くを負っている。

本章では、まず第1節で、このようなプロジェクトの内容を把握してもらうことを目的として、その概略、背景、活動内容などについて一通り説明した後、第2節では、語りを誘発する場《メディア》をデザインするというプロジェクトのコンセプトと関連して、エピソード記述に基づき、独白(モノローグ)と語り出しが対話(ダイアローグ)となり共有されて物語となっていくコミュニケーションの展開について論じる。第3節では、実際に描かれた内容に関する具体的な分析を通じて、カードというメディアの特性について論じるとともに、語り出しと語りの共有のプロセスについて論じる。そして最後に、第4節で、語りが生じる際、そして語りが伝わる際に越えなければならない隔たりとしてのプライベート空間とパブリック空間の壁、そして時間の経過について論じながら、本プロジェクトの成果と課題を振り返り、今後の展開についてまとめたい。

第1節　『語りと記憶のプロジェクト』概略

『語りと記憶のプロジェクト』では、「私は……」という一人称から始まる語り出しの重要性とともに、サバルタン・スタディーズで指摘されるような〈表象／代弁〉の問題を扱う。その際、「語り」の相手となる聴取者との関係を見直して「語り」の場を支配する言説関係をいったん取り除くことを目的とし、語りの場、あるいはコミュニケーションを誘発し、語りを届けるためメディアのデザインを行なっている。

つまり、このプロジェクトは、被災地において傷を負って、語り出すことができないでいる被災者たち、または被災格差などを気にして対話ができない被災者たちに、声を発する場所を準備し、思いを打ち明けることによる癒しや感情の共有を目的とするとともに、既存のメディアにのりにくい小さな断片《ピース》としての経験、声、感情などを拾い上げるという試みであった。

序章でも引用した熊谷晋一郎は、震災のような痛みの記憶に対して、「不安や痛みを、早急に物語化して鎮痛するのではなくて、仲間の声を聴くこと、仲間に声を発することから始めるしかないのではないかと考えています」と述べている。(3)

本章では、この『語りと記憶のプロジェクト』の実践を通じて、〈私〉から語り出すことを前提とした、語り（物語ではない）による癒しと対話、そしてそれを実現するためのコミュニケーションの場のデザインについて考察する。このプロジェクトを通じて、語り手の発話の場における権力関係、そして語り手と聞き手の関係性の脱構築の可能性、そして、断片を伝え、記憶を留めておくことの可能性と限界について明らかにしたいと考えている。

活動の背景および経緯

そもそも、このプロジェクトが開始されたきっかけは二点が挙げられる。一点目は、第3章で論じたような、メディアによって「語らされてしまう」ことの暴力、対象を客体として捉えてしまうメディア、とりわけ今回の震災の多くを被写体として捉えてしまう映像や写真などのメディアの限界がある。つまり、このプロジェクトのコミュニケーションあるいはメディア・デザインは、メディアにのせることを前提として語られた言葉ではなく、語るために語られた言葉をメディアにのせようという真逆の発想で始めたものであった。

もう一つは、第2章で描写したような〈私〉自身の苦しみ、悲しみ、悩みなどをなかなか声に出すことができなかったという体験が背景にある。それによって、被災地で、話すこと、語ること、そしてその場所が「存在」することの必要性を堀江と筆者自身が強く感じたことがきっかけとなっている。

筆者が鳥取県にある実家での避難生活を終えて、震災から約一ヶ月後に仙台に戻ったとき、その頃の仙台では誰もが震災のことを語っていた。病院の待合室やカフェ、美容院などで、聞き耳を立てると、誰もが震災の体験について話していた。私自身、久しぶりに友人や職場の仲間と会うと、震災のときの話が止まらなかった。そして同時に、話すことによって、ずいぶん心が癒されていることに気づいた。つらさや悩みを共有することが必要だと心から感じた。

同時に、〈私〉の「ストーリー」（経験の断片がナラティブとして連なって表現されていく物語）は〈私〉自身のものでしかなく、誰もが固有のストーリーを持っていることにあらためて気づいた。私が誰かのことを語ることもできなければ、誰かに語ってもらうこともできない。私のストーリーが皆のストーリーを代表することはできない。〈私〉という一人称で語ることの重要性を強く感じた。これは、サバルタン・スタディーズの問いかけでもあるが、誰かが「表象／代小」するのではなく、当事者自身が語ることの意味と必要性を身をもって認識することになった。

一方で、被災者のストーリーはすべて異なるものの、それは同じ状況下での体験や感じたことがベースになっているため、共有・共感することができる。共有・共感することが、力強さにもなれば癒しにもなる。

そして、同時に、共有・共感は誰とでもできるわけではないということも明らかだった。筆者自身、立場によって語る内容も態度も異なる。研究者同士であれば、当時のメディアのあり方について、母親同士であれば、子どもへの放射能の心配を何時間も語り合った。科学的に問題ないと言われても、問題にせずにはいられなかった。一方で、被災地には、大小問わずあちこちに「差異」がある。被災の度合い、置かれた立場、考え方などによって、語る相手を選ばなければならない。例えば、子どもを津波で流された親に対して、自分の子どもの放射能の心配など話すことなどできるわけがない。

以上は、〈私〉としての筆者自身の体験であるが、それらがプロジェクトを始めたきっかけで、堀江と途中から参加した阿部純と筆者の三人が中心となってプロジェクトを進めることになった。

プロジェクトでは、差異による語りにくさを考慮して、それらをできる限り排除して「同一性」を担保しつつ、遠慮なく話ができる場のデザインを三人のスタッフと学生が一緒になって考えた。それはきわめてシンプルで、簡単に言えば、参加対象とテーマを絞るということである。例えば、初回は、被災地の高校生を対象に「あのときの食について語る」というテーマでカフェ形式の対話を行なった。あのとき食べられなかったもの、食べたかったものなどについてのたわいもない話をきっかけに、震災時に感じたさまざまなことを語ってもらった。語りはとめどなく溢れ、若い人たちが当時何を考えていたのか、どのように感じていたのかを知るきっかけとなった。二回目は、被災地にボランティアに行った大学生を対象にした。芋煮会という東北の伝統的な様式を利用して、ボランティアの際に感じた無力感や充実感など、現場では決して声に出せないさまざまな思いや体験を語り合った。そのほかにも、被災地山元町で機織り教室に参加している生徒や先生に手仕事をしながら当時の話をしてもらったり、音楽好きな若者たちを対象としたライブハウスでの語りの会を開いたりもした。どの会でも、集まった人たちに自然と語り出してもらうための演出と、できるだけ無理なく自然体で語り合うための場の雰囲気づくりを心がけた。具体的には、各回の対象となる参加者の関係性を意識してもらう（同じ経験をしている、被災した人としていない人、考え方や性格の特徴など）、あるいは語りのきっかけとなる「道具」を準備する（芋煮、機織り、ライブなど）、または会場そのものが参加者にとって自然な場所になるよう工夫して（高校生には学校、大学生にはコンパ、機織り教室のみなさんには機織り教室そのものを再現するなど）、できるだけ緊張感を感じることなく話せるように、相手の立場や考え方を推し量って「こんなこと、この人に話してもいいのかな」というような躊躇をできるだけ感じさせない場のデザインを試みた。誰にも打ち明けられなかった思いを涙とともに吐き出す人もいた。なかなか語り出せない人も、語り出したら止まらない人もいた。PTSDの問題など、慎重にならなければならないこともちろんあったが、少なくともこのプロジェクトに語りに来た人たちの多くが、思いを吐き出すことで一歩前に踏み出せるという感想を語っている。これらは、プロジェクトが少なくとも「語りの場」として機能していたことを示している。

活動の内容および成果

『語りと記憶のプロジェクト』では、語りの場所とコミュニケーションのための参加者同士の関係性、空間、時間など、できる限り参加者が他者の反応を意識することなく自己の思いや語りを表現できるような環境を提供しつつ、参加者の語りだけでなく、つぶやき、言葉にできない印象などについても絵や言葉、場合によっては、記号やグラフなどを通して発露してもらうことを目論んでおり、そのためのデザインを施したうえで、ワークショップが行なわれた。

ワークショップの内容は各回で異なるが、基本的には、（1）カードに思いを描／書き出す、（2）グループに分かれてカードをマッピングしながら語り合う、（3）グループごとの語りを全体で共有する、というフォーマットが全回共通のものである。

カードに思いを描/書き出す際には、はがき大のカードに色付きのペンで、言葉、絵、記号、図など何でもいいので表現してもらい、四、五人、多い場合は六、七人がテーブルごとにグループに分かれて、自己紹介した後、カードを見せ合いながら語りを行なう。進行は学生ファシリテーターが行なう。語り合う時間は毎回異なるが、カードを描/書く時間を合わせて、大体が一時間から一時間半程度である。その際に、カードを整理するための「マップ」を準備する。「マップ」は実際の地図だったり、時間や大きさだったりと各回異なる要素を軸としている（写真6、7）。最後に三〇分程度グループごとにできあがった「マップ」を見せ合いながら、参加者全体でさらに語り合う、という流れである。

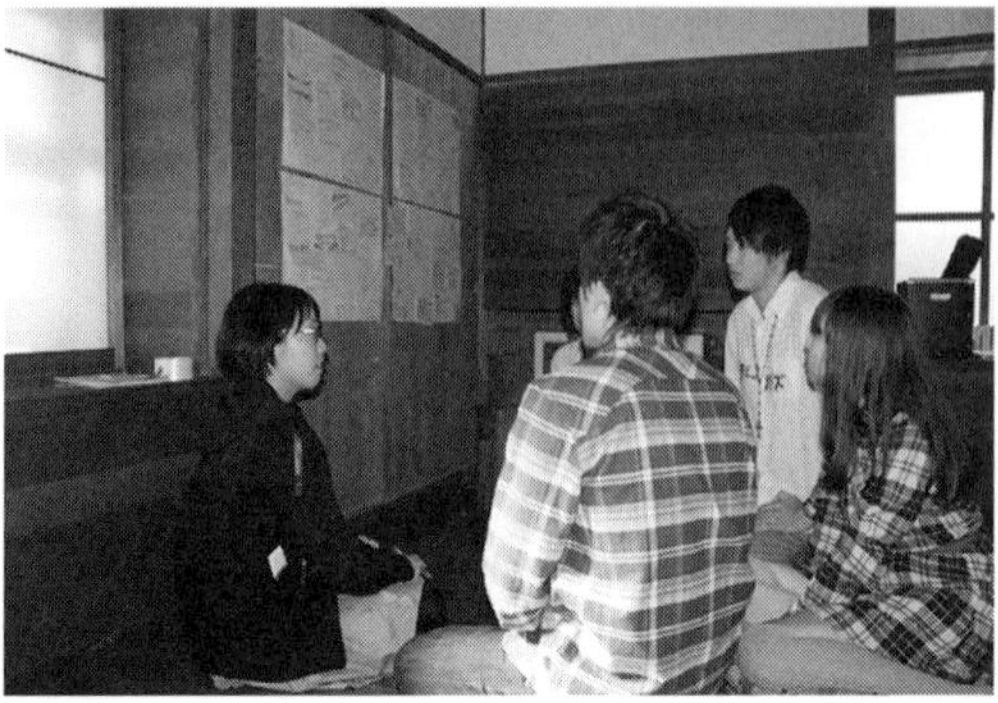

写真5　語りの様子

プロジェクトでは、ほとんどが公共的ではない、仲間内のある程度プライベートに近い環境（あるいは擬似的な私的空間）のなかで、「大きな物語」あるいは主流の言説からこぼれ落ち、物語として形成されにくい断片《ピース》を拾い上げる作業を行なってきた。まずは、物語になるにしろならないにしろ、自分がどのような断片《ピース》を持っているのか自分自身で思い返してみる必要がある。断片《ピース》はたいてい頭の奥で燻っていたりする。まずカードに書き出してみることは、自分の経験の整理を兼ねている。自由に言葉やイメージなどをカードに描き出す

喜
怒
哀
楽
"Where r u from?"
"Check Republic!"
やりがい
アルバイトで働くこともうらやましい
誰の為にほえるのか？
片付けてもきりがない
無力感
がれき撤去
現場でボランティアできたことが嬉しい

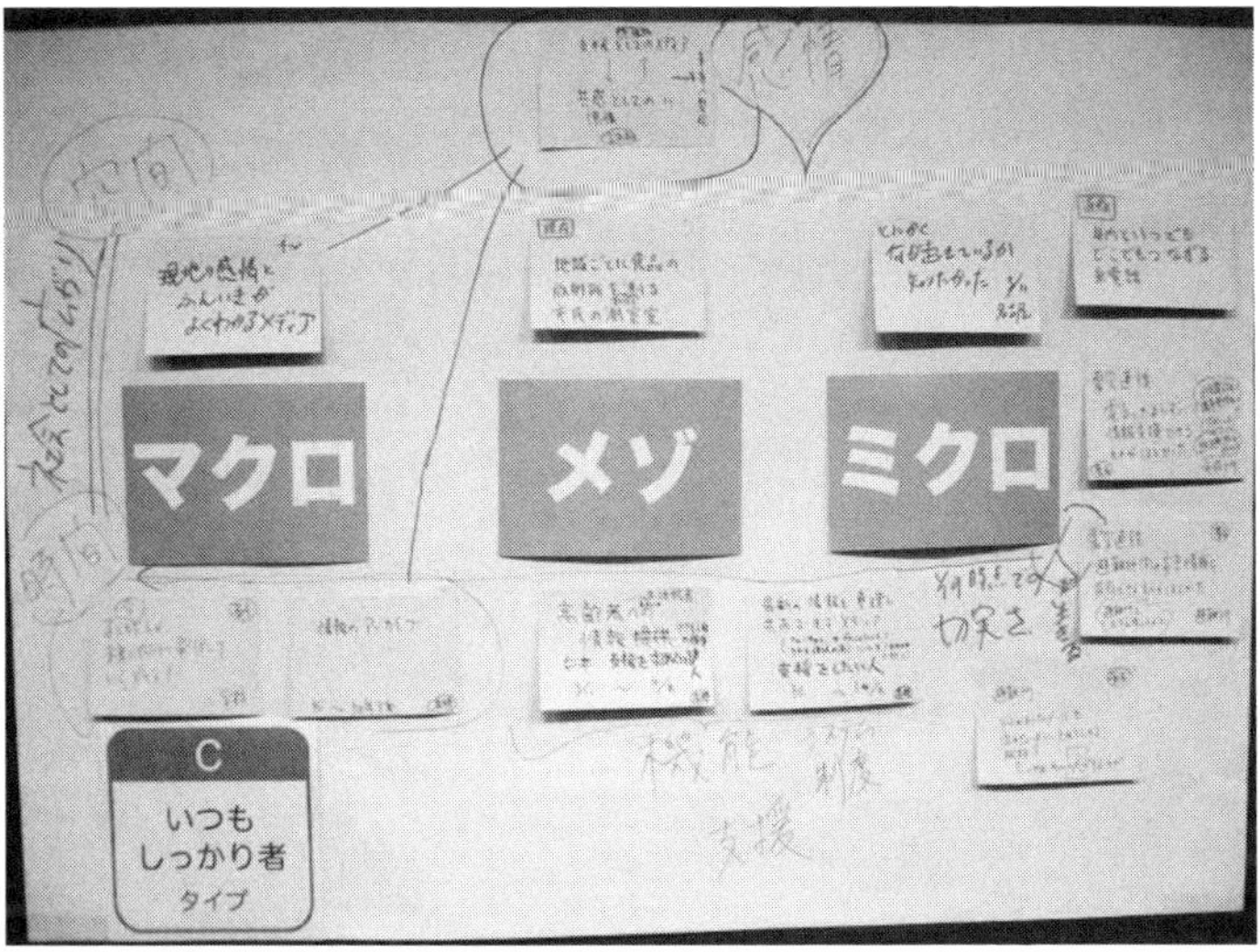
感情
現地の感情とみんなの思いがよくわかるメディア
マクロ
メゾ
ミクロ
C
いつも
しっかり者
タイプ
機能
制度
支援

写真6、7　マップ

ことから「語り」を始める場合、その後の「語り」につながっていかない、書き付けるだけのような言葉の断片もあれば、モノローグでしかない「語り」もある。言葉にもできないようなイメージや絵が描かれたカードもたくさんある。また、共感可能あるいは共感を促すメッセージも数多くあり、そのようなカードはその場で共有されて語り合われ、物語となっていく。そして、それは参加者の記憶に残る。

プロジェクトでは、映像記録やテキストによる会話の記録なども同時に行なっているため、「語り」にならない埋もれてしまった断片も探り出すことができる。もしかしたらそれは今は誰かの心に響かないものであっても、何年後か何十年後かには、きわめて大事なことだったと振り返るようなものになるかもしれない。

活動の分析と考察

さて、確認しておく必要があるが、このプロジェクトは〈あわい〉という概念を直接導くこと、あるいは創り出すことを目的として設計された実践研究のためのプロジェクトではない。先述したように、このプロジェクトは、当時の仙台という被災地の一部において、語りのため、語り出しのため、その語りを記憶として残していくためにデザインされたプロジェクトであり、震災後の窮屈な言説環境のなかで必要とされて始まったとも言える。本章における記述は、社会的な要請に基づきデザインしたプロジェクトを一つの事例として扱い、プロジェクトに内在する筆者が参与／関与観察者として記述を行なうことで、〈あわい〉の可能性について実践的に考察するものである。

具体的な方法論として、以下第2節において、プロジェクトのデザインと、デザインされた場がいかにして参加者を巻き込んで語りを展開していったのかについて、エピソード記述という方法論に基づき、そのプロセスを詳細に記述する。エピソード記述とは、関与観察が行なわれるさまざまな実践研究において「当該観察者＝記述主体が単独でその場面を体験して描く」という質的研究の方法論である。鯨岡によると、エピソード記述は、「人と人の「あいだ」で生じているもの」、すなわち「関わる相手の生の断面」を「自分との関わりとの関連で捉えると同時に、それを捉えるのは関わり手である自分だということが」記録に残されている必要がある。つまり、観察者＝記述者が場に関与していることも含めて詳細を観察者の主体を通じて記述するという方法論となる。(4)

次に、第3節において、プロジェクトの成果物であるカードのテキスト分析により明らかになった語りの内容とそれに基づく対話の生成について詳細に見ていきたい。テキストは語りそのものである一方で、テキスト自体に〈あわい〉が内在している可能性がある。これらのカードを分析することは、語りを一定の手順で読み解くことを意図している。またその一方で、これらのカードが作成された状況を把握し、カードが次の対話に転じていく様子を間近で観察していた筆者にしかできない分析をここで行なう必要があるだろうと思われる。

最後に、プロジェクトが展開するなかで、語りがいかに参加者から引き出され、そして参加者の手を離れて伝わっていくのか、という点について考察したい。この点において、本章は断片《ピース》としての語りの行方を扱う試論となるだろう。

第2節　エピソード記述——語り出しから共有へ

すでに述べているように、『語りと記憶のプロジェクト』は、語り出しや対話が困難な、声にならないような（してはいけないような）自然な感情を吐き出すことを第一義的な目的として始まった。カメラやマイクを向けられて質問に答えるのではなく、仲のよい友人同士や、趣味や考え方、体験が類似した者同士で遠慮なく語り合うことで、共感したり慰め合ったりすることが必要だった。そしてそこで癒しとともに語られる「ぶっちゃけ話」のなかにこそ、映像メディアや活字メディアが置き去りにしてきた断片《ピース》がちりばめられているのである。

プロジェクトは、断片的な語りを引き出すことから始められた。ワークショップでは、カードを参加者に何枚か渡し、各回のテーマから頭に浮かんだことを、文字、絵、記号、図など自由に描／書いて記述してもらっている。以下では、会場で筆者が実際にファシリテーターという立場で参加した初回のワークショップ『語りと記憶のカフェ』に関するエピソード記述と考察を行なう。

描く／書く——モノローグ

（エピソード①）

二〇一一年七月三一日、仙台市長町にある東北工業大学長町キャンパスでは、オープンキャンパスが開かれていた。私は堀江研究室の学生スタッフらとともに、慌ただしく会場の準備をして参加者が訪れるのを会場で待っていた。ワークショップは、二つの会場に分けて二回行なわれたが、一回目の会場では、四、五人が座れるテーブルと椅子六組ほど並べられており、参加者は会場に入ると銘々好きな場所を選んで座った。

筆者がファシリテーターとして座った部屋の隅のテーブルには、仙台市内から来たという親子と福島県三春町から来たという親子が着席した。

堀江の挨拶と短い説明の後、ワークショップは始まった。参加者は、オープンキャンパスに訪れた高校生とその保護者の組み合わせがほとんどで、誰もが少し緊張した面持ちで、神妙に堀江の話を聞いていた。

ワークショップのテーマは「あの時の食を聞かせてください」というものだった。ワークショップの開始とともにグループワークとなった。最初は個人作業で一人ひとりが思ったことを絵か文字でカードに描／書き出すという作業だった。同じテーブルに座った四人の参加者はそれぞれ少し頭を悩ませただけで、すぐにテーブルの上のカラフルなペンを手に取り、カードに絵を描き始めた。子どもたちよりも保護者の大人の方が描／書き出しは早かった。筆者は参加者全員がためらうこともなく黙ってペンを走らせるのを見ながら少し驚くとともに、震災後に息子と二人で食べたカップラーメン（息子は生まれて初めてカップラーメンを食べるのが非常に嬉しかったようで悲壮感のようなものは全くなかった）のことを思い出していた。

福島から来た親子の父親の方はいきなり青いペンで丸いテーブルを描き、制服を着た高校生の娘は黒いペンを握って様子を窺いながらなかなか書き出せずに頭を悩ませている。仙台市内から来た母親と高校生の息子もやはりひとまず黒いペンを手に取り、思い出す必要もないとばかりに、ゆっくりとではあるが黙々と文字をしたためていた。五分ほど経っただろうか。この間はみな無言で、各テーブルにファシリテーターとして入っているスタッフが一通り説明などをした後は、会場全体が静かになり、あちこちからペンを走らせる音だけが聞こえていた。一人ひとりが一枚のカードと向かい合いながら手を動かす。顔を上げる人はほとんどおらず、全員が一心不乱にカードの空白を埋めていった。

このようにして、参加者らはカードを手に自らの思いを書き出していく。この時点で語りの相手は想定されておらず、日記のように、自分の思いを自分のために書き出してみるようなものである。参加者はカードをその後も数枚描／書くことになるが、この時点で、必ずしも語りにつなげたり、他者に話したりする必要はないので、誰もが気楽に気持ちを書き出すことができていたようである。実際、筆者のいたグループにおいては、先述したとおり、誰もがあれこれ迷うことは一切なく、カードに自分の思いを描／書き出していた。このエピソードが示しているとおり、カードに表現されるものは参加者一人ひとりの独白（モノローグ）であり、彼らの内面にあるであろうものが次々と白いカードに書き込まれていく。直接誰か（他者）に対してその人を意識しながら話すのではなく、この「白いカード」というメディアを間にはさむことによって、参加者たちは他者を意識することなく自然に「発話」することが可能であった。このように、カードは彼らにとって他者との間を埋めるメディアとなっていたと考えられるのである。

語り出す――ダイアローグ

では、彼らの語りがモノローグではなくダイアローグになっていくためにはどのようなプロセスが必要だったのだろうか。再びエピソードに戻りたい。

（エピソード②）

最初は場の緊張感もあり、テーブルで黙々とペンを走らせていた参加者たちだったが、私が「終わった人は二枚目書いてもいいですよ。みなさん、いろいろありましたでしょう?」と声をかけると、仙台の母親は「何だか書きながらあらためて大変だったなぁ、と思いました。あのときは夢中だったから、なんかあんまり実感もなくて」と思い出すように話し出し、「そうですよねぇ」と筆者が相槌を打つと「最初は何だかよくわからなくて。家に帰る途中でコンビニなんかも人がいっぱい並んでいたでしょ?　並んだ方がいいのかな、と思ったりもしたんだけど、家のことが心配だしねぇ。とにかく家に帰らないと、と思って。食べることはその次って感じでしたね。夜までには全員が家に帰って来られて、それでようやくほっとして……」と、柔らかい口調ではあるが、何かを吐き出すような話し方で語り出した。彼女は、カードの方はまだ途中で、文章を考えている途中らしかったが、一度口を開くと言いたいことがたくさんあるように身を乗り出して話し出した。

簡単な絵と言葉を描／書き終えていた福島の父親は、これに呼応するかのように「私は家から車で一時間くらいかかるところで働いているんですが、渋滞でなかなか家に帰れなくてね。途中でホームセンターに寄ろうかとも思ったんだけど、そうしてるともっと遅くなっちゃうでしょう。それでとにかくいつもの倍以上かかって帰りましたよ。家はもうみんな帰って来てて本当にほっとしましたよ」と話し出した。筆者が「三春町は原発の影響はあったんですか？」と聞くと、「いや、幸い家のあたりは大丈夫だったみたいでね。申し訳ない気もするけど、まあ、よかったです」と少し言いにくそうに話した。

親二人が勢いづいて筆者も含めて話を続ける一方、高校生の二人はまだ黙々とペンを動かしていた。

大人たちが話し続ける一方で、それに耳を傾けつつ、高校生たちがなかなか会話に参加できなさそうな様子だったので、私は「どう？　書けた？」と話を振ってみた。すると、「はい」とか「なんかあんまり」といった自信のなさそうな返事ではあったが、手元には書き上げたカードが一枚ずつあった。仙台の男子高校生のカードを見ると、文字の下に絵が描いてあった。何行かの文字とともにおにぎりと明太子の絵と「喰ってきな！」という吹き出しのついたラーメン屋の店員らしき人の絵が描かれていた。私が「なになに？」と聞くと、「近くにいつも行ってるラーメン屋さんがあるんですよ。お店やってないかと思ったんだけど、前を通ったら開いてて。おむすびくれたんです」とおとなしそうな外見とは裏腹に意外とはっきりした口調で嬉しそうに答えた。「そういうのって嬉しいよね。涙出ちゃうね」と言うと「そうなんですよ！　みんなあんまり人のことなんて考えてないじゃないですか。自分のことで精一杯っていうか。そんなときに、あぁ、他人のことまで考えている人がいるんだ、と思うとなんか幸せっていうか、嬉しくなりますよね」と無邪気に答えた。

福島の高校生は「私たちはそんなでもなかったんですよ。お父さんが言うようにみんなでご飯食べられましたし」と控えめに言って父親の顔を見ると、父親はまた身を乗り出して話し始めた。

この後は、参加者四人と筆者を含めて、司会の堀江から遮られるまで、震災直後のさまざまな思いや体験についてとめどなく話が続くことになる。手元のカードを見せ合いながら語りたいことを語り合うことになるが、相手との語りのなかで、思い出したり、考え直したりしたことが、新たなカードに反映される場面も少なからずあった。断片は必ずしも自分のなかだけにあるわけではなく、他者の語りや対話に誘発されて新たな語りが生まれることも多い。そこでは、カードというメディアによって、見たこと、聞いたこと、思ったこと、感じたこと、起こったこと、事実といった、全く整理のつかない断片がただただ集積されていくだけではなく、誰かの言葉が次の誰かの言葉を引き出し、そのやり取りがさらに次の誰かの言葉を引き出すといった形で、物語が紡がれていった。

プロジェクトによって意識されていたのは、自由にカードを描／書く環境を用意し、友人同士の雑談のように、参加者との対話ができるだけ自然に（強制的ではなく）行なわれるようにすることである。それによって、気負いのない自然な語りが誘発される。そこには、サバルタニティの議論で触れたような、言説的な権力関係といったものをできるだけ排除したいという目的が背景にあった。

共有する――ストーリー

さて、ここまでの段階で、参加者個々人によって語られた多くの断片《ピース》が集まった。カードと誘発された語りだけを見ていると、個別に発生した語りは断片にとどまっているような印象を受けるかもしれない。実際には、これらの記憶の断片をもとにした語りとともに、その後の対話を通じて、共感や同情といったさまざまな心情と記憶の共有へと発展している。

このプロジェクトでは、一枚一枚カードを出しながら、その思いを語って参加者同士で共有するための「マップ」が準備された。

この初回のワークショップで準備されたのは、宮城県を中心とした東北沿岸部の地図であった。参加者たちは各グループから順番に地図の前に出てきては、エピソードが起こった場所にカードを貼り付けながら、個々人のエピソードについて参加者全体に向けて語った。

以下に、なかでも活発なやりとりが行なわれた三つのストーリーを挙げておきたい。

（ストーリー①「塩むすび」）

写真8は、仙台在住の学生によって描かれた。被災地の地図へカードをマッピングしながら語られたことは、多くの参加者の共感を呼んだ。震災直後、食料がなかなか手に入らないなか、仙台市内では、スーパーやアーケードの商店などで、少しずつ食料が売り出されるようになった。しかし、その多くは、長い行列に並ばなければいけないか、手に入ったとしても、高額であったり、購入できる数が限られていたりと、被災者に負担（心的負担を含め）を強いるものであった。そんななかで、一個五〇円で売り出されていた塩むすびに出会ったこの学生は、この塩むすびが安いというだけではなく、そこに愛情を感じた、と語ったのである。この話は、参加者に当時の状況を思い出させ、それぞれの体験を話し出す呼び水となり、自分はそのような場面に出合うことがなかったとか、自分は似たような親切に出合ったとか、自らの体験と照らし合わせながら、当時の状況について語り合った。このような会話から、少なくとも当時語られていた「災害ユートピ

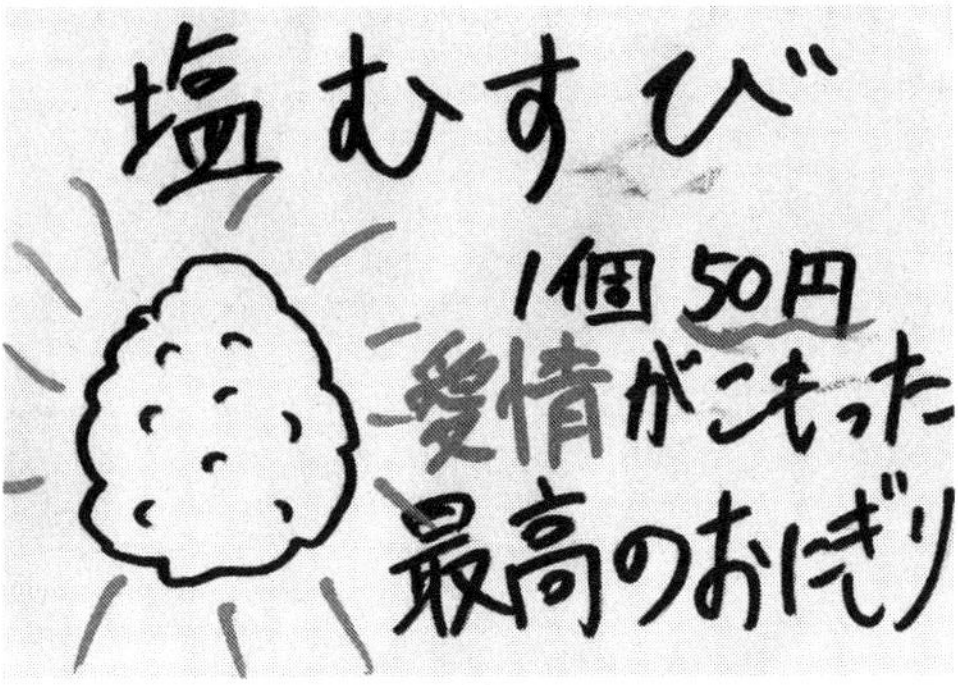

写真8

ア」的な状況は、食料難による世知辛い状況（希少な食品を高額で売る、買い占めるなど）と背中合わせにあり、立場や地域によって、全く異なる体験や見え方があることがわかってきた。このような語りを通して、参加者自身が、そのことに気づき、自らの立場を相対的に捉えるきっかけとなっていたようである。

写真9

（ストーリー②「家族団らん」）

写真9のカードは、福島から付き添いで来ていた保護者によって描かれた。このカードを描いた保護者は、普段は仕事で帰りが遅かったり、家族のなかで誰かが欠けたりして、食事を家族全員で取ることがないなか、震災で仕事に行くこともできず、思いがけない「家族団らん」があったことが嬉しかったと語った。

震災という大きな苦しみのさなか、小さな喜びを見いだすことは、実は多くの参加者が体験したことでもあった。実際、このカード以外にも家族や友人など、皆が集まって食事をしたという体験を描いたカードは何枚かあった。このようなカードと語りに触発された参加者たちは、震災直後の困難な状況のなかで、家族や友人、隣人などとの絆が深まったことに対する思いを語り合った。「絆」という言葉に対しては、さまざまな感じ方があるだろうが、他者によってこの言葉が語られる以上に、当事者はそのことを認識していたし、肌身で感じていた。だからこそかえって、外側から「絆」という言葉を押しつけられることに、被災地の人々は辟易したのではないだろうか。

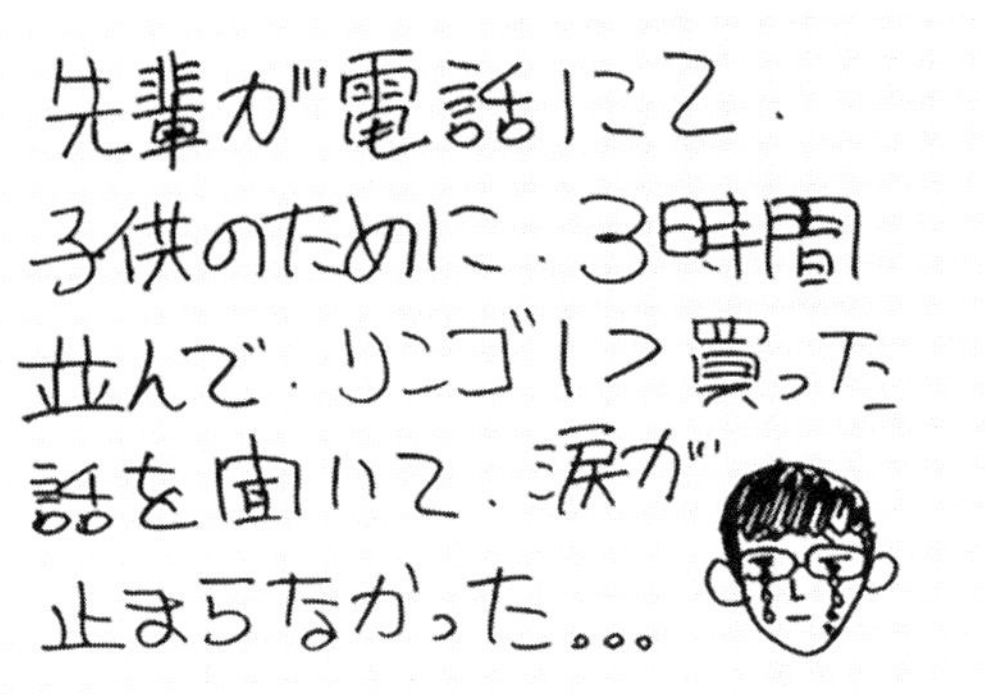
先輩が電話にて、
子供のために、3時間
並んで、リンゴ1つ買った
話を聞いて、涙が
止まらなかった。。。

写真10

（ストーリー③「買い出し」）

食に関する語りのなかで多かったものの一つに「買い出し」の体験があった。その多くは、先に取り上げたように、「寒いなか長時間列に並ぶことが大変だった」とか「並んでも手に入れられるものは少なかった」といった苦労話だったが、写真10は、被災者の「買い出し」の体験に対して、被災地外の人が抱いた感情を表現したものである。

このカードと語りに対して、被災地からの参加者の多くは、自らの「買い出し」体験を語ったが、そこには、被災地の外から来たこの参加者にそのときの様子をさらに詳しく伝えたいという欲求があったようである。また、このような被災地外の人による被災地に対する同情があったことに気づかされた参加者たちは、そのことに心動かされ、語りはさらに広がっていった。また、このカードを目にした被災地の人が涙する、という場面もあった。たった一枚のカードが、当事者と非当事者の壁を越えて対話が起こるきっかけとなることをあらためて示した。

以上のように、一つひとつの事例からは、カードによる語り出しの様子だけでなく、その語り自体が次の語りを生み、さらに対話を通じて語りが広がっていく様子が窺える。

筆者とともに、対話の展開を参与観察していた堀江は、このことについて、「カードから話の内容を想起できるものについては、カードに書かれていない背景や状況を聞くことで、物語に共感ができたり、意外な展開に驚くこともあった」と述べている。[5] また、同じくスタッフとしてファシリテーターをしていた阿部は、「参加者のみなさんも語りにくそうにしている様子は見受けられず、「あ、あんなこともあった」と一枚描いてはまた一枚と語りがつながっていくようであった」と証言している。[6]

それは、決してパターン化したり一元化したりできるものではないが、実践を重ねるにつれて、一つの断片としての記憶がさまざまな文脈のもと、多様に枝分かれして物語として紡がれていくことがわかってきた。広域にわたる東日本大震災の被災地において、その記憶は地域やコミュニティごとに異なる。個人が持つ一つひとつの小さな出来事の記憶は、地域、コミュニティレベルの記憶へと広がっていく。このような記憶は、個人の記憶のみで作られるわけではないし、多様な記憶を個別に重ねていくだけでは後に続くものとはならない。対話を通じた集合的な記憶をつくり上げていくこと、そしてそれを発信することが、その体験を伝えていくためには必要なのかもしれない。

初回のワークショップの際は、仙台周辺のさまざまな場所から来る高校生に合わせて、東北の地図を準備し、参加者がそれがどこで起こったことなのかを説明しながら、そのカードにまつわる話（とそこから逸脱した体験談）を語った。場所が違えば体験も異なる。食がテーマだったため、比較的恵まれた人もいれば、苦労した人もいる。地域的な差異も見えてきて、その差異から自分の体験を客観的に捉えられるようになる。ほんの一つのおにぎりでも、口にできただけ恵まれていたのだと、辛い記憶としてではなく、むしろ幸福な記憶として記録される。しかし被災地外の体験談については、天気予報の沖縄の表示と同様、地図上の本当の位置ではなく、〈その他〉あるいは〈被災地外〉としてまとめて記録される。マッピングの良い点も悪い点もそこにはあった。

マッピングはある種の傾向を示すことが多い。ただ、やはりマッピングができないカードは、断片《ピース》のまま残ることになる。現時点では、断片《ピース》は断片《ピース》のまま残しておくしかない。ただし、それらはどこまでも断片《ピース》でしかないが、語るべき文脈とともに残しておくことが重要である。断片《ピース》である語りは未来に何を伝えるだろうか。それは未来になってみないとわからない。しかし、未来に残すべき断片《ピース》として（たとえそれが結果的に必要のない断片《ピース》だったとしても）記録することの必要性は、現時点で否定されるべきではないだろう。

第3節　テクスト分析——断片としての語り

では、このように断片《ピース》として残されたカードというメディアは、そもそもどのような語りの可能性、あるいは語りの伝わり方の可能性を示唆しているのだろうか。ここでは、カードというメディアそのものが持つ特性に注目しながら、ワークショップのなかで作成されたテクストを分析することを通じて、その可能性を示していきたい。

具体的には、先に紹介した第一回ワークショップ『語りと記憶のカフェ』において、「あのときの食を聞かせてください」というテーマのもと、約三〇名の参加者によって制作されたカード四五枚を対象とし、その内容について分析する。参加者は、主にオープンキャンパスに来場した高校生とその保護者および居合わせた大学生などで、多くは仙台市在住であったが、沿岸部で津波被害を受けた人や福島在住の人などもおり、ほとんどが震災時に被災地に住んでいた人たちであった。(7)

断片を記録する——カードのメディア特性から

『語りと記憶のプロジェクト』のメディアとして使用されたのは、はがき大のカードである。参加者は、枚数の制限なく、八色のペンを使って自由にカードを描／書くことができる。基本的には、ブレーンストーミングの際によく使われるＫＪ法の考え方が下敷きとなっているが、表現方法として、テキストだけでなく、イラストや図表を含め、自由な発想を自由な方法で表現できるというカードと色ペンを使った表現の特性を重視して採用した手法であった。

震災アーカイブで語りを記録する試みは数多くある。映像として語りを収録するものが最も一般的と言えるが、その他にも音声のみ、テキストと写真など、異なるメディアによる記録が試みられている。それぞれのメディアの持つ特性に基づき、記録の保存や公開において多様な表現方法が要求され、その意義もそれぞれに異なる。

本プロジェクトが採用したカードというメディアは、語りの保存・分類・公開よりもまず、「語り出し」を意識したものである。本プロジェクトは、語りにくい人たちの間に、語りやすい環境を整え、語りのサバルタン的な状況をできるだけ排除することを試みている。その意味で、カードと色ペンという表現方法は、ビデオカメラやICレコーダーとは異なり、他者を意識することなく、頭のなかで整理してから話す必要もなく、自由に描/書き出すことができるメディアであると考えられる。また、自分にとって重要な記憶を一度アウトプットしてから客観的に捉え直すこともできる（カードがブレーンストーミングの際に採用される理由でもあろう）。さらに、カードというのは操作性が高く、自らの考えを整理することができるとともに、新たな事実の関連性についても気づかせてくれる。この点については、梅棹忠夫が以下のように述べている。

操作できるというところがカードの特徴なのである。（中略）カードの操作のなかでいちばん重要なことは、くみかえ操作である。知識と知識とを、いろいろにくみかえてみる。あるいはならべかえてみる。そうするとしばしば、一見なんの関係もないようにみえるカードとカードのあいだに、おもいもかけぬ関連が存在することに気がつくのである。（中略）これはいわば目に見えない脳細胞のはたらきを、カードというかたちで、外部にとりだしてながめるみたいなものである。あるいは、そうして外部で目に見える形で操作することによって、内部の作業の進行をたすけようというのである。(8)

つまり、書き出す側は、時系列や関係性にとらわれることなく、自由な発想で白らの内部にある心情をカードに書き出し、後でそれらを眺め直しながら、それらの重要性、優先度、関係性などを発見することが可能だということである。

例えば、映像の場合は、他者がそれを行なってしまうことが多い。インタビュアーが聞いたことが起点となって話が始まり、多くの場合、限られた時間で語られた記録は、編集という作業によって、さらに限られた語りとなる。また、写真などは、対象を最初から固定化し、やはり他者の視点で被写体が描き出される。これらのメディアが生み出す語りとは、最初から他者（カメラ、インタビュアー、オーディエンス）の存在が前提となる語りであり、そのことの長所も短所もある。後述するように、カードというメディアを採用した背景には、語りのハードルとなる他者の存在をできるだけ排除できるのではないかと考えた点にある。

ただし、カードというメディアにおいて、自由度の高さがハードルになる場合があることも押さえておかなくてはならないだろう。描／書くという表現行為がかえって、他者の目に触れる際に、語ることそのものよりも演出や誇張を促進させてしまう面があることも否めない。逆に、描／書くことそのものが苦手という人もいるだろう。このようなメディアとしてのカードの特性については、あくまで、本プロジェクトにおけるメディアの選択の結果として分析のなかで読み取っていく必要があるだろう。

しかしながら、それでもなお、自ら描／書くことの意義は大きい。また、表現方法は特に制限せず、絵、文字、図、表、記号など、さまざまな表現が可能であることについては、その都度説明している。(9)

一方で、カード一枚に記録できる情報量は限られている。カードがはがきとして使用される場合は、このことが表現としての深みと奥行きを持つ。読み手は、限られた情報のなかから自らの想像力を働かせ、相手の心情や立場を考えながら送られてきた情報を読み取ることになる。実際、カードによる表現だけではナラティブとは言えないし、文字通り「断片的」である。しかし、写真と同じように、その文脈や背景を切り取られた枠を越えて想像することが、今回の震災の場合も必要とされているのであり、カードによる表現は第一義的にその力を問う。ただし、その背景化された文脈は、実際には語られることによって表現されているのであり、その文脈と合わせてカードを見せていく方法についての検討も必要だろう。

また、語り出しの際に他者の存在を想定しないという点においては、日記やノートに書き出すという方法もあっただろうが、このプロジェクトにおいては、完全に他者を遮断するのではなく、また、両手におさまる程度のサイズで他者の目を意識せずに書き出せるカードの可能性を考え、カードというメディアを採用した。

記憶を表現する——カードの表現から

では、実際にカードには何が描／書かれたのだろうか。ここでは、カードに表現されたものを具体的に見ていきたい。

最初に、表現方法としてのテキストとイラストの関係について見ていきたい。初回のワークショップでの四五枚のカードのうち、テキストだけ書かれたものは五枚のみ、イラストにテキストを合わせて描／書かれているものが四〇枚、そして、イラストだけというカードは一枚もなかった。このことは何を示唆しているのだろうか。

この回の参加者は高校生や大学生といった若い参加者が多かったからだろうと考える者もいるかもしれないが、実際には、大人たちもイラストを描いていた。あるいは、「食」というテーマが描きやすいテーマであったと考えることもできるかもしれない。[10] 逆に言えば、「食」という記憶、そしてそれに連なる記憶が、いかにイメージやビジュアルとして記憶されているかということを示唆していると考えられるかもしれない。

また、この点について、筆者とともに参与観察を行なっていた堀江は、「震災の起こったその年に、行なったこと。そして記憶が薄れないうち、かつ思い起こすには適当な日にちが経過していること」がこのプロジェクトの強みであったとのちに語っている。(11) 実際には、年月が経過することによってどれほどの変化があるのかを示すことはここではできないが、この初回のワークショップは、震災後四ヶ月しか経っておらず、現在から考えると、確かに記憶はまだ風化してはいなかったと思われる。いずれにしても、これらカードの断片は常に〈当時〉のものであり、今回分析したカードは「震災四ヶ月後の記憶」を前提として読み取るべきであろう。

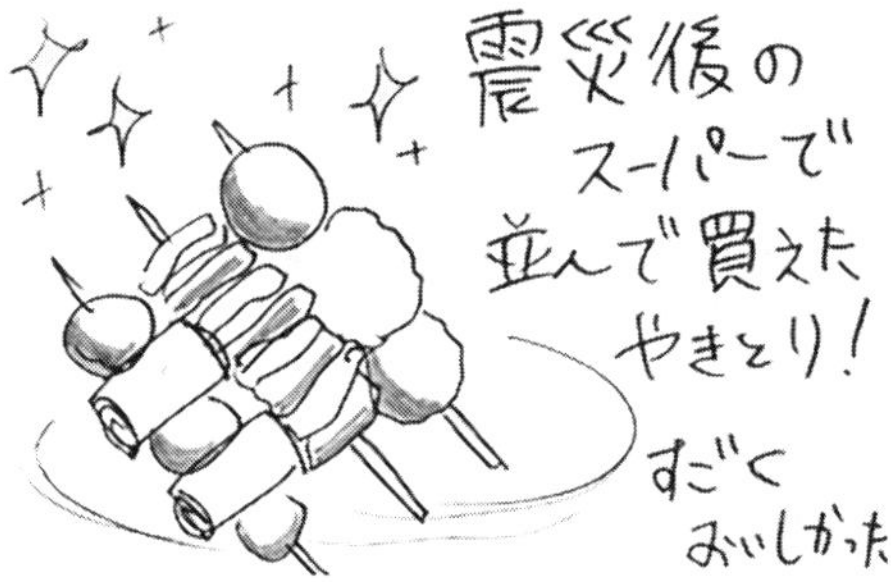

写真11、12

また、イラストかテキストかを問わず、記憶を表現するための強調表現が多用されていることに気づく。例えば、写真11に見られるように、テキストの場合は、「!(感嘆符)」が多く使われている。また、イラストには、きらきらマークなどのきらめきの表現(写真12)や、マンガなどで見られる強調マーク(写真8)などの表現が多く見られる。このような何らかの強調表現を使っているカードは、四五枚中二〇枚に上る。このことは、震災当時の食にまつわる記憶が非常に鮮明な体験であったと同時に、自らの記憶に対する発露への欲求、伝えたいという気持ちが内在していることを示唆していると考えられる。

また、当時をできるだけ再現しようとするカードのなかには、食事の温かさを表現しているカードも多く見られた（写真13）。当時が非常に寒かったことということも大きいだろうが、この温かな食べ物がないことによる心細さが背景にあったことも同時に表現されているように思われる。これらの表現には、語りへの欲求がはっきりと示されていたのである。

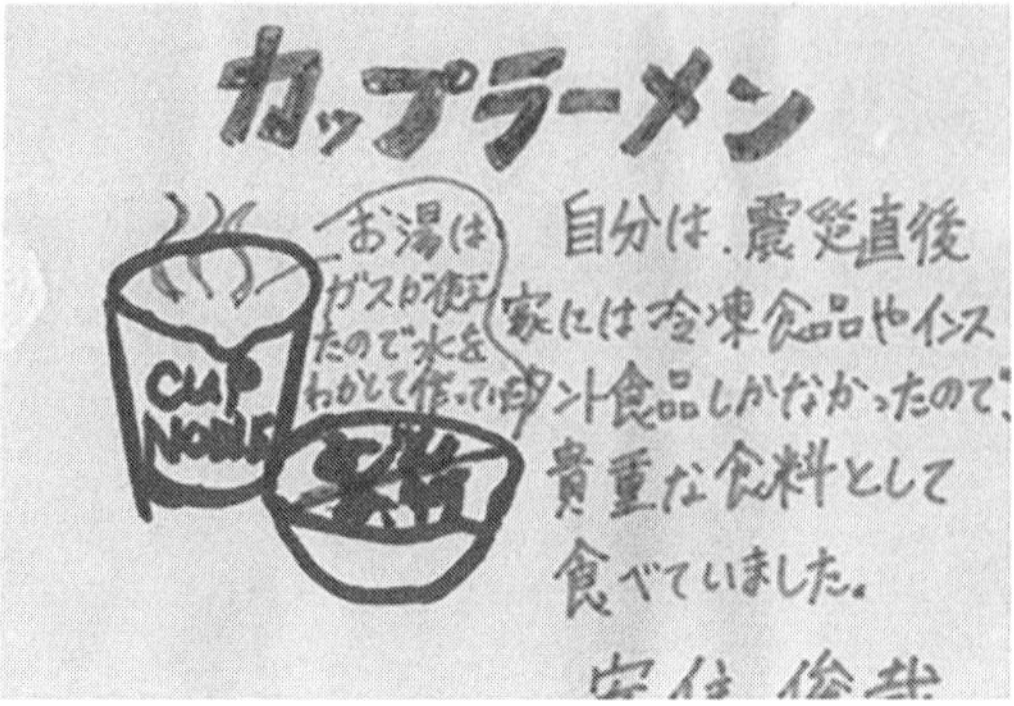

写真13

体験と気持ちを伝える――カードの内容から

では、実際に描／書かれた内容についてはどうだったのだろうか。

表現された内容は、もちろんさまざまであるが、その内容を整理してみると、主に、個人的体験に基づくものと当時の気持ちや感情に基づくものの二つに大別される。前者については、とりわけ震災時の非日常性を語ったものがほとんどであり、なかでも多いのが、当時の異常性、苦労話、そして食のありがたさに気づいた、というものであった。

例えば、写真14は、気仙沼から来た参加者が描いたものであるが、水がなかった当時の食事の際に皿を洗う水を節約するためにラップをかけて使うという、被災地の多くの人が試みた工夫について描かれたものである。また、写真15は、食べ物の代わりにたまたま家にたくさんあったビールばかり飲んでいたというものだが、おそらく被災地の多くの人は、それがビールではなくても、缶詰や缶飲料、カップラーメンといった保存食や加工食品、乾燥食品など、手元にたまたま保存されていた「何か」ばかり食べたり飲んだりして過ごしたという体験をしているのではないかと考えられる。ほかにも自分がいつも飲食している食料や飲料が手に入らずつらかったというものや、逆に、こういうときだからこそ食べてみたらおいしかったといったような、非日常的な出来事だからこそ鮮明に記憶している当時の実情について書かれているものが多かった。

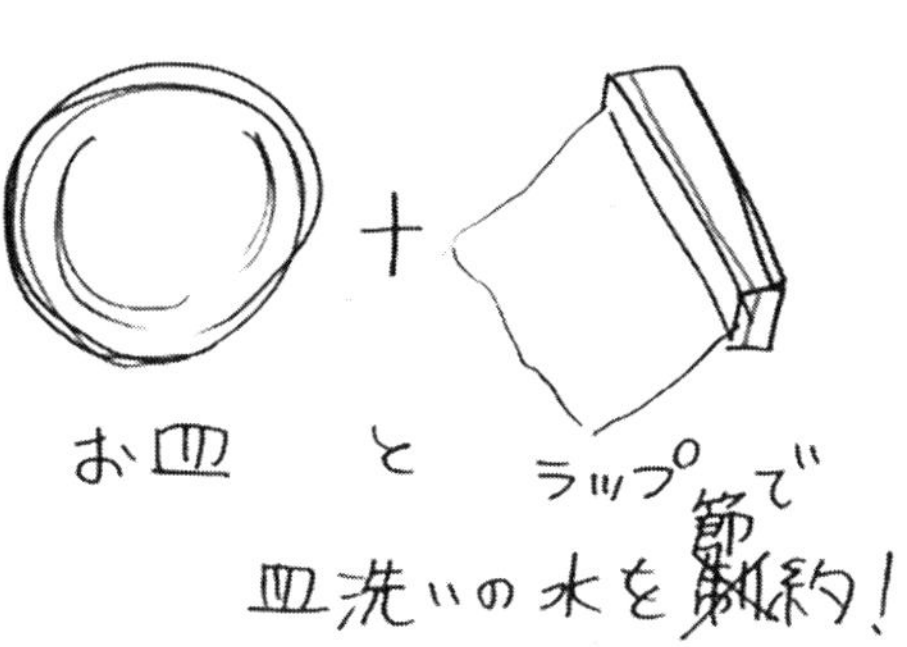

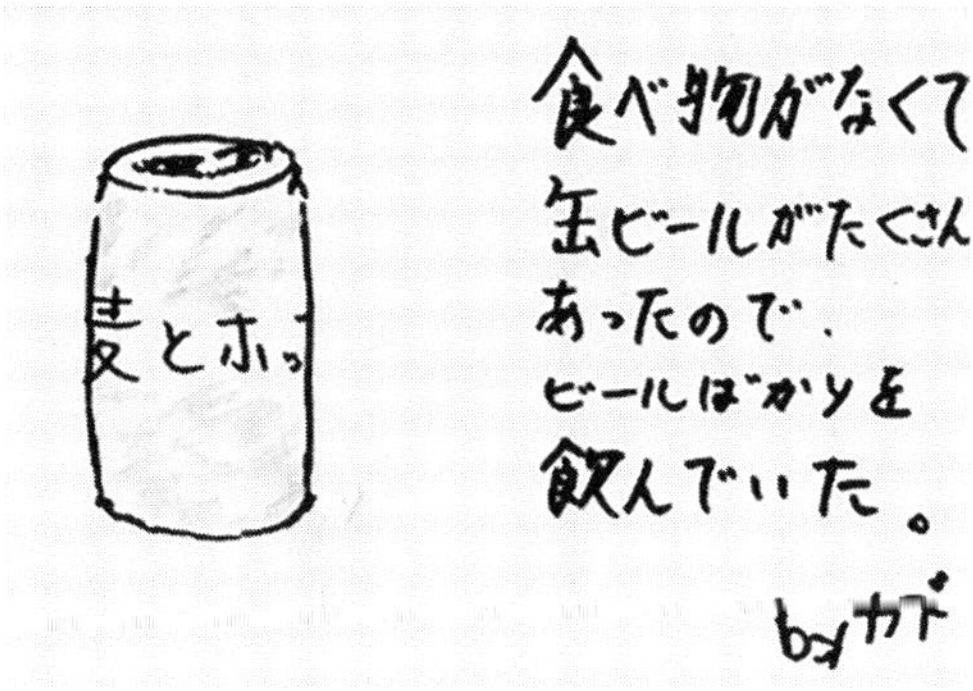

写真14、15

写真16、17は当時の苦労話

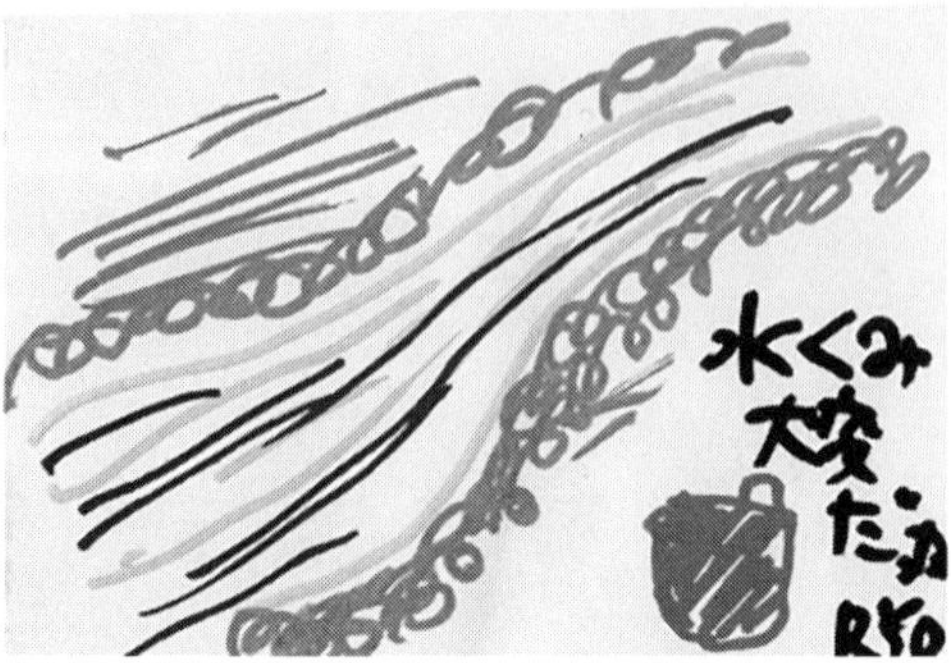

写真16、17

である。いずれも被災地の住民の多くが体験したものであるが、食料調達のために長時間スーパーなどの列に並ぶという経験は、多くの人に共通したものであろう。とりわけ母親たちは、福島原発の水素爆発によって放射能が飛散していることを後で知ったこともあり、雨のなか、小さな子どもをつれて長時間列に並ぶというこの体験は忘れられない記憶となっている。また、同様に水を調達する際にも長い列に並ばなければならなかった。このような風景はマスメディアでも取り上げられ、被災地外の人々にとっても印象深いものとなっているが、語りのなかでは、その具体的な内容と切実な思いが多く述べられた。

写真18、19は、このような苦労のおかげで、あらためて感じた食のありがたさに関するものである。このような語りはやはり多くの人によって描かれている。それは、水やごはんといった通常であれば、

当たり前のように消費しているものがないことのつらさやそれを口にしたときの嬉しさといった、おそらく被災地外の人でも想像できるであろう内容ではあるが、実際に体験した人の語りは切実でリアリティがあり、多くの参加者が互いにうなずき合っていた。

このような当時の体験に関するカードは、被災者同士共感を呼び、そこから、例えば、水がないときに、「雪解け水をバケツに溜めて使った」とか「お風呂の水を溜めておいてよかった」などの情報の交換もなされ、今後どこかで起こりうる災害に対する事前の知識として役立つような語りも多く、当時の記憶の蓄積として、外にあるいは未来に発信していくべきだろうと思われる内容も多く記録されている。

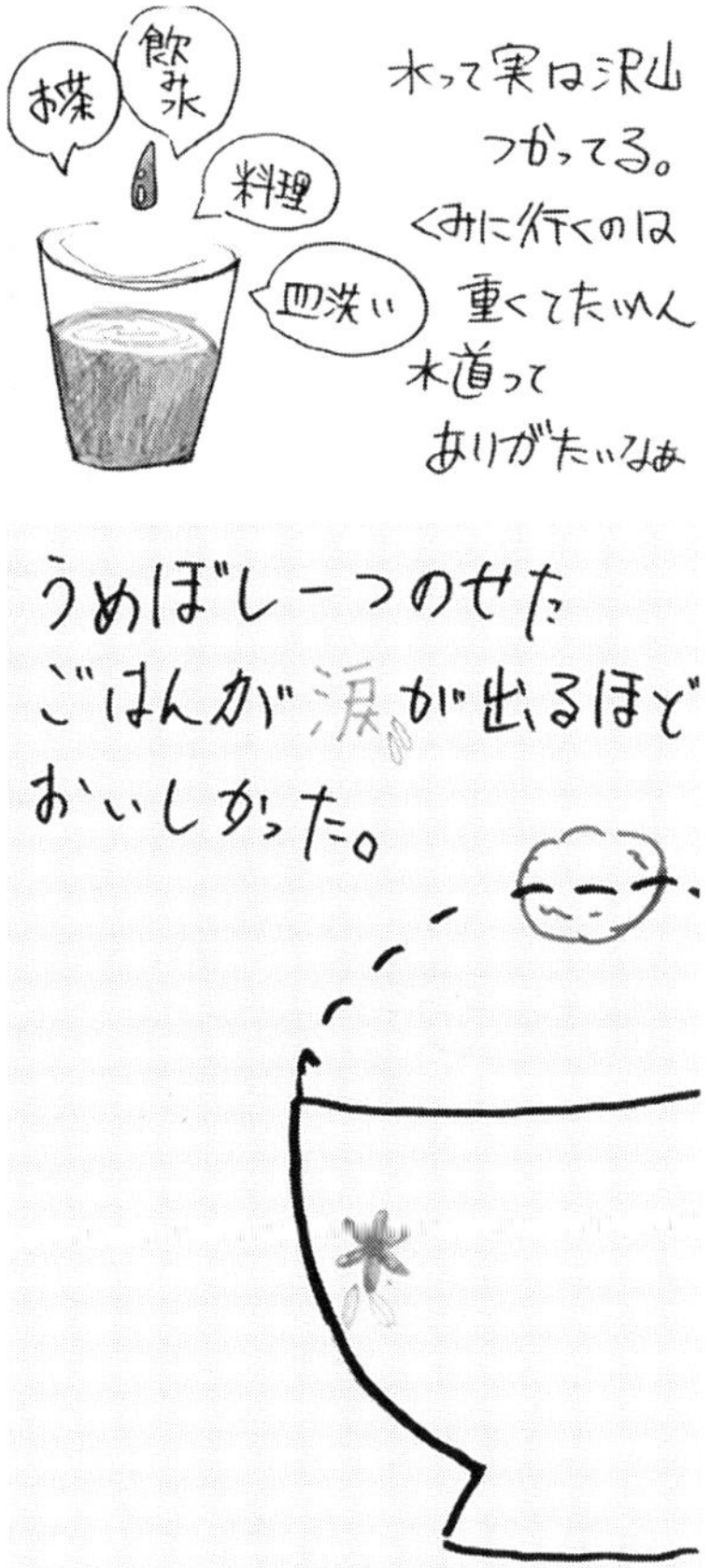

写真18、19

事実、このときに語られた内容には、その後も日本で多発している自然災害の教訓になるようなものも多い。

当時の気持ちや感情に基づくものについては、被災地内での助け合い

写真20、21

に関するものと、被災地外からの被災地に対する思いを表現しているものの二つに大別できる。

写真20は、行きつけのラーメン店から食料をもらったことに対する感謝、また、写真21は、やはり行きつけのコーヒー店からコーヒー豆をわけてもらったことに対する感謝の気持ちを表現したものである。これらのカードも参加者の共感を呼び、このような体験が決して数少ないものではないことを参加者は確認し合っていた。実際に震災直後は、序章でも述べた「災害ユートピア」的な状況が起こっており、人々はあるものを互いに持ち寄り、気持ちを寄り添わせながら困難な状況を乗り越えようとしていたのである。

こうした被災地内の状況に対して、少数ではあったが、被災地外からの参加者も当時の被災地に対する気持ちを表現している。前出の写真10と写真22のカードは、当時被災地外にいた参加者によって描／

書かれたものである。これらのカードには、被災地に対する同情とともに、恵まれていた自らの立場を振り返る内容が描かれている。このような気持ちの表現は、やはりテキストによるものが多く、また黒字か単色で描かれているものが多い。多くのカラフルなカードのなかでこのようなモノトーンの表現は、ある意味存在感があり、非当事者が被災者に対する自らの気持ちを語ることに遠慮深く、また控えめであることが窺える。自らが置かれていた当時の状況に対して、自分たちだけが苦しんでいたと感じていた被災地からの参加者は、このようなカードによる語りを聞きながら、心を重ねてくれていた人がいることを知り、心を動かされた様子だった。

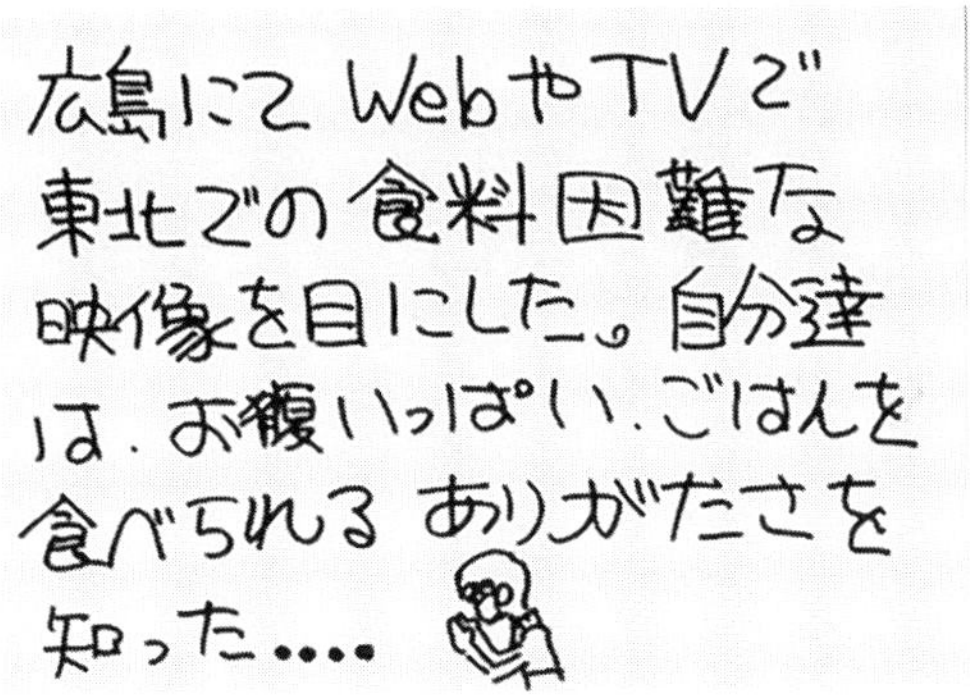
広島にてWebやTVで東北での食料困難な映像を目にした。自分達は、お腹いっぱい、ごはんを食べられるありがたさを知った....
写真22

以上にように、一枚一枚のカードには一人ひとりの思いが込められていた。巧拙は別として、言葉やイラストにしたいという一人ひとりの強い気持ちがカードというメディアに表現されたことを否定できる者はいないだろう。

表現上の心理的な背景についてアンケート調査などを行なわなかったため、当時の書き手の気持ちを明らかにすることはもはやできないが、先述したような、強調マークやきらめきマークなどを含め、描かれたテキストそのものから、書き手の伝えたいと欲する気持ちが伝わってくるのは事実であり、その後の語り合いにおいても、イラストによって触発された記憶、あるいは忘れかけていた記憶から想起された思いなどにつながっていく様子は明らかであると言えるだろう。

第4節　考察——語りの伝わり方

さて、ここまでは語りの場における語りとその展開について記述してきた。本節では、これまで見てきた語りが、どのように他者と関わっており、そしてまた別の他者に伝わり、他者を「触発」できるのか、ということを踏まえて、この語りの行き先および行き方について、他者との関係性という側面から考察してみたい。

モノローグからダイアローグへ

ここまで見てきたように、ワークショップは、自分自身の思考や思いをカードに描／書き出すところから始まっている。そこでは、相手（他者）に対するコミュニケーションを前提としては始められてはいない。もちろん、その後語りを行なうことは説明しているので、「誰か」あるいは参加者全員に、自分の思いを語ることを前提にカードを書いていることは否定していない。ただし、描／書いたカードについて語るかどうかは自由であり、描／書き出す時点でそのことが決定されているわけではない。また、友人と談笑しながら思い出したことなどを書き留めている人もいる。しかし、第2節のエピソード記述からもわかるように、観察していると、参加者の多くが、誰かのために、誰かに何かを伝えるために描／書いているようには見えない。個人の日記のように、記憶にひっかかるものを手探りで探し当てていくような、それをどのように描／書けば、その思いが表現できるのか、ということに専心している様子だった。

ここで重要なのは、他者を想定していることは否定できないものの、語り始めの相手は必ずしも「他者」ではないということである。カードは「他者」に向けたものであっても、自己完結したものであっても、ディスカッションの場に提示することは強制されない。最終的にはすべて採取され、記録として残るが、その文脈は場とは切れ離されたものとして扱われることになる（この場合、本当の「断片」にしかならないのだが）。

参加者は周囲の環境に誘発されつつも、自発的に自らの気持ちを描／書き出す。最初はモノローグであっても、それこそが飾り気のない自分の心のなかにある断片なのだから、狙いとしてはそれでよい。

一通りカードを描／書き終えたあと、グループに分かれて語りを始める。カードを選別しながら、おそらくは最も語りたい事柄が描／書いてあるカードから順に「マップ」のどこに貼り付けるべきか慎重に考えつつ、カードを置き、そして語り始める。ここで初めて他者が登場する。他者は反応する。語られる言葉に、描かれたカードに、そこにある本音に迫ろうとする。そして対話が始まる。カードに描／書いた断片を言葉として紡ぐことは、これもまたきわめて困難なことでもある。経験や明白な事実の場合はともかく、心情、特に後悔や無力感、痛みや苦しみのようなものである場合、言葉では十分に表現できないことも多い。ただ、皆一生懸命語ろうとする。伝えなければならない、自分のなかに押さえ込んでいてはならないという思いに駆られる。多くの人が自分と同じ思いを抱いているのだとしたら、あるいは自分が抱く気持ちを他者が全く知ることがないのだとしたら、それらはやはり語られるべきだという責務のような感情を抱き、口べたな人でさえも雄弁に語ろうとする。すべてが語られるわけではない。映像の記録も残ってはいるが、一人ひとりの表情までが記録されているわけではない。したがって、カードの記録もまた断片以上のものにはならないのではないかという批判もあるかもしれない。ただし、何度も述べているように、本プロジェクトの意図は、こぼれ落ちてしまう「断片そのもの」を残すことである。「大きな物語」のすきまに存在する「断片《ピース》」は、それ以上でも以下でもない。ゆえに先述したように扱いの困難さも指摘されよう。断片と文脈《コンテクスト》の関係性についても疑義が差し挟まれる可能性は十分にあろう。

また、サバルタン・スタディーズで指摘されるような語る側と聞き取る側の関係性の問題も完全に解消できるわけではない。ただ、少なくとも語りに耳を傾けているのは、研究者や知識人、メディアといったいわゆる「特権的な」人たちではない。友人、あるいは同じ体験を共有する参加者たちに対して語るのである。私たちは隅の方で静かにその様子を窺うか、時には、彼らと同じ立場の人間として（被災者として、母として）彼らの語りを聞き、自分も語る。そこには特権などない。

当事者として参加している〈私〉＝筆者自身も、そのとき、完全に研究者としての特権を忘れ去っている。そのような瞬間は幾度となく訪れた。同じ経験や思いを持っていることにより感じる共感は時に差異を忘れさせる。母としての私の苦しみは、やはり母である相手の苦しみと重なり合い、職業や年齢、あるいはそれ以外の社会的な差異などは問題とならない。ただコミュニケーションを楽しみ、思いを共有する。語りに没頭しているとき、私はいつも〈私〉以外ではなかった。相手にとってもまたそうだったであろうと推測できる。〈私〉と〈私〉が他者としてつながり合い、そして互いの気持ちを自らに取り込み、共感し、癒される。「癒し」という概念をここで学術的に捉えきることはできないが、プロジェクトの目的の半分は被災地支援であった。その点において、学術という壁を乗り越えて、このような形で自己と他者の関係性の展開が発見できたこともまた大きな成果であった。

ワークショップを終えた参加者の口からは「有意義だった」「前に進めそうな気がしてきた」という声が多く聞かれた。断片を掬う、記録を留める、後世に伝える。一人ひとりの語りやつぶやきが、対話となり共有されていく。語りは常に他者との関係性のなかで展開する。そして、次の他者へと、またつながっていかなければならない。

時空と隔たりを越えて

さて、このように語りは、それ自体が作品としてある種の物語として構成されていく。そして、マスメディアとは視点が異なるものの、やはり、すべてをありのまま伝えるわけではなく、断片→語り→共有といった流れによって、見る側にとってある程度整理された語りとして物語化される。しかし、これはあくまでいくつかの可能性のなかの一つの形でしかない。

　このプロジェクトで集めたピースは、二次元のパズルのピースとは異なり、より立体的あるいは多次元的で、行き場のないものもあるかもしれない。ただ、裏を返せば、それは、ブロックのように自由自在に好きな形に組み立てられるようなものではないだろうか。そのつながり方はさまざまで、隣り合うものは決して一つではなく、見慣れた形に形成されるものもあれば、断片（ただし決して失ってはならない）の寄せ集めにしかならないものもあるのかもしれない。

　それらはおそらく、今、このとき、この環境、この文脈においてつくられた物語である。時が経ち、環境が変わり、文脈が異なってくれば、これらの作品や断片に対する解釈は当然変わってくる。必要があれば脱構築されなければならないこともあるだろう。私たちは、現時点でそのことを念頭に置いておかなければならない。そのうえで、それでも集められた語りや断片が、しかるべきときに、見る人や読む人を触発するようなデザインを考える必要がある。文脈は残すのか、壊すのか。ブロックのように自由な形に組み立てられる断片は、果たして私たちの体験を後世に伝えることができるのか。物語のいくつかの形態の一つとして残すべきなのか。

　このような断片《ピース》の行方について論じながら、未来に届ける「語り」のあり方について考察していく必要がある。何が伝えられ、何が伝えられないのか。おびただしい量の情報を将来へとどのように伝え、どのように見せていくのか。語りあるいは物語、断片《ピース》としての被災者の悩みをどのように伝えれば、どのように見せれば、この多様で複雑な状況や心境を未来に伝えられるだろうか。再び未来にもたらされるかもしれない大きな災厄を前に、今回の震災の記憶が未来を突き動かすあり方が「語りの記憶」に求められている。

今後もこれらのカードをまとめる場合は、作品あるいはカードが自己完結しないことが重要だと考えられる。これらは固定化されるような語りではない。あくまでそのときの参加者たちの感情や考えを時間と空間を越えて対話可能にするとともに、やはり固定化されない解釈、そして地域を隔てた別の解釈が可能になるような固定化されない物語として、断片の整理が行なわれる必要がある。つまり、組み換え可能であることが重要である。コミュニケーションは、相手との関係性において、意味と解釈が生じる。伝えなければならないことの意味は、対話のなかで生まれ、人々の心のなかで解釈され、消化／昇華されるのである。受け手がカードや作品に対して問いかけながら、その答えを自らの経験や心情に引きつけて翻訳し、解釈することで見いだしていくのである。

いずれにせよ、語り手と受け手の関係、カード・作品と受け手の関係、すべての文脈において解釈は開かれている。そして、そのための対話を可能にする〈あわい〉を持つメディアの可能性を検討しつつ、さらに先の未来、そしてさらに先の場所へと、語りをつなげていくメディアを実現させる必要があるだろう。

プロジェクトの課題

最後に、プロジェクトを通して見えてきた課題をここでまとめておきたい。

このプロジェクトは、震災一年間の活動をもって休止（実際には終了）した。それには諸事情あるが、最も大きな要因は、「語る人」と「語らない人」の間に横たわる大きな時間感覚の隔たりである。このことは、震災直後から少しずつわかってきたことでもあるが、プロジェクトの体験からだけではなく、社会的な傾向から見ても、その隔たりは時間の経過とともに広がっていると思われる。震災直後「語らない人」だった被災地の人たちは、一ヶ月経ち、一年も経つと、すでに多くのことを「語る人」になり、いつしか心の傷が癒えると同時に、当時の様子をある種パターン化してさまざまな場面で語ることができるようになっていく。一方で、「語らない人」は、未だに「語らない」のであり、彼らに語りを強制することはできない。第4章でも述べたが、サバルタンに語らせることは暴力でもある。本プロジェクトは、被災地のなかでも、仙台という、沿岸部から避難している津波被災者が多く暮らす場所で行なってきたが、プロジェクト名に「語り」という言葉が入っていることもあり、ワークショップは語ることを前提に参加者を集めてきた。プロジェクトのスタッフとして参加した阿部は、この点について、「この活動に参加すると決めた人、あるいはこの活動の場所に足を踏み入れた人は、既にして「語りやすい」心境にあった人たちと言うこともできるのではないだろうか」と指摘している。[12] これは、プロジェクトの目的として「語りやすさ」を追求した結果、すでに「語りやすい」心境にある人や語りたい人たちばかりを集めてしまったという矛盾にも通じる。このこと自体がさらなる実践に足踏みをする状況をつくり出してしまったと言えるかもしれない。「語る人」と「語らない人」がいる。「語らない」サバルタンの語りに辿り着くには、もう少し時間の経過が必要なのかもしれない。

阿部は、「ここで「記録」されたものを「記憶」として残すということを考えたときには、「誰の」記憶として残すか、どのような形で残していくかを考える必要があるだろう」と述べているが、実際のところ、プロジェクトメンバーはこれらの語りと記憶を、どのような必要性のもとに誰のために開いていくべきかを定められずにいる。定めてはいけないのではないかとさえ思っている。これは、震災以後、多方面で進められてきた多くのアーカイブ・プロジェクトが持つ課題と同様のものである。そして、それは、将来的な語りと受け手の関係性をどのように捉えるかということ次第である。

それらは、必要とされたときに必要とされる文脈において伝えられるべきであり、ブロックのように、その時々の文脈や背景において、自在に組み換え自由なものとして残しておく必要がある。ブロックを手にする人の顔を定めることはできない。震災の記憶は、誰によって、誰のために歴史として残されるべきなのか。それは、その記憶や断片の当時の文脈《コンテクスト》をどの程度残すべきなのか、またどのように残すのか、という問題とも直結している。記憶と記録に付随する文脈《コンテクスト》をどのように再現できるのか。そもそも文脈《コンテクスト》は再現可能であるのか。プロジェクトは、語り出しと伝え方の可能性を示すとともに、大きな課題も残してしまった。

小結

『語りと記憶のプロジェクト』では、さまざまな場所や空間をデザインしながら、プライベートな空間とパブリックな空間の〈あわい〉において、語りを誘発し、編集し、そして触発しようと試みた。そして、カードという第三者的でありながらも、第一人者的でもあるメディアを用いて、モノローグ（独り言）とダイアローグ（対話）の中間のような語りを促した。共有する空間のなかで、相槌を打ち、共感し合いながら、参加者は少しずつ語りを開いていった。そこには、つぶやくような語りもあれば、積極的に相手に伝えていかなければならないという意志のようなものが感じられる語りもあった。いずれの回でも他者との関係性を考慮しながら、語りのサバルタン的な状況から脱して、自らの発話を促し、他者へと紡いでいくような語りが生じた。

このように、『語りと記憶のプロジェクト』は、プライベート空間とパブリック空間の〈あわい〉だけでなく、モノローグとダイアローグの〈あわい〉に発話の可能性があることを示唆している。いずれも、パブリックな場でのダイアローグであることが重要でありつつ、そもそも生きづらく語りづらいサバルタンにとって、自らの領域としてのプライベート空間、そしてモノローグとの〈あわい〉であることが、その発話や語り出しにおいて大きな安心感を与える。〈あわい〉は彼らの語り出しにおける安心空間《セイフティゾーン》となっているのである。

そして、実際に語られたサバルタンの言葉は、さらに時間や空間を越えて、文化や文脈を行き来しながら、それぞれの物語が伝えられていくようなメディアとともに、未来への伝え方について具体的な方法を必要としている。

語りはあらゆる隔たりを越えて、「こちら側」から「向こう側」に伝えられる。あるいは〈あわい〉という隔たりがあるからこそ、固着化しない文脈においてその語りを伝えることができるのかもしれない。

その可能性については、次章で新たな実践研究を通じて明らかにしていきたい。

注

（1）「語りと記憶のプロジェクト」（https://311memory.com/）［二〇二二年四月一四日閲覧］

二〇一一年の七月から二〇一二年の三月までの間に以下のとおり七回のワークショップが行なわれた。

- 第一回『語りと記憶のカフェ』「あの時の食を聞かせてください」東北工業大学長町キャンパス（宮城県仙台市）二〇一一年七月三一日
- 第二回『語りと記憶の芋煮会』「あなたの震災ボランティア体験を聞かせてください」木の家（宮城県仙台市太白区秋保町湯元）二〇一一年一〇月七日
- 第三回『記憶をつむぐ、言葉をつむぐ』展「あなたが未来につむいでいきたいものは何ですか？」せんだいメディアテーク（宮城県仙台市）二〇一一年一一月四〜九日＊アートプロジェクトI, CULURE Tokyoとの共催
- 第四回『音楽と語り』「震災であなたの音楽は変わりましたか？」仙台BAR TAKE（宮城県仙台市）二〇一一年一一月二六日
- 第五回『メディアの森はどうあるべきか――ポスト3・11の語りと記憶から』「あのとき、こんなメディアがほしかった」東北大学大学院情報科学研究科（宮城県仙台市）二〇一一年一二月一〇日
- 第六回『東北工業大学クリエイティブデザイン学科卒業制作展』「あなたがつくったもの、あなたがつくりた

いもの」せんだいメディアテーク（宮城県仙台市）二〇一二年二月一七〜二二日

・第七回『LE JAPON 11 MARS UN AN APRES』「語りと記憶のカードへのレスポンス」ESPACE EVOLUTION（フランス、パリ）二〇一二年三月一〇〜一六日＊非営利団体 Hug Japan 主催

（2）プロジェクトには、筆者と堀江とともに、堀江研究室の学生たちが企画やデザイン（ポスターなど）、ファシリテーターとして参加した。途中から東京大学大学院博士課程（当時）の阿部純が、数回のワークショップでスタッフとして参加した。

（3）前掲「痛みの記憶／記憶の痛み」

（4）ゆえに、この場合の「エピソード」とは、プロジェクトにおいて明らかになってくる参加者によって提供される「エピソード」ではなく、著者が現場で見聞きした体験の記述としての「エピソード」となり、本章で議論となっている断片やピースとしての「エピソード＝挿話」とは異なる意味で使われている（鯨岡峻『エピソード記述入門——実践と質的研究のために』東京大学出版会、二〇〇五年、七、一五、五〇ページ）。

（5）堀江政宏（二〇一四年九月二九日付メールによる）

（6）阿部純（二〇一四年五月一八日付メールによる）

（7）なかには震災当時、東京や海外にいた人もあり、食を通じた被災地への感情なども語られている。

（8）梅棹忠夫『知的生産の技術』（岩波新書）、岩波書店、一九六九年、五八ページ

（9）震災から約一年後、東京で開催されたある詩の朗読会に参加したことがある。詩や人々の思いを朗読しながら、そのテキストがステージ上にプロジェクタで投影された。私はそのとき、文字が突き刺さるような印象を持った。

文字だけの表現にこれほどの力があるのかと思った。もし私自身が震災を表現するとすれば、文字は強すぎる媒体だとそのときは感じた。どんなに絵が下手でも、それによって輪郭がぼやけてしまっても、表現と解釈の間に一定の距離がある方が「語りにくさ」をやわらげてくれるような気がした。一方で、文字でしか表現できない思いもある。実際に、震災から数年経って、ようやく論文、そしてその後、書籍という形で、それらを文字で表現することができている。

(10) 実際に、参加者が自身の内面を語るような他の回（例えば、ボランティアについて語る回など）ではイラストよりもテキストの配分が多い。

(11) 堀江政宏（二〇一四年）

(12) 阿部純（二〇一四年）

第6章　事例2『Bridge! Media 311』

『Bridge! Media 311』（以下、「ＢＭ３１１」と呼ぶ）は、当事者と非当事者、自己と他者の関係性における〈あわい〉を拓き、語ることへの許可を得ることで、そこに対話を生じさせることができることを示した事例である。

このプロジェクトは、二〇〇三年より活動を続けているメディアを活用した地域間交流プロジェクト『ローカルの不思議』[1]という全国各地の大学・高校の教員たちのネットワークを母体としたスピンオフのプロジェクトである。メディアを被災地の〈外側〉と〈内側〉をつなぐ地域間の「架け橋」として活用できないだろうか、という問題意識に基づき、震災以降、温度差や深い溝の存在が否めない、〈被災地〉と〈被災地外〉、〈当事者〉と〈非当事者〉、そして〈わたし〉と〈あなた〉の間を架橋し、回路を準備し、対話の場を創出する可能性について考えることを目的としている。

東日本大震災だけではなく、いずれの災害においても、被災地は「情報収集される側」であると同時に「情報発信する側」として位置づけられている。その後の熊本や北海道などの人地震、広島などでの豪雨災害、そして二〇一九年秋に再び東日本に災害をもたらした令和元年東日本台風においても、メディアによる情報発信が行なわれてきた。一方で、混乱状態にある被災地内では、被災地の外で目に見えない支援を行なってくれている多くの人たちの応援の声はなかなか聞こえてこないし、第3章で述べたようなサバルタン化した人たちの声が、被災地内外にあることを十分に知る手段もない。聞こえてくるのは、災害による農産物や水産物の購買拒否などの風評被害や選挙演説の空虚な言葉ばかりで、〈外〉の人に対して心を閉ざす被災者は少なくない。

ＢＭ３１１では、一〇年以上にわたって構築し続けてきた『ローカルの不思議』のネットワークを活かして、被災者が知らない各地域における被災地支援の活動や被災地に対する思いなどを、メディアを通じて現地に届けることで、被災地を元気づけるという取り組みである。同プロジェクトにおいては、各地域から集まった学生たちに彼らの視点で被災地を記録してもらい、各地域へ持ち帰って、それぞれの文化や文脈に変換しながら、自分たちの体験を発信してもらうというワークショップを行なった。学生たちが取った被災地の記録は、各地域のローカルテレビやケーブルテレビ、コミュニティ放送で報告されたり、展示を行なったりして、各地域に届けられている。

この活動の根本的な問題意識は、序章で論じたような当事者性の問題が生み出すコミュニケーション不全や風評被害の問題と直結している。被災地の内側と外側の間にある目に見えない大きな壁を乗り越えるために、地域間の対話のための回路をつくり、離れた場所の状況を互いに知ることで、共感を生み、対話を育み、長い目で見て被災地支援につながっていくことを期待しつつ、発災一年後の二〇一二年から二〇一五年まで合計五回のワークショップを開催した。これらの実践を通じて、対話のための回路構築の実現、対話を通じた語りの共有、そして情報の発信と未来への伝承において、一方向ではない〈語り〉の新たな形が見えてきている。この実践事例を通じて、多様な視点からの歴史の構築という目的に対して、きわめて重要な可能性が明らかになってきている。すなわち、対話を通じた語りと記述である。これこそが、現在の私たちの〈歴史〉において最も欠けていることなのかもしれない。

以下、第1節では、ＢＭ３１１の概略と活動内容について説明する。続いて第2節では、参加した学生に対して行なったインタビューの結果とワークショップにおける発話の分析に基づき、彼らの被災地に対する距離とポジショナリティの変化について検証する。そして、その結果を基に、第3節で、被災地の〈内〉と〈外〉の関係において生じるリアリティとイメージのギャップについて論じながら、プロジェクト内で境界線の〈越境〉が起こった意味について論じる。そして、第4節では、同じく被災地の〈内〉と〈外〉の関係における〈私〉と〈あなた〉の関係性の〈越境〉、そしてそれが生じた場としての〈あわい〉について論じ、小結へと導く。

第1節　概略――『Bridge! Media 311（BM311）』

活動の背景および経緯

BM311の背景には、第一に、第3章で池澤夏樹を引用しながら論じた、辺境としての〈東北〉に対するメディアのまなざしに関する問題意識があった。マスメディアかソーシャルメディアかを問わず、被災地を表象する大量の映像・画像や情報のなかで、「被災者／被災地」として他者化され、〈東北〉はステレオタイプ化される。これまでは田舎者やズーズー弁といった多少ネガティブなイメージが強かった〈東北〉も、東日本大震災の被災地となった今では、多くの出来事が美談や感動ものとしてまとめあげられていく。マスメディアが創り出す大きな物語からは個別の体験や思いや記憶がこぼれ落ちていく。被災者が本当に伝えたいことが、全国あるいは世界に本当に伝わっているのか。このような問題意識は、

『ローカルの不思議』が問題としていた構図とちょうど重なるものだった。

そして、さらに直接的な問題として、風評被害の問題もある。第3章でも指摘したとおり、メディアが伝えることのできる痛みは、イメージやステレオタイプのもとに矮小化される。被災地の痛みを知りながらも他人事としてしか捉えられない被災地外の人々は、無関心を装い、自らの安全を確保するために、被災地の瓦礫の受け入れを拒否したり、被災地産品の野菜や魚を口にしなかったりした。そして、被災地には日常を暮らしている多くの人々がいるという想像力は抑圧される。

一方で、当時は被災地に対する同情を感じ、何とか関与したいと思いながらもその思いを届ける方法を見つけられずにいた人も多かった。日々の生活に追われ、時間もなく関与できずにいる人もまた多かったはずだ。被災地外の人たちにとって、被災地の現実を知ることは、日常生活を送るうえで必ずしも必要なことではない。ただ、被災者はやはりこの自分たちの手に余る悲劇を忘れてほしくはないし、支援を必要としている。遠方からも援助の手が届くことを望んでいる。被災地から発信をしても、それに対する応答がなく、外からのメッセージも少なくなってくるにつれ、せめて被災地の外で被災地を思っている人たちの声を届けることができないだろうか、被災地からの発信だけでなく被災地への発信をもっと行なってもいいのではないか、そのためにメディアと『ローカルの不思議』のネットワークを活用するべきではないか、そう考えたのである。

以上のようなことが、『ローカルの不思議』メンバー、ここで具体的な名前を挙げると、筆者に加え、新潟大学の北村順生、愛知淑徳大学の小川明子、広島経済大学の土屋祐子、東北学院大学の稲垣忠（所属はすべて当時のもの）が、ＢＭ３１１を立ち上げるときに話し合ったことだった。

そのなかで、筆者は同じく被災地の研究者である稲垣とともに、被災地の内側から、この活動の正当性と妥当性を慎重に判断しながら、ほかのメンバーの要求と照らし合わせながら、被災地での活動について詳細に話し合い、構想を練り、メンバーに提案しつつ、企画立案を進めてきた。時にはほかのメンバーからの要求に反発することもあった。また、時には外側からではわからない繊細な状況などについて説明する必要があった。そのようななか、ツアーなどの段取りをつけ、案内人を探し、参加者の安全などを考えて、初回のワークショップの災地側の受け入れについて、慎重に計画を進めた。

活動の内容

ＢＭ３１１は、二〇一一年度から二〇一五年度までに計五回の交流ワークショップ[2]を行なっているが、第5、6章の事例と時間的同一性を担保するために、本章でも、二〇一一年度に行なわれた第一回のワークショップを事例として取り上げたい。第一回ワークショップは、震災の起こったちょうど一一ヶ月後の二〇一二年二月一一日から三日間行なわれた。以下に、当日のプログラムをそのまま記載する。

〈Bridge! Media 311, 2011 Program〉
二月一一日（土）『映像ワークショップ』
14:00-14:30　挨拶&自己紹介

14:30-15:30　新潟大、愛知淑徳大の映像上映&ディスカッション
15:30-16:15　Team Ra+[3]の映像上映&ディカッション
16:15-16:30　break!
16:30-17:00　わすれン紹介&わすれンサイトの映像上映
17:00-17:30　まとめ&翌日の説明

■宿題

石巻2・0、石巻ボランティアセンター、仮設住宅の住民に対してそれぞれ聞きたいことを考えてくる。

二月一二日（日）『石巻オモテ/ウラツアー』

9:00　仙台出発
10:30　石巻到着
10:30-10:30　『オモテツアー』
日本製紙工場↓雲雀野埠頭↓南浜町↓門脇町、門脇小学校↓石巻漁港↓湊地区↓石ノ森萬画館↓日和山
12:00-13:30　ランチ
13:30-17:00　『ウラツアー』
13:30-15:00　石巻商店街&石巻2・0&NPOオンザロードにインタビュー

15:00-16:00　仮設住宅（開成団地）、集会所などのイベントに潜入インタビュー

16:00-17:00　石巻市災害ボランティアセンターでインタビュー

17:00　石巻出発

18:30　仙台到着

19:00～　懇親会

■宿題

翌日のワークショップ「地元へのおみやげ～私が伝えたいこと」のために、見聞きしたことの中から地元に帰ってみんなに伝えたいことを考えておく。

二月一三日（月）『ワークショップ「地元へのおみやげ～私が伝えたいこと」』

10:00-14:00　①前日に撮影した写真から伝えたい写真を数枚（二〇枚前後）選ぶ。

②グループに分かれ、新しく「発見」したこととあらためて「確認」したことのどちらかに分類しながら写真を置き、その説明、感想などを話す。

③それと関連した写真あるいは感想を持っている人は、次に手を挙げて写真を適切な場所に置き、同様に説明などを話す。これを繰り返す。

④関連が途切れた場合は、次の順番の人が新たに写真について話を始める。

⑤次に、各自、自分が地元で伝えたいことを伝えるために必要な写真を選ぶ。

⑥模造紙に写真を並べ、タイトルと必要に応じてテキストをつけて発表する。

その後

記録した写真と音声は素材として持ち帰り、それぞれのローカルコンテクストにおいて伝える方法を考える。（FMラジオ、ケーブルテレビ、ウェブサイトなど。）最終的に作品に仕上げたものをわすれンにアップしたり、大学間交流をしたり、地元メディアで発表したりする。

活動の成果

本項では、このプログラムに則し、各日の活動の概要とともに、参与者としての筆者の視点からの報告を行なう。これらの詳細な分析については第2節で行なう。

(1)二月一一日『映像ワークショップ』

一日目の映像ワークショップでは、新潟大学と愛知淑徳大学がそれぞれ制作したビデオ二本ずつのほかに、東北大学の学生が制作した被災地のビデオが一本上映された。[4]

愛知で制作された作品は、実際に被災地のボランティア活動に参加した学生へのインタビューと薬剤師が専門性を活かして行なったボランティア活動に関するものの二本であった。直接被災地に赴いた人たちへのインタビューを中心としたこれらの作品は、マスメディアのように扇情的な演出があるわけでもなく、単純に被災地の惨状を描写しただけでもない、ボランティアの重要性とそれらを映像化する必要性を自分たちの言葉で淡々と綴った秀逸な作品であった。映像編集の質も他の大学と比べても高く、いずれも作品としての完成度は高いという評価であった。

一方、新潟の作品は、中越地震の経験を元に『仮設のトリセツ』という仮設住宅での生活マニュアルとでもいう冊子をつくっている新潟大学のグループを追ったもの、福島から避難している子どもたちに勉強を教えるなどのボランティアをしている学生を描いたものがあった。映像は、やはりボランティアに関わっている人たちのインタビューから構成されていたが、被災地に近く、福島などから多くの避難者を受け入れていたこともあってか、両作品ともに被災者を直接対象としており、取材や制作の際に大きな苦悩や行き詰まりがあったということも併せて報告された。特に後者については、被災者の子どもを扱うという点で、取材を受け入れてもらうことが難しかったり、子ども

写真23、24　ワークショップの様子

たち自身を撮影することができなかったりと、映像という形で表現するうえで向き合わなければならない問題を多く提示した。いずれの作品も、被災地に対する思いやつながりを表現しており、被災地側として参加した東北大学の学生たちは、被災地外の様子や支援者の姿を目にして、被災地外の人たちを完全な他者としてしか捉えてこなかった自分たちの見方が間違っていたことに気づいた様子であった。

東北大学の学生は『Café de Monk』という被災地で行なわれている僧侶による傾聴カフェの様子をドキュメンタリー映像として制作した。時間が足りず、粗編集の段階で視聴したため、まだストーリーもはっきり定まらない中途半端なものではあったが、被災地外から来た教員や学生は、マスメディアからは知ることのできない情報に熱心に見入っていた。

これらの映像を介した交流に加え、せんだいメディアテークのスタッフによる彼らの活動の紹介と、集まった学生たちに対する叱咤激励を受けて、学生たちの間にあったぎこちない雰囲気は徐々にほぐれ、参加した学生たちとスタッフ全員の間に信頼関係が築かれたようでもあった。

(2) 二月一二日『石巻オモテ／ウラツアー』

二日目は、メディアを通してしか知らない被災地を実際に目で見て肌で感じ、それを地元に持ち帰って伝えるということを前提に、全員が一人一台のデジタルカメラとグループに一台のICレコーダーを持ち、東日本大震災の最大の被災地でもある石巻市に出かけた。

午前中は「オモテツアー」と称して、マスメディアやインターネットから現地の情報を得ていた被災

写真25　オモテツアー（石巻日和山から被災地を撮影）

写真26　ウラツアー（ボランティアセンターにて）

地外の学生たちが、事前のアンケートで回答した実際に行ってみたい場所、見てみたいものを中心としたツアーを組んでいた。プログラムにあるように、大量の瓦礫が残る雲雀野埠頭や、津波と火災の凄惨な爪痕を残す門脇小学校をはじめ、最後には被災地を広く見渡すことができる日和山から、被災地を一望した。

午後は、「ウラツアー」として、「石巻だより」というフリーペーパーを発行するNPO法人オンザロードのスタッフの協力を得て、石巻の地元の人が知ってほしい、見てほしいという場所を回った。

行程はプログラムのとおりだが、ウラツアーでは、実際に被災した人やボランティア、さらにはアポなしで仮設住宅の住民に取材をするなど、「オモテツアー」で被害の現実に大きな打撃を受けた学生たちが、「ウラツアー」では、それ以上に重い、とても抱えきれない、やり場のない思いを抱くことになった。

実際、この日に具体的な感想が学生の口から発せられることはほとんどなく、「はぁ」「すごい……」

「信じられない」「大変ですよね」といったような、被災者の言葉や現実をどうにも飲み込めずたじろいでいるような断片的なコメントばかりが聞かれた。

一方で、仮設住宅では、住民の思いがけない協力により、仮設住宅のなかにまで上がらせてもらったチームもあるなど、自分たちが思い描いていた〈被災者〉のイメージとは異なり、仮設住宅に住む人たちが、菓子や茶を振る舞ったり、笑いながら会話を楽しんだりするなど、彼らが「普通」であることに学生たちは驚いた様子であった。

結局のところ、「オモテツアー」も「ウラツアー」も、全く対照的な形ではあるが、学生たちが思い描いていた〈被災地〉〈被災者〉のイメージをあらゆる面で裏切ることになった。この夜、学生たちは、一晩ではとても消化できないこれらの体験を基に、翌日のワークショップへの宿題「地元に何を伝えたいか」を考えなければならなかった。

(3) 二月一三日『ワークショップ「地元へのおみやげ～私が伝えたいこと」』

三日目のワークショップは二日間のまとめや振り返りというより、地元に帰って自分たちがメディアで被災地の様子を伝えるための準備という雰囲気が色濃かった。学生たちは前夜「いろいろなことが頭をめぐり、なかなか整理できなかった」という。「何か一つのことを伝えることはできない。何もかも伝えたい」との声もあった。

前夜のうちに、学生たちのこれほどの思いをチームでまとめあげることは困難だと判断した教員チー

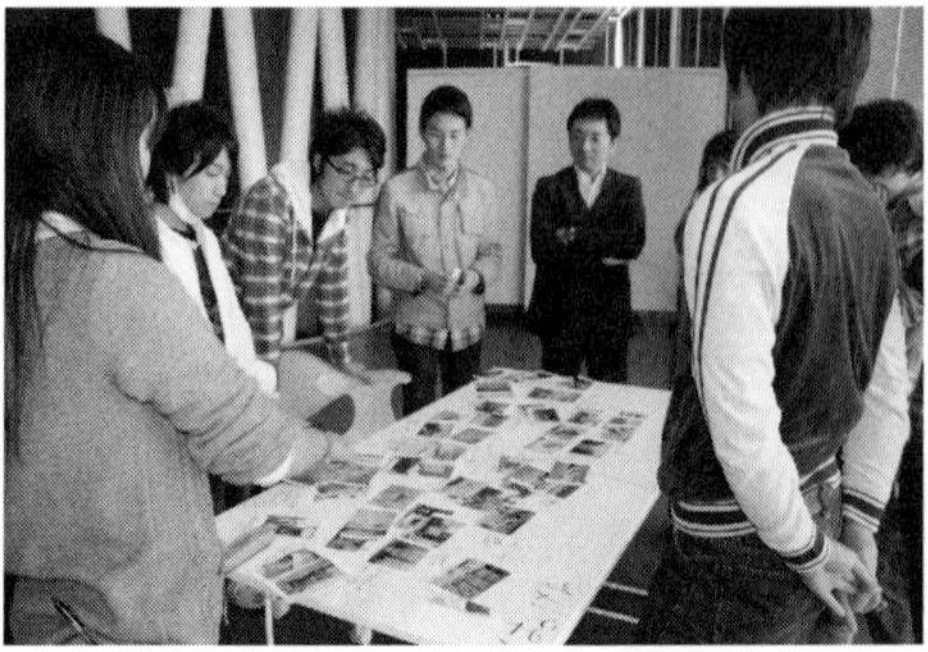

写真27　ワークショップの様子

ムは、これまで考えていたワークショップの内容をこの夜に大幅に変更した。チームでまとめることはせず、個々人の撮影した写真を見て、同じ風景を別の人が撮影した写真と比べ、その風景に関する感想や意見を述べ合い、互いにそれを聞きながら、自分自身の考えを整理していくようなワークショップのデザインとなった。同じ風景に対して同じ感想を持つ者、全く別の視点から感想を述べる者など、答えも伝え方も一つではない。同じ風景でも撮影の仕方によって訴えかけるものが全く異なる。学生たちは一つひとつを吟味しながら、自分が伝えたいことを少しずつ固め、それを伝えるための手段を模索した。

もちろん、この時点では、完成されたメッセージではない。これらの「おみやげ」を地元に持ち帰り、被災地とは温度差がある環境のなかで、学生たちは現地で見聞きしてきた情報を伝えなければならない。さまざまなメディア、受け手、考え方がある。自分たちの見てきたものは膨大であるとはいえ現実のごく一部にすぎない。そのなかから伝えられるものもまたほんの一部である。それでも、実際に被災地に行った自分たちがメディアとなり、自分たちの目線で伝えようとする学生たちの気迫ははっきりと伝わってくるものであった。

さて、写真28～33はその日の学生たちの成果の一部である。

学生たちは、模造紙一枚には到底収まりきらない思いを蕩々と一言一言をかみしめるように発表した。その後、彼らの思いは、新潟、愛知、広島各地に持ち帰られ、両親、友人、知人への報告だけでなく、テレビやラジオなど、さまざまな形で伝えられている。(5)

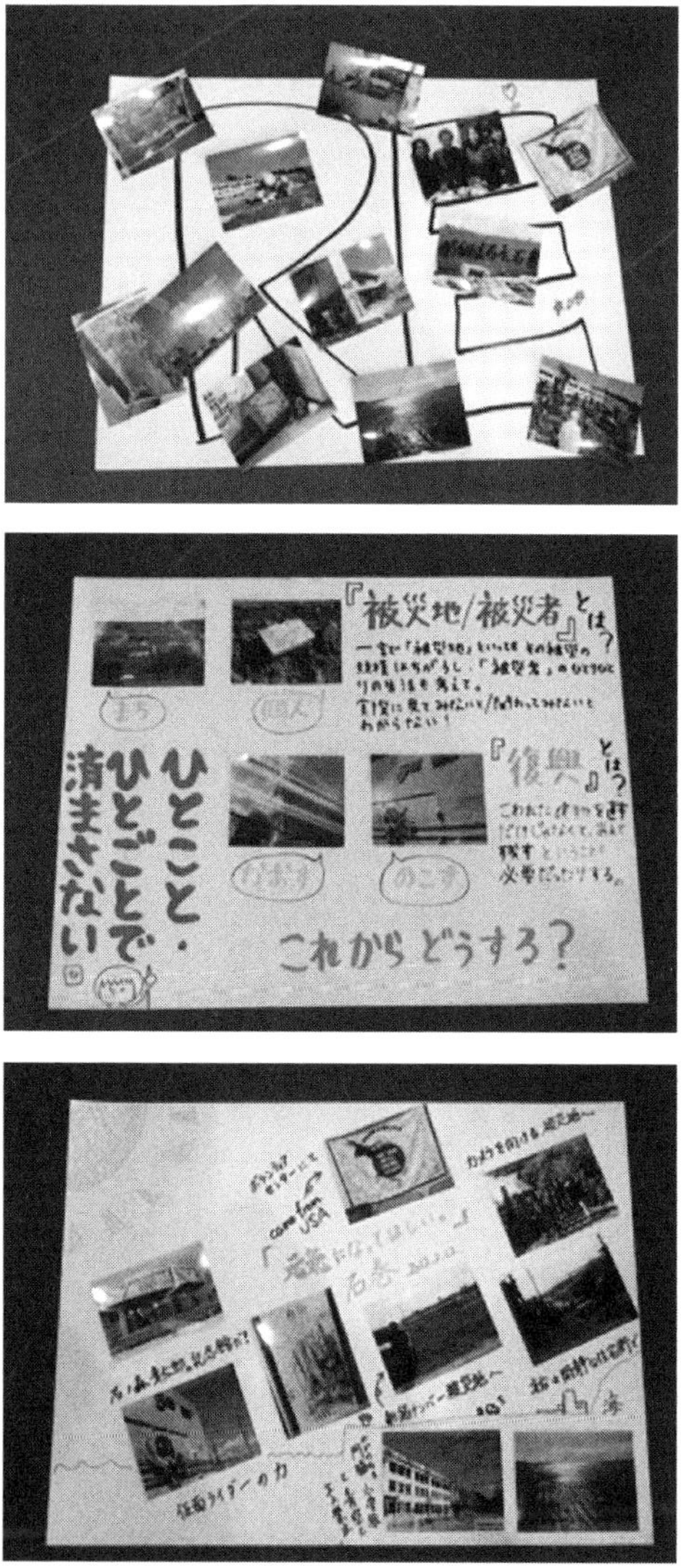

写真28、29、30　ワークショップの成果

第2節　発話分析
——ワークショップ参加者のポジショナリティの変化

以下、ワークショップによる参加者の気づきや学びについて明らかにするとともに、参加者の視点から、彼らの語りのポジショナリティが変化していく様子を浮き彫りにすることを目的とし、参加者への

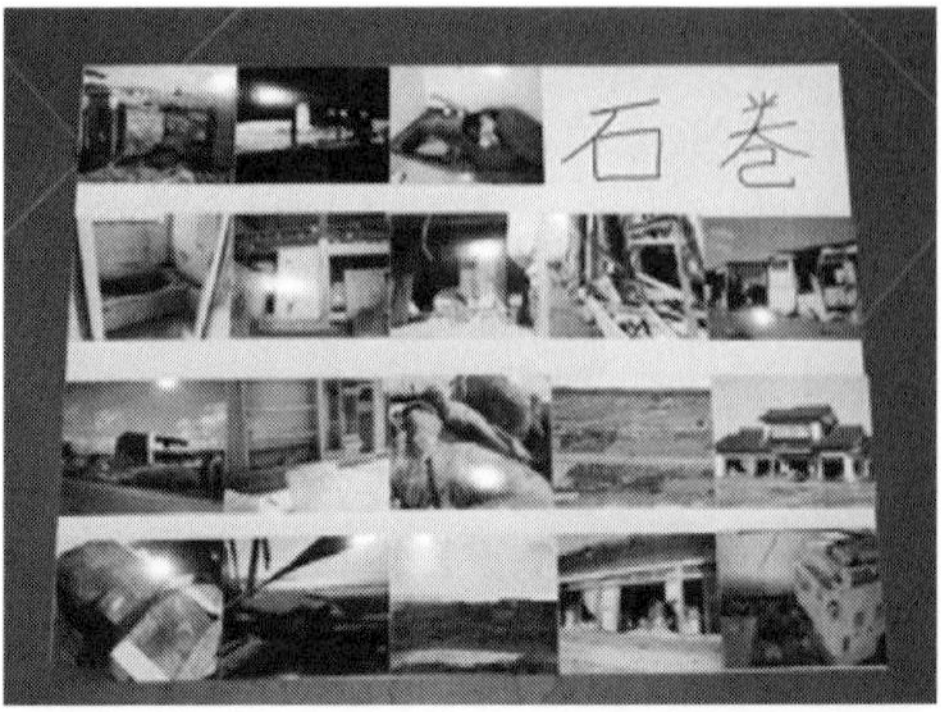

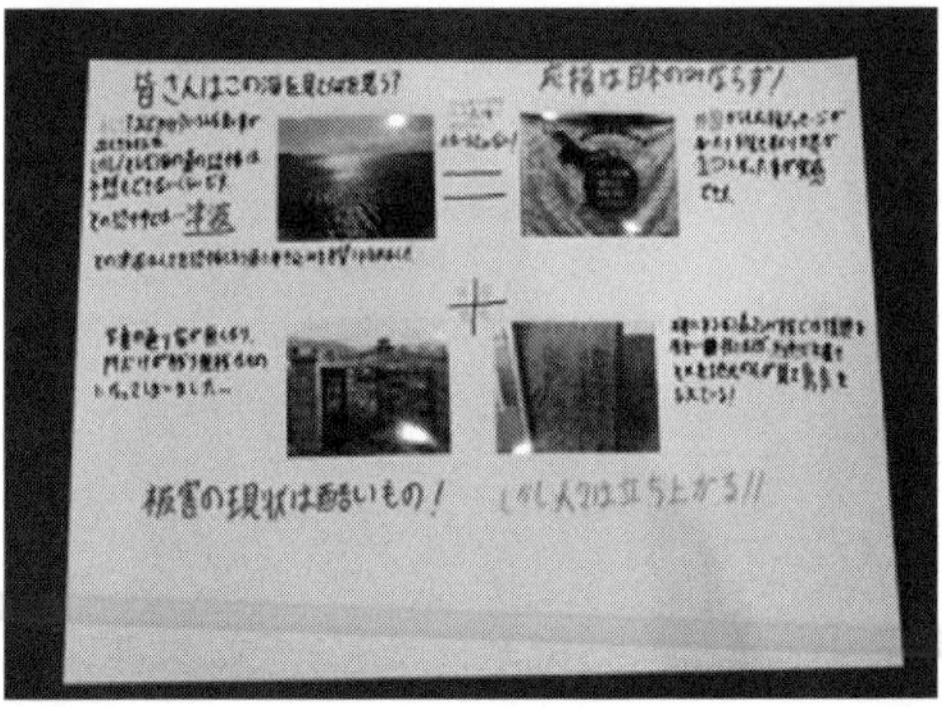

写真31、32、33　ワークショップの成果

インタビュー結果を中心に、ワークショップにおける発話を含めて分析していきたい。

本節では、参加者のなかから二年後に連絡がついた二名の学生にインタビュー調査とともに、ワークショップにおけるこの二名の発言を織り交ぜながら、具体的に見ていくことにしたい。

インタビューと発話分析を行なったのは、愛知淑徳大学の学生として参加した森優輝（ワークショップ当時大学一年生）および広島経済大学の学生として参加した浜田大輝（仮名・ワークショップ当時大学二年生）の二名に対してである。森に対しては、二〇一四年九月七日、都内でICレコーダーで記録を取りつつ、筆者が聞き手となり、約三時間のインタビューを行なった。なお、インタビューは当時の様子を思い出してもらうため、当時の記録映像をパソコンで再生しながら行なった。森の場合は、さらに当時の記憶を補うために、当時一緒に参加していた友人や指導教員であった小川明子などに細かい部分については同時進行で電話で確認してもらいながら、話を進めた。また、浜田の場合は、二〇一四年九月二三日、彼の指導教員でもある土屋祐子にも同席してもらい、約三時間、やはりパソコンで当時の記録映像を再生し、対話形式でそれぞれの記憶を補いながら、インタビューに答えてもらってICレコーダーで記録した。基本的には筆者が聞き手となったが、場合によっては、土屋が聞き手となって浜田の記憶を引き出すことも何回もあった。

いずれの場合も、非構造的インタビューであり、筋書きは映像に従い、ワークショップの流れに沿ったものである。質問項目に従って質問するという形式ではなく映像の流れに従って、時には映像を途中で停止しながら、当時の様子、感情、記憶を自由に語ってもらった。映像のない場面などについては、筆者が口頭で説明しながら想起を促すなど、その当時何を感じていたか、何を覚えているか、ということを中心に聞き出した。

二名のインタビューの比較分析によって明らかになってくるのは、両者とも言葉や反応は異なるものの、(1) ワークショップに対する期待、(2) ワークショップでの気づき、(3) ワークショップにおける学び、そして (4) ワークショップ後の成長という四つの点において、共通する様子、感想、意見がかなり多いことである。

一人ひとり個別にその変化を追っていってもいいのだが、共通項が多いことから、ここでは、インタビューとワークショップでの発話分析の結果得られた二名の学生の変化、主には彼らの立ち位置の変化をまとめて、項目ごとに論じていくことにしたい。

リアルを求めて

(1)「自分の目で見たい」

本プロジェクトに参加した学生は、基本的にメディアを専攻している学生たちである。したがってメディアに対する問題意識は高い。そのような彼らが実際にワークショップに参加しようと思った動機について語っている。

浜田：新聞やテレビを見ていて（現地の状況は）ひどいなと思っていたんですけど、それはどうしてもメディアのフィルターを通したもので、おそらく実際はもっとひどいだろうなと自分は予想していました。でも、どうも実感がなかったんですよね。（中略）災害の現場がリポートされていて、それを見るだけでも信じられなかったんですけど、本当に同じ日本でこういうことが起こっているなら、きちんと自分の目で見ておきたいという気持ちがありました。

これは浜田の参加動機だが、森もやはり同様に、次のように述べている。

森：行ってみたいなって。他の大学の人とも交流できるって話だったんで。なんか、新潟とか他の県の人たちってあの災害はテレビだけで見てて、どういう風に思ってんだろうって話聞いてみたかったのを覚えてますね。

このように、実際に被災地に行って自分の目で現場を確かめることとともに、同じメディアから情報を得ている他の県の人たちがどのように思っていたのかについても知りたかったと述べている。また、森は実際に被災地に行くことだけでなく、被災者の口から直接話を聞くことを重視していた。

森：僕、取材の意識強かった気がしますね。だから絶対誰かつかまえて、話聞こうと思ってましたね。（中略）だから、仮設住宅に行ったときも、みんな風景ばかり撮ってましたけど、僕は絶対誰かつかまえて話聞かないと帰らない、と思っていました。（中略）だから色んな人に話しかけてました。

被災地から遠く離れて、震災をメディアによってのみ経験していた二人の話からは、メディアのインパクトとともに、その奥にある被災地というリアリティを「自分の目で見たい」という意識が強かったことが窺える。ワークショップへの参加を決めたこの時点では、彼らにとっての震災とは、メディアの奥にある遠く離れた場所で起こった出来事にすぎなかった。

（2）「リアル」な風景に出会う――オモテツアー

そんな彼らが実際に「リアル」に出会ったのは、まずは降り立った仙台空港であった。震災から一一ヶ月が経った仙台空港は、すでに復旧していたが、少し離れた場所の津波の痕や、津波が到達した位置を示す標識などは、彼らにとって「被災地に来た」という意識を強く抱かせるのに十分だった。また、一日目のワークショップの会場となったせんだいメディアテークが被災して直前まで閉鎖していたことを聞き、また、そこで展示されている震災当時の写真を見ながら、あらためて「被災地に来た」ことを認識したという。

しかしながら、彼らが求めていた、メディアの奥にある「本当の被災地」に実際出会った（と認識した）のは、二日目の津波被災地の石巻市へのツアーにおいてであった。

当日は、新潟大学および広島経済大学の参加者が乗った車に続き、愛知淑徳大学、最後に東北大学の車が追いかける形で被災地に向かった。

最初に車が止まったのは、まだ海岸からは少し距離のある、川沿いの平地であった（写真34）。そのときの様子について、浜田と土屋は次のように語っている。

浜田：（映像を見ながら）こうやって車で移動して、途中途中で木やガードレールが倒れていて、そこらへんから「うわっ」となったんです。とにかくここらへんからですよね。

土屋：こっちの木がなぎ倒されていた。ここに川が流れていて、ズズズッと流されている所があった。「あ、ここが現場なんだ」ということを実感した。

この場所については、森も同様に記憶していて、次のように話している。

森：だからこのときに確か、車で走り出したしょっぱなくらいで、東北地方の人以外は、ちょっとでもガードレールがぐ

写真34　壊れたガードレール

にゃってなってたら、「ここで写真撮りたいです」って申し出た。（東北大学の学生たちから）「これの何がこれ不思議なの？」って言われた気が。

写真35　工場の廃屋と海

東北大学の参加者たちは、仙台市内でもガードレールやビルなどの破損を多く目にしており、この時点でガードレールの写真を撮ることを不思議に感じていた。しかしながら、やはりこれが、初めて被災地に足を踏み入れた彼らにとっては、「被災」を示す最初の印であったことは事実である。このギャップについては、次節で詳しく取り上げたい。

次に学生たちが長く停車したのは、海岸近くにある工場の廃屋であった（写真35）。この場所に関する浜田と土屋の会話をさらに見てみよう。

浜田：（インパクトが）強かったです。本当に。だって、この海が全部こっちに来たんだって思うと。

土屋：あいだが抜けているでしょう。だからリアルだった、すごく。

浜田：実際に海が見えて、瓦礫があって。ようやくリアリティが出てきたんですよ。

二人の会話からは、この海岸にある工場の廃屋が、その「すきま」とそのすぐそばにある海との関係性から、津波という「リアル」を連想させる最初の現場であったことが窺える。

同じく森は、このときのインパクトについて、以下のように語っている。

森：テレビとは比較にならない衝撃を受けましたね。でかい。いろんなものが。でかいってなんか言い方変ですけど。瓦礫の山とか、やっぱサイズ感がわかんないし。あと、風が吹き抜けて行く感じとか、すごい怖かったです。

浜田と森は、テレビには映らない瓦礫のディティール（例えば、コンクリートではなく畳が多かったことなど）について述べ、「肌で感じる」ということについて、メディアでは到底伝わらないものがそこにはあったということを訴えていた。

また、「テレビには映らないディティール」ということでいえば、次に停車した住宅地は、学生たちにとっては最も「リアル」を感じる場所であったと言えるだろう。

土屋：これは非常に印象的でした。

浜田：ここで今までどおりに生活していたら、と思うと……。これを見たら、家があったなんて信じられないですよね。

土屋：あと、基礎の部分が残ってるじゃない？　それを見て「ここは何があったんだろうな」って、やっぱり思う。

浜田：僕としては、二階に上がって、カレンダーがそのままあって、あのときのままなんだなっていうのが印象に残っています。

写真36　住宅のなか

一方で森も、以下のように述べている。

森：まだ生々しく、鶴だったかな、なんか短冊みたいなのが飾ってあって。ここに人がいたっていう、そこで初めてたぶん僕もビビるんですよ。

この後も、高台から石巻市の被災地を眺めたり、津波により破壊されただけでなく、火災が発生したことによって、言葉では言い表すことができないような悲惨な状態となった小学校などを回ったりしたが、学生たちの言葉数は少なく、初めて出合った「リアル」に打ちのめされている様子であった。

この時点で、学生たちにとっては、メディアで見てきたことのさらなる詳細を知ったり、またそれを見いだすことで、実際にそこで営まれていた人々の生活と震災後の悲惨な状況をつなぎ合わせることができたり、あるいは、「リアル」を知ることで、メディアの限界をあらためて認識したりと、多くの学びや気づきがあったことがわかる。

(3)「リアル」な人と出会う——ウラッツアー

午後のウラッツアーでは、石巻で活動しているNPO法人オンザロードのスタッフ二名に案内を頼み、商店街で復興に向けて活動しているNPOを取材したり、ボランティアセンターで、当時の様子やその後の活動の変化について話を聞いたりした。

彼らが出会った最初の「リアル」な被災者は、このオンザロードの後藤愛である。後藤は石巻の自宅が半壊被害を受けている。学生たちは食事を取りながら後藤の当時の話を聞いた。そのときの印象を浜田は以下のように語っている。

浜田：「実際に自分はこうしていた」という話だった。それが一番印象的でしたね。家族のためにとにかく何かしなくてはいけない、と。土砂や瓦礫の上を歩いて食料を探した、という話を聞けました。実際そういうことをしなくては、そのときを生きられない。飲料水だけでも確保しなくてはいけない。その必死さが伝わってきたので、印象に残っています。

その後、学生たちは彼らとともに、NPOの取材を経て、石巻市の「開成団地」という仮設住宅を訪れている。ここで、彼らは取材のアポを取らずに、出会った人にインタビューするという体験をする。ここまでは教員側でアポを取って取材をしてきているが、この仮設住宅におけるインタビューは、外から来た人間が被災者に話しかけるというあえて高いハードルを設定することで、メディア取材の問題について考えるとともに、その壁を乗り越えてほしいという教員側の意図もあった。その体験についての感想は次項で扱うとして、ここでは彼らが出会った次なる「リアル」について彼ら自身の言葉から検討したい。

当事者から直接話を聞くことについては、森が以下のように語っている。

森：被災地を回って、石巻の漁港とか見ても、僕の勝手な解釈でしかなくて、全然震災のときのコンテクストがわからず、頭のなかの勝手なイメージで見てたんですけど、仮設住宅の話を聞かせてくれた人は、その人のコンテクストがそれぞれあって、一人ひとりの話を聞けたっていうのはリアリティがすごいあった。(6)

仮設住宅に行って「私はね」とか「俺は当時」とか「俺はこう思う」って話を聞いて初めて、「被災者」のなかにはグラデーションがあって、話したいっていう僕が聞いたおばちゃんみたいな人もいれば、当時を思い出したくないって人もいる。

森の感想からは、午前中のオモテツアーで感じた「リアル」とはまた別のリアリティを感じていることがわかる。「現実に起きたこと」として認識されるのは、やはり生身の人間の言葉を通してである。そこで語られるディティールもさることながら、被災者の語りからは、ある種の気迫のようなものが感じられる。このような気迫、自らの体験を語りたいという欲求は、それを生み出した体験がいかに悲惨だったかということと表裏一体であろう。

また森が言うように、「被災者の語り」「被災者が語る」というときの「被災者」は多層的である。そのような多層性も、マスメディアには表出されないものであり、語りたい被災者の気迫もまた編集され、報道からは伝わらないリアリティの断片がある。

学生たちは、被災地、そして被災者に出会うことを通じて、自分たちがメディアを通して見聞きしてきた〈被災地〉〈被災者〉と、現実の被災地・被災者のギャップに気づくこととなった。このような学びは、ワークショップ当時の学生たち一人ひとりにとっては、まだ、無意識的なものであったかもしれない。しかしながら、その後のインタビューを通じて、当時はなかなかそれを言葉にできなかった学生たちであったが、しっかりと学び、気づいていたことが明らかになったと言える。

心的距離と語りの不自由さ

（1）当事者と非当事者の壁

ここまで述べたように、被災地外からワークショップに参加した学生たちの多くは、それぞれの場所で、メディアを通じて被災地を遠くから眺めていた。そして、そこで感じていた問題意識を念頭に、被災地である仙台に集った。そして大人たちがまたそうであったように、学生たちも、そんな自分に対して過度に「よそ者」という意識を持っていたと思われる。このことは、一日目のワークショップのなかでも感じられた。

例えば、先に紹介した東北大学の学生たちが制作した『Café de Monk』というドキュメンタリーを見たことについてのコメントが示唆的である。

浜田：やっぱり実際に行かなければわからないことだと思って。自分としてもお坊さんのところがインパクトが強かったので。その一年間はどうしても第三者というか他人のような思い方をしていたのかなと思います。ちょっと情けなくはなりました。

森：見た映像のなかで一番面白かったのはあれでした。『Café de Monk』でしたっけ？　印象に残ってます。

一日目はやっぱり『Café de Monk』じゃないですかね。僕のなかでは。

　このように、浜田も森も、現地の学生たちが自分たちの知らない事実を映像化していることについて、「自分たちではできないこと」という見方をしていると同時に、自分たちが被災地の〈外〉の存在であることを強く意識していた。現場にいるからこそできることが、現場にいなかった自分たちとの差異であると語っていた。

　一方で二日目のツアーにおいても、まだ自分たちが〈外〉から来ているという意識を捨てきれずにいた学生も多かったようである。この点については、森が当時の映像を見ながら、以下のようなコメントをしている。

森：結局まだ全然他人事なんですよ。そこが違うところだと思いますね。知り合いとか、友達とか、誰か被災したわけでは全然ないですし。今、これ客観的に見ると、他人事なんですね。当時の私は。しかも建物だけしか見てないですし。実際に被災した人の話も聞いてないですし。この段階（オモテツアー）は、ただ見たいとか、写真撮りたいとか、それくらいしか考えてなかったんじゃないですか。

　このように、「自分」と「他人」との距離について語る一方で、世間が感じているような、被災地と被災地外、あるいは当事者と非当事者との壁について、当時どのように感じていたかということを森は語ってくれた。少し長いが引用したい。

森：僕の場合、その壁が気持ち悪いからこそ行きたいって思ったのかもしれないです。いや、（映像を見て）さっきも言ってましたけど、壁がありすぎてすごいショックを受けたみたいなこと言ってたじゃないですか。僕本当に気持ち悪くなっちゃって、あの後。これ本当に起きた出来事なのかどうなのか、よくわからないみたいな。それで、自分のなかでモヤモヤして、今でも一番覚えてるのが気仙沼が全部燃えて、死者が何百人とか、誤報的なこともありましたけど、町全部が燃えてとか。テレビのテロップが数分おきに出るじゃないですか。あれ聞いて本当に気持ち悪くなって、あの後すごいへこんだんです。夏くらいまでずっとへこんで、こういうことが実際にあるんだと自分のなかで認識しないと、あの気持ち悪さはずっと続くんじゃないかなって思って。福島に行ったら、変な言い方ですけど、ちょっと楽になったところがあったんですよ。テレビで見てたことが、実際に起きちゃったことなんだっていうことをやっと飲み込めたっていうか。そういう壁がありすぎて、気持ち悪かったんです。だって自分の家の周りにはなんにも被害ないし、普通に学校

写真37　昼食時の様子

通ってるし、電車も動いてるし、三陸鉄道復旧まで、あと何年とか、全然リアリティないし。それが気持ち悪かったです。

一方で、この後、森は、写真を撮ることや、被災者（特に仮設住宅の住民）に積極的にインタビューを行なったことについて、以下のように述べている。

森：（墓地で写真を撮っている映像を見て）やっぱり今見ると、よくこんな写真撮れますね、みんな。僕も含めて。お墓で普段写真撮らないですからね。特別な空気が、流れてたんです。被災地っていう。

（「確かに普通はお墓の写真なんて撮らないよね」という筆者の相槌に続いて）撮らないです。外部から来た人間にはそうさせてしまう何かがあるんです。むしろ壁がなさすぎるから撮っちゃうんじゃないですかね。

（仮設住宅でのインタビューについて）うーん、何て聞いた

写真38　石巻の仮設住宅

んだろうな？　たぶん純粋な知的好奇心だと思うんですけど、当時、何が起こっていたのか知りたかった。それが、聞いたらこの人が悲しむかもしれないという配慮を超えちゃったのかもしれない。自分が知りたいっていうのが。

ここには、当時高かった「壁」に対する独自の認識と、それを乗り越えようとする気持ちの強さが表れている。森の場合は、積極的に被災地を見てみたいと語っていることからもわかるように、「壁の気持ち悪さ」とともに、その壁をも感じさせない現場の空気と自らの強い好奇心が実際の「壁」を乗り越える原動力になったといえる。

（2）距離の取り方

このような「壁」に対してどのように向き合うか。また、被災者・当事者とどのような距離を保つべきかという点については、森と同様に浜田もまた、ともすれば勇み足になりそうな自分を抑えて、適切な距離を保つ必要性について考えていたようである。特に仮設住宅でのインタビューは、彼らがこのことを考えるいい機会となっていたことが窺える。

浜田：とにかく仮設住宅の人に本当に話を聞けるのかなと思って。まだ震災から一年なので、あまり踏み込みすぎてもいけないし、まだ苦しいのにずかずか入っていくのもいけないと思って、そこらへんは気をつけていかなければいけないなと考えながら行きました。

このコメントには、背景がある。すでに福島の避難者が暮らす仮設住宅で取材を行ない、映像制作を行なっていた新潟大学の学生たちが、自らの体験を基に、以下のような助言を行なっていたことが、浜田の話から明らかになっている。

浜田：正直、自分はデリカシーがないなと思ったことがありました。行こうという気合いがあったんです。ただそれだけで「行きますか」と言ったら、先輩方が「ちょっと待て」と。「そこに今暮らしている人たちも、自分たちの所にむやみに入ってきてほしくないだろうし、ナーバスというか、気持ち的にも弱ってらっしゃると思うから、慎重に行こうぜ」と言われました。

このように、教員の目が届かない部分で、学生たちは、対話し、行動を確認し合いながら被災地の取材を行なっていた。

また、午前中のオモテツアーとは異なり、ウラツアーでは「人」を対象とすることで生じる気づきや迷いもあったようである。この点については、森も同様のコメントを述べている。

森：（オモテツアーとの違いを聞いたことに対して）違いますね。前半はずかずか入って行きましたけど、後半で、今でもすごく印象に残ってるのが、仮設住宅だけど、「人の家ってということをちゃんと意識しようね」「人が住んで生活している家なのだから、もし自分の家を写真撮られたらどう思いますか」と聞いて、はっとしたような記憶があります。

このような学生同士の対話からは、広島、愛知、新潟、そして仙台の学生の被災地への距離感が、それぞれ微妙に異なっていることが窺える。これと同じことが、教員同士の間でも起こっていたが、そのことは、次々項で詳細に述べたい。筆者の目から見て、最もインタビューに奥手であったのは、やはり東北大学の参加者たちで、福島からの避難者が多く暮らし、実際にその人たちへの取材もこなしてきた新潟の学生たちは、敏感にその距離感を保っていた。そして、広島と愛知の学生たちは、むしろ大胆なようにも思えた。

実際には、森も浜田も他の学生もそれぞれ、仮設住宅に住む被災者へのインタビューを成功させている。その経験によって、彼らの被災地に対する距離感はかなり縮まったようである。

浜田：他人事よりも、距離が近くなったというか。実際に被災者の方の声を聞くことで、自分が影響を受けましたし……影響じゃないですね。こういう考えがあるということを知りました。行く前と行った後では、東北に対する距離感が自分のなかで縮まったかなと思います。

（3）相手の立場に立つ

このような距離感の迷いのなか、彼らが学んだことは、「相手の立場に立つ」ということ、そして、被災者は一枚岩ではなく、多様であり、一人ひとり考え方やものの見方が異なっているということであった。

浜田：困っているなというか、申し訳ないんですけど可哀想だなというか。どうしてもそういうふうに思っていたんですけど、実際に会ったら、もちろんそこに暮らしているから不便はあるとは思うんですけど、一人ひとり思っていることが違う。（中略）もし自分が被災者になったらと考えると、何かが足りなかったりとか、衣食住はあっても何もすることがなかったら退屈だろうし、寒くてしょうがなかったりうるさかったりしたらストレスが溜まる一方だなと思います。（当事者の）立場に立つことが一番大事なんだなと思いました。

森：どうしてもテレビとか新聞って一人ひとりの物語にいちいち焦点を当てられないじゃないですか。ここで何人死にました、こんな被害が出ましたというだけではなく、亡くなった方々それぞれの物語があるわけじゃないですか。何人死にましたとかばかり見ているからこそ、ああやってずかずか入って行けちゃったりすると思うんですよ。（中略）そこには一人ひとりがいて、それぞれいろんな物語があるって知っていれば、絶対あんなことできないと思います。

森：例えば、石巻がテレビに写ったとしても、「あぁ、あの人がいたなぁ」とか「石巻かぁ」で今までは済んでいたのが、もう半歩くらいちょっと寄り添えるというか、ああいう人がいたけど大丈夫かなとかは思うようになりましたね。

こういったコメント以外にも、彼らの口からは、今まで感じていたような一枚岩的な被災者像とは異なり、一人ひとり考え方や物の見方が異なるということに対する気づきがあったことが繰り返された。彼らは、被災地に入り、被災者と話すことを通じて距離感を適切に捉えることで、相手の立ち場を考え、そして、自らの立場からそれに寄り添うことの必要性について認識した。

蛇足かもしれないが、これを裏付けるために、現在の彼らについて少し述べておきたい。浜田は、インタビュー時点で、まだ被災地のことを強く思っていた。そして、風化させないために、自分が語り続けていかなければいけないことをあらためて強く意識した、とインタビューの後で述べた。また、森は、インタビュー当時、報道番組のアシスタント・ディレクターとして働いており、当時の経験を活かすことができていると述べた。そして、メディアの限界を知りつつ、メディアができることを考えていきたいと語った。彼らのなかでワークショップの体験はその時点で色褪せることなく、深く彼らのなかに刻まれていた様子であった。

メディアとしての自分

さて、浜田と森の二人のインタビューを基に、主に一日目と二日目のワークショップを通じて得られた彼らの気づきと、それによって変化する彼らの立ち位置について見ていきたい。そのため、主に三日目のワークショップとその後の地元での活動に関する発言を中心に論じていく。

写真39　森の発表用資料

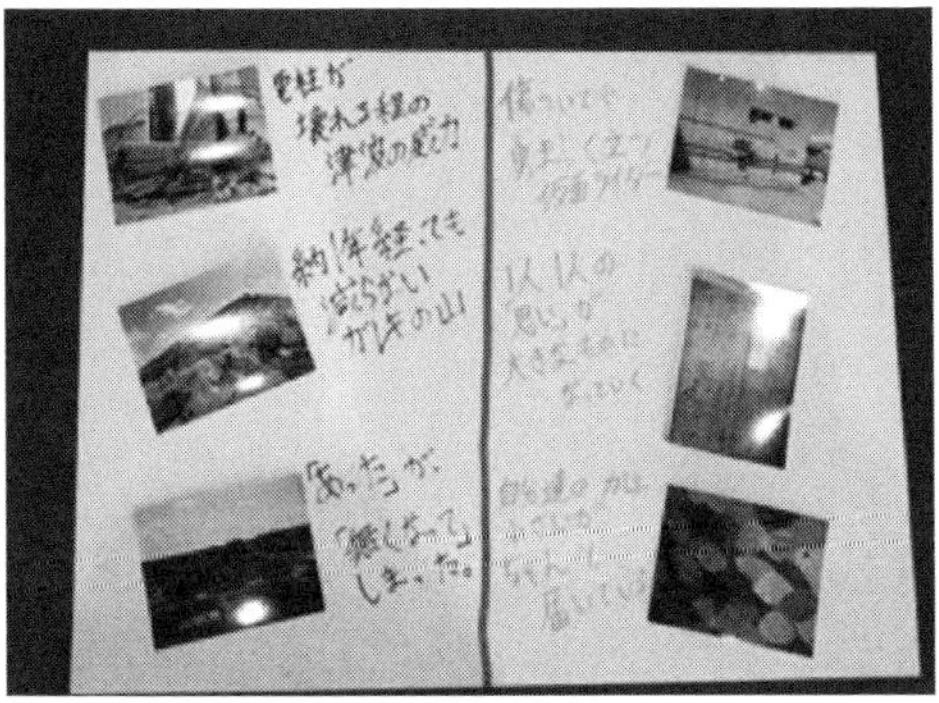

写真40　浜田の発表用資料

(1) 地元で伝えたいこと

ワークショップ三日目は、すでに説明したとおり、二日目の石巻ツアーで見聞きしたこと、感じたことを地元に帰ってどのように伝えるか、ということを考えるワークショップであった。写真を通じた対話を終えて、学生たちは、伝えたいことを伝えるための数枚の写真を選んでキャプションを付けた。

写真39が森、写真40が浜田のその最終的なアウトプットである。

森は、発表のなかで、以下のように述べている。

> 森：とにかく被災地のことについて、それを経験していない外部の人間がいくら考えてもどうしようもない。もう自分の目で見て、聞いて、感じるしかないというふうに思いました。

このように述べるとともに、「もう3月11日じゃないぜ」と一見突き放したように感じられるキャプションをつけている。森は自ら感じたメディアのイメージとリアリティのギャップに気づいたことが大きすぎて、被災地での自らの経験について伝えるべきことがこの時点で整理できていない様子であった。

また、浜田も、二つに分類した各写真（左側は災害の爪痕、右側は復興の兆し）について説明をしたあと、「まだやっぱり問題もあり、ずっと二つのことを忘れちゃいけないって思ったので、二つに分けました。うまく説明できなくてすみません」と結び、自ら受けたインパクトと忘れてはいけないと思った自分の気持ちを強く述べるにとどまり、結局地元で何を伝えたいのかはあまり判然としない内容となった。

このように、彼らの発表におけるコメントには、見聞きしたことを誰かに伝えるという意識よりも先に、二日間のワークショップを通して溜まった漠然とした心情を何とか整理して、とにかく抱えているものを発露したいという思いが背景にあったようである。この点については、両者とも三日目のワークショップの前にもう少し整理する時間が必要だったと重ねて述べていたことによっても裏付けられる。

このときのことをインタビューのなかで振り返った森は、次のように述べている。

森：なんかもうちょっと噛み砕く時間が欲しかったって思います。自分のなかでもそんな簡単に結論が出る話じゃないじゃないですか。三年経って、ようやく消化し始めてるわけですし。消化っていうか、整えられてるっていうか。（中略）（当時の頭のなかは）ぐちゃぐちゃです。実際行った衝撃が強すぎたので。だから、行かないと言葉で表現するのはおこがましいと感じてはいましたが、表現する言葉が無かったんです。ドカーンときた情報量が多すぎで、刺激が強かったです、僕には。

しかしながら、一方で、浜田は同じ日のワークショップの別の場面で、以下のように述べている。

浜田：自分たちがずっと忘れずに、この先何十年経っても忘れずに、ちゃんと支援していかなければいけないなと思いました。これからもずっと忘れずに、広島に帰っても、家族にも、友達にも、自分ができること（伝えること）をしっかりやっていきたいと思いました。

（2）伝えることの難しさ

二人はこの発表時について振り返り、それぞれ自らの未熟さについて恥じながら、伝えるということの難しさについてインタビューのなかで語っている。

浜田：（発表用の資料を）もっとうまくつくればよかったなって思います。もし今だったら、海や畳のこと、一番インパクトが残ったことをもっと素直に言えばわかりやすかったんじゃないかと、聞く側に立てば思いました。

今現状というのは、だいたい写真とかはメディアで報じられたと思うんですけど、報じられていないことを自分たちは聞いたので、それをしっかり伝えなきゃいけないと思いました。

森：実際に現場に行くとか、話を人に聞いてみるとか、メディアを通じて入ってくる情報って本当に限られてるし、意図はなくても恣意的なメッセージを感じ取っちゃう場合もあるし、現場に行ってみないとだめだなって思いました。ほんとに。

浜田と森の言葉からもわかるように、自分たちが見聞きした〈被災地〉には、メディアが伝えきれていないことがたくさんあり、それがリアリティの欠如につながるという意識から、そのディティールと多様性を伝えなければならなかったのにそれができなかった、という反省が両者の言葉から窺える。

森は、三日目のワークショップにおける発表のなかでも、先に引用したように、「もう自分の目で見て、聞いて、感じるしかないというふうに思いました」と述べ、さらに「それぞれ感じるものが違うから、僕個人がこう感じましたって発表するのはもちろん大切なんですけど、各々が感じるということがすごく大切だと僕は思いました」とも述べており、現地に行って実際に体感することの必要性を強調している。その後、森は、地元のケーブルテレビで自らの体験を伝える際にも、番組内で、「現地に行く必要がある」ということを強く主張したとのことであった。

しかし、このような主張について、森は指導教員である小川から、「誰もが実際に現場に行けるわけではないのだから、あなたたちはメディアが何を伝えて、伝えられていないのか、そして自分がその経験をメディアを使ってどのように表現するのかを考えてほしい」と指摘を受けている。空気感、距離感、多様性、ディティールなど、さまざまな点で、現場のリアリティを限られたメディアのなかに投影させることは困難である。自らが体験したそのリアリティをメディアという手段を通じて、他者に伝えるということの難しさを学生たちがあらためて感じた一幕であった。

伝えることの困難については、二人のインタビューにおいて繰り返し語られている。

森：自分のなかでは思い出せますけど、人に伝えるってなると絶対伝えきれないと思います。

よくネットなんかでも真実を伝えろみたいなこと言われますけど、やっぱり実際に住んでいた人の話とか聞いちゃうと、どこまで伝えていいのか、本当に線引きがすごい難しいなって、今でも思いますね。

地元に戻り、ラジオや展示など、いくつかの媒体で自らの体験と被災地の現状を実際に伝えてきた浜田も「もっと伝えられたんじゃないか」と振り返る。

このように伝えることの難しさについて語ると同時に、メディアとしての自分の役割をはっきりと認識している。

浜田：実際帰ってきて「これをやったんだ」ということもありましたけど、まだまだ伝えきれていない。伝えたいことはおそらくラジオで話したんですけど、まだまだ伝えられると思うんですよ。可能性というか、そのなかでもっと自分がやっていかなきゃいけない、と今回この場で思いました。当時広島に帰ってからは、そういう活動は大学の広報に載せてもらったりラジオで話すことができたりしてよかったなと思うんですけど、広島全ての人にこれからもっと伝えるには、自分たちがもっとやっていかないといけないと思うので。

どこまで伝えるべきか、伝えられるのか、という難しさについては、森や浜田だけでなく、参加した学生たち全員が感じていたということがワークショップ直後の感想コメントに表れている。大量に見聞きした情報、そして量の問題だけではなく、語ってくれた人の思いの強さ、そして深さを、メディアという限られた枠組みのなかで伝えることについての困難は、おそらくプロのメディア関係者を含む、「伝える」という場面に遭遇した人が皆同様に感じてきたことではなかっただろうか。

浜田の言葉は、プロでなくても、自分自身が「メディア」となって果たすべき役割があると同時にその可能性についても示唆しており、学生たちの学びと気づきを明確に示している。

語る主体として

自ら伝えるという経験は、学生たちに多くの学びと気づきを与えた。

このことが、ワークショップにおける数々の発言や、直後の振り返りを通じて明らかになったが、先述したように、その後の森と浜田の二人のインタビューからも明らかであると言える。

また、記録映像、そしてワークショップでのコメントとその後のインタビューの比較を通じて、浜田も森も他の学生たちも、その発言の仕方に大きな変化が生じていることがわかった。特に、当時大学一年生だった浜田の場合は、ワークショップ一日目では、知らない土地から来た先輩たちに囲まれ、自信のない話し方をしており、筆者自身も「大丈夫かな」と心許ない印象を抱いたことを記憶している。だが、その後、特に二日目の石巻ツアーを経て、三日目の発表では、先述したように内容自体はまだ十分とは言えず迷いを感じたものの、その言葉はしっかりとしており、自信に満ち堂々とした発表であった。

このことは、実際に現場に身を置いてそのリアリティを確認し、当事者と直接対話をしたことによって得られた自信、あるいは「語ることへの許可」のようなものであったのではないだろうか。彼らは、メディアによる二次情報ではなく、一次情報に接することにより、自らを「語ることのできる」メディア、いや、「語るべき」主体として認識し、それによって語りが開かれていったのではないだろうか。

また、インタビュー自体が、彼らの伝える主体（メディア）としてのアイデンティティを再度認識させ、彼らの思いをさらに強くしたように思われる。

森は、インタビューをきっかけに「あのときまとまってなかった考えが、今になってまとまってきた気がします」と述べており、当時の学びや気づきを現在の立場（テレビ報道のアシスタント・ディレクター）で再認識したことを最後に語った。また、浜田もインタビュー当日の筆者宛てのメールで以下のように語っている。

> 被災地に行った時のことを思い出し、坂田先生にも現状のお話をお伺いした時に、まだまだ支援が必要だと改めて感じました。その支援を続けていくためには、実際に現地へ行った僕達がずっと呼びかけていくことが必要です。そのために、三年前に東北へ行って、見たこと聞いたこと、考えたことを、一人でも多くの人に伝え続けていきます。

彼らの言葉を通じて、ワークショップのみならず、このインタビュー自体がさらなる学びや気づき、あるいは、ワークショップ当時の思いや記憶をあらためて再認識する機会になったことがわかる。一回限りのワークショップでの気づきや学びがいかに大きくて深くても、それを持続させることはやはり難しい。森と浜田の場合は、彼ら自身の問題意識の強さ、そして、それを導く教員らの熱意によって、高い意識を持ち続けていたこと、そして、ワークショップ後にさらにその意識を高めていったことが窺えるが、そのときの強い思いや記憶を留めておくためには、やはり反復と振り返りの機会が必要なのだろう。

以上のように、「他者」であった学生たちは、ワークショップへの参加を通じて、被災地のリアリティに出会い、被災者の口から真実を聞いた。それらは、彼らの思い込みやイメージを覆すものであった。そして、このような体験は、彼らに対して「語ることへの許可」を与え、語りを許された学生たちは、自らの思いを熱意を込めて語った。彼らは、被災地を遠くから眺める、悩める「他者」から自ら語り、伝える主体へとポジショナリティを変化させていったのだった。

第3節　考察1——つながるリアリティとイメージ

さて、本節では、ここまで見てきたような参加者の立ち位置の変化を踏まえ、さらに、その変化を導いた出来事をメタ視点で振り返りながら、その出来事や体験に対する意味づけをしていきたい。ここからの記述は、ワークショップに〈当事者〉として関わった筆者自身の視点によるオートエスノグラフィーとして、参加した学生や教員たちに直接影響を与えた筆者自身の立ち位置を随時明らかにしながら論じていくことになる。

ここまで見てきたとおり、このワークショップを通じて、学生たちだけでなく、教員を含む参加者全員が、リアリティを追求し、リアリティに出合った。しかしながら、それは真に「リアル」なものだったのだろうか。

実際には、ワークショップにおいて、参加者は、リアリティとイメージ（あるいは事実だという思い込み）の間を行ったり来たりすることになった。ジャン・ボードリヤールは、記号やイメージこそがリアリティを創り出すと述べたが、このワークショップにおいては、この言葉はとりわけ真実味がある。実際、リアルがイメージではないと否定することはできない。何もない被災地の過去と未来を想像するにつけ、そのイメージにこそリアルがある。私たちは常に、リアリティとイメージ、〈あちら〉と〈こちら〉、そして〈私〉と〈あなた〉の間の大きな空白のなかで（あるいは大きな壁の前で）立ちすくみ、あるいは右往左往させられるはめになった。

〈あちら〉と〈こちら〉

当事者性、すなわち被災者か被災者でないかというのは、文脈や関係性によって規定されるものだということは序章で述べた。BM311の初回のワークショップの際、〈こちら〉側にいたのは、筆者と東北大学の学生、せんだいメディアテークのスタッフ、NPOオンザロードのスタッフたちであった。(7) 飛行機あるいは車で仙台に集合した教員と学生は、明確に〈あちら〉側に位置づけられてしまった。この線引きはある意味で暴力的ではあるが、それは学生たちが制作した映像作品を見ても抗うことのできない関係性であったとも言える。そして、〈あちら〉も一枚岩ではなく、被災地からの距離や歴史・文化によって、〈こちら〉との関係性は異なった。これもまた、映像だけではなく、異なる地域から集まった学生たちの行動や対話からも明らかになっている。

先述したように、愛知の学生たちが制作した映像は、被災地でボランティアを行なった人へのインタビューが中心で、実際の被災地や被災者を記録したものではなかった。一方、新潟の学生たちが制作した映像には、被災地と被災者が実際に登場している。それらに対する〈こちら〉の対応も多様であった。メディアテークのスタッフの一人は、「映像はよくできているが、内容的に共感できるものはあまりない」とこっそりと打ち明けた。決して馬鹿にしているわけではない。遠く離れた地で被災地外の学生たちが制作した映像に映し出される以上のリアルな光景を間近で数多く見てきている者にとっては、当然の反応だと言えるだろう。一方で、東北大学の参加者の一人は、遠くの地で、被災地への支援を目的とするさまざまな活動があることにむしろ感心し感謝していた。愛知と新潟それぞれの映像についても反応は分かれた。愛知の映像にはやはり距離が感じられるという意見もあった。一方で、実際に現地に足を運び、被災者に寄り添った新潟の映像に対しては、被災地からの参加者はみな自分の経験と重ねて感謝のような感情を抱いた。東北との距離が近く、中越地震をはじめ、多くの地震を経験している新潟の人たちとの共感《シンパシー》はやはり特別に感じるものがある。映像あるいは作り手の問題ではない。それは関係性の問題なのだ。関係性のグラデーションは、作品の良し悪しとは別に、自然と生じてしまうものなのかもしれない。

これに対して、〈こちら〉の映像は技術的にはひどいもので、ストーリーもまだなく、完全な「素材」だった。しかしながら、おそらく〈あちら〉にいてはわからない、被災地の感情、思い、現実を伝えるという強い意思を持って制作を進めていた気持ちが伝わったのか、前節のインタビューのなかで紹介した学生たちの反応とともに、教員側の参加者の一人も「こういうドキュメンタリーはやはり地元にいなければ作れないだろう」と感想を述べた。

〈あちら〉と〈こちら〉の関係性は二日目の石巻ツアーでも見られた。

事実関係については、学生たちのインタビューを基に説明したとおりだが、もう一度〈私〉の視点から、そのときの状況を細かく振り返ってみたい。この日は車三台に分乗して石巻に出かけた。一台目が新潟、広島、二台目が愛知、そして三台目が東北大学の順番で出かけた。石巻のインターを降りてほどなく、一台目の車が止まり、二台目の車からも学生たちが次々と出てきた。「気になるものがあったらいつでも車を停めてもらうように」と学生たちには事前に言っていたので何かを見つけたのだろう。三台目の東北大の学生たちは、「え、何かある?」と外を見渡すだけで降りようとはしなかった。結局降りて周囲を探してみたところ、ガードレールが歪んで倒れていた。「え、これ?」と東北大学の学生たちはいぶかしんだ。それは仙台でさえ日常的な光景だった。仙台にもまだあちこちで通行止めや立ち入り禁止の建物があった。ところが、この光景は、新潟、愛知、広島の学生にとっては、明らかに非日常的であった。そして、近くには川が流れていたので、そのガードレールの破損が津波によるものだと考えたのだ。津波は川を逆流したと報道されていたが、「津波が川を逆流した」映像を見ていない東北大学の学生たちには、その関連づけもできず、それはただの歪んだガードレールにすぎなかった。つまり、私自身の目から見ても、東北大学の学生たちから見ても、ガードレールが歪んでいることが非日常的なことだと気づかなかったのである。彼らにとってのリアルな「日常」は、イメージから発見されたリアルな「非日常」を捉えることを阻んだと言える。

写真41　問題になった2階建て住居

一方でこのようなこともあった。石巻の被災地に入ると、まだ片付けられていない家屋や瓦礫がそのままになっている場所があった。学生たちはしばらく周囲を歩き回り、それぞれ気になるものを撮影していた。そのうち、東北大学ではないどこかの学生たちが、二階部分が剝き出しになっている廃屋の二階に上がり、家具などの撮影を始めた。東北大学の学生の一人が驚いて「あれ、いいんでしょうか?」と私に言ってきた。「他人の家に勝手に上がりこんでいいのか」という意味だった。私はそのときは何も言わなかった。それが良いことなのか悪いことなのか判断がつかなかったからである。少なくとも二階に上がった学生たちにとっては、それは、すでに「誰かの家」では

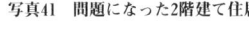

なく、津波で流されて破壊された「廃屋」にすぎなかった。廃屋であれば、私も二階に上がったかもしれない。ここでは、これを善悪の問題として扱うつもりはない。繊細な人ほどこの学生のような反応を示すだろうし、繊細さよりも好奇心が勝れば二階に上がるだろう。ただ、やはり〈あちら〉の人よりは、〈こちら〉の人の方が、そのかつての「誰かの家」の日常を頭に思い浮かべやすかったのかもしれない。この話は、次々項で、もう一度取り上げる。この出来事は、この後、ツアーの途中であらためて話題に上る。その会話のなかで、コミュニケーション不全や対話不足の解消に関係する話が展開される。〈あちら〉と〈こちら〉の差異そのものではなく、いや、むしろその差異をきっかけとした対話のブレイクスルーの可能性について後述することとしたい。

以上で見てきたように、〈あちら〉と〈こちら〉というような線引きをいくら否定したとしても、今回のような出来事の場合、必ずどこかの時点で線が引かれる蓋然性は必ずついて回る（それは時にきわめて恣意的である）。そして私は、遠くから来た若い学生たちを見ながら（そして自身の学生たちを見ながら）、やはり〈あちら〉と〈こちら〉の線引きは仕方のないことなのかもしれないと思い始めていた。

イメージを越境する

「テレビで見るのと全然違う」とある学生が言った。しかし、私はそうは思わなかった。テレビでも似たような映像を何度も見かけた気がする。私自身はそれ以前から石巻に何回か通っていた。ただ、初めて石巻を訪れたときも「テレビと違う」とは思わなかった。私は被災当時、数日間テレビを見ることができなかった。その際に報道されていたであろう津波の様子はその後しばらくほとんど目にしていない。

彼らは、被災地のイメージを津波のイメージと併せて持っている。おそらく、このような状況になる経緯をテレビを通して隈無く見ていたに違いない。他人の持っているイメージを検証することは不可能であるが、彼らの被災地に対するイメージは、少なくとも、私のような津波後の被災地の姿だけではなく、津波そのものを含んだイメージなのであろう。いずれにしても、ほとんどの学生が初めて被災地を訪れており、その光景が予想をはるかに超えていたと口にしていた。

また、学生たちを引率していた教員の一人である北村順生は、学生たちはテレビなどで見る「俯瞰」ではない、個別の、一つひとつの「ディティールの生々しさ」を目にすることによって、イメージとは異なる被災者一人ひとりの生活につながる想像力を働かせたのではないかと述べた。それによって、イメージの被災地からリアルな被災地へと彼らの見方が変わったのだろう。このことは、まさに学生たちに対するインタビューからも明らかになっている。

いずれにせよ、学生たちは、このとき、メディアによって「つくられた」あるいは「断片的な」イメージを越境したのだ。目の前に広がる被災地は、彼らにとって「リアル」そのものであった。

学生たちは、その後もボランティアセンターや仮設住宅を訪れて取材を行なった。インタビューからも明らかになったように、実際に被災地の生の声を聞くことで、全く想像もできなかった現実があることがわかったという学生が多かった。ボランティアの人たちが、何度も支援に対する感謝の言葉を述べるのに対して、現地の人たちがどのような気持ちでいたのか初めて知って驚いたと述べた学生もいた。

インタビュー以外に、プロジェクトに関するアンケートのなかにも「今まで、テレビやニュースで見る世界とは一八〇度違う世界だと思いました」とか「メディアには「フィルター」がかかっていることをあらためて知りました」というコメントがあった。大仰なコメントだとも感じられるが、イメージの越境により、学生たちにはそれほどの衝撃がもたらされたということなのではないだろうか。

関係性のブレイクスルー——対話へ

さて、イメージの越境は被災地に足を運ぶことで自然と訪れた。それは決して主体的とは言えず、あくまでプロジェクトがもたらしたことであった。

序章で指摘したようなこの震災によってもたらされたコミュニケーション不全や対話不足、そして、そのことと深く関係しているサバルタニティを解消するためには、さらにもう一つ越境しなければならないものがある。それが〈関係性〉である。

ここで、一つのエピソードを紹介したい。このエピソードは、〈内〉と〈外〉、当事者と非当事者の関係性がどのように生じて、またどのように解消する余地があるのか、ということを考えさせる出来事であった。

先述したように、石巻の被災住宅での出来事（被災家屋の二階部分に上がることについて）には続きがあった。石巻NPOオンザロードのスタッフ二人とランチで合流した際に、そのときの話になった。たまたま、そのうち一人が二階に上がった東北大学の学生の隣に座ったので、その学生の取った行動について、どう思うかと聞いてみた。すると彼は「私にはとてもできません。僕にとってそれは誰かの家にしか思えませんから」という答えだった。予想しなかったとは言わないが、必然的に〈こちら〉と〈あちら〉の壁ができてしまった。そして、私の前に座った学生に「二階に上がった？」とたずねてみた。咎める気持ちは全くなく、ただ単に東北大学の学生と二階に上がった学生は何が違うのだろうか、と思ったからだった。ところが、その学生（のちにインタビューを行なった森だったのだが）は素直に「はい」と答えた。森は二階に上がった学生の一人だった。「誰かが上がっていたから僕も上がってみたんです」と言った。すると引率してきていた教員の一人が私に対して、「学生を糾弾するような言い方はやめてほしい。それこそが当事者と非当事者の間を線引きする」と非難した。私には咎めるつもりは全くなかったので驚いたが、配慮のない質問をしたことを認め、そんなつもりではなかったと謝罪した。私は何が彼を〈越境〉させたのかを知りたかったのだ。

前日のワークショップのなかで、メディアテークのスタッフも、石巻ツアーに出かけたら、遠慮なく、撮影して話を聞いて取材をしてほしいと学生たちを激励していた。被災地ではカメラを回すことや話しかけることをためらい、結局重要な情報が得られないことも多い。被災地に足を運んで風景を見ただけで被災地を知ったと思い込み、自己満足に浸って帰る人も多い。学生たちにはそうはならないでほしいと私は思っていた。二階に上がることはデリカシーに欠けることかもしれない。正しいことではないのかもしれない。しかし、上がって実際に見てみることで、当時のまま残されたその家の生活の面影や息遣いを他者に伝えられるかもしれない。実際、学生たちの写真には、三月のままめくられていない汚れたカレンダーや、子どもが大事にしていたかもしれないぬいぐるみなどが映し出されていた。それを伝えれば、多くの人が被災地の復興に手を差し延べようという気になってくれるかもしれない。そう考えると、はたして「廃屋」の二階に上がることは、非難されるべきことだろうか。ここでその是非を議論するつもりはないが、「それ」こそが関係性のブレイクスルーになるのではないか、とそのとき思ったのだった。

その出来事の後、森は、実際に仮設住宅で声をかけた住民に家に上げてもらい、茶と菓子を振る舞われたという。家のなかにまで招いてもらったのは偶然だったかもしれない。しかし、彼はそこで、〈被災者〉と呼ばれている人たちが「普通」の人たちであることを再認識したはずである。そこでは、〈被災者〉とか〈当事者〉とかといった関係性は消え、単に遠くから来た大学生と田舎のおばあちゃんという関係でしかなかったのではないだろうか。彼の話しぶりからはそのように感じられた。彼はインタビューのなかで、「だから、先生は怒ったかもしれないですけど、ある種あれは僕のなかでは気づきのきっかけかもしれない。今思うとですけど」と述べていた。

第4節　考察2——対話のための回路

〈あなた〉と〈わたし〉——再びイメージの越境

先にも述べたように、もう一つ主体的に越境しなければならないものが〈関係性〉である。この点についていえば、「廃屋」の二階に上がり、仮設住宅で住人（被災者）たちに茶まで振る舞われた森は、明らかにこの〈関係性〉による境界を越境したと言える。そして、彼だけではなく、ツアーに参加した学生たちは、オモテツアーによってメディアによるイメージを、ウラツアーによって被災地の人たちとの（思い込みの）〈関係性〉の境界を越境することに成功したといえるのではないだろうか。それは、三日目のワークショップでの彼らの発表のなかにもはっきりと表れていた。

一日目の映像のなかで、自分たちと被災地の間にいる人たち（ボランティアなど）の言葉を借りて被災地を語っていた彼らは、三日目には、自分の見てきたもののなかから、最も重要だと思うものを自分たちの基準と感性で選び、〈こちら〉の人間の前で堂々と自分の言葉で語るようになった。それは、自信に満ちていた。それまでのなんとなく〈こちら〉に対して踏み込めない遠慮するような態度は消え、躊躇や壁はもはや感じられなくなっていた。

震災後、イメージや思い込みによるコミュニケーション不全または対話の不在があることを序章で指摘した。〈被災者〉〈当事者〉、そして〈あなた〉のイメージを越境できない〈わたし〉は、対話の扉をたたくことを躊躇する。一方で、手の届かないところで、メディアの内外に広がる言説は、〈わたし〉の思い込みとイメージをさらに越境不可能な壁として強化し、小さな語りや思いはかき消されてしまう。これは、被災地の内部でも外部でも同様で、このような構図が、内と外を隔てる壁をつくり、不幸なサバルタニティを創出してきたと言える。

相手の立場や感情を一〇〇%理解してコミュニケーションを取ることなど不可能である。日常的に私たちはそれを知っているにもかかわらず、このような非日常的な環境のなかでは、ことさらに〈わたし〉は〈あなた〉のイメージを膨らませ、対話を躊躇することがある。このイメージを越境することが、対話への第一歩である。あるいは、対話することによってイメージを越境することが可能になると言えるかもしれない。〈あなた〉のイメージを越境できないのであれば、まず〈わたし〉を語ればよいだろう。あなたが〈被災者〉でも〈当事者〉でもなくても、彼らとの何らかの関係性を持っている、あるいは持つことができるはずである。自らのポジショナリティ（スピヴァクは「特権」と呼んだ）をいったん「忘れ去る（unlearn）」ことで、新たな関係性を築くことができるのではないだろうか。

自分のポジショナリティにこだわり、また相手のつくられたイメージを抱いたまま行なう対話は表面的なものとなり、不毛であるどころか、さらなる誤解や偏見を生み出す可能性がある。環境や文脈は重要だが、サバルタンの声を聞き取る際には、自らのポジショナリティを忘れ去ってみる必要があることを示唆するスピヴァクの指摘はさらに重要な意味を持つ。適切な環境において、サバルタンは語る。（メディアの問題を含め）問題はその後、彼／彼女らの声が伝えられる経緯なのではないだろうか。

転移する語り、越境するメディア

被災地での語りは、学生たちを通じて、地元にもたらされる。これは、言うまでもなく、スピヴァクらが指摘するところの、〈re-presentation〉（「代弁」あるいは「代表」「表象」）である。私たちはこの問題についてはまず十分に心に留めておくべきである。そのうえで、代弁・代表・表象すること自体が問題だという「思い込み」は一度捨て去りたい。直接的なコミュニケーションが不可能な場合、語り（メッセージ）は必ず媒介される。そこには、表象もあれば、代弁もあり、矮小化もあれば、誇張もある。媒介作用とはそういうものである。人間であれ、テクノロジーであれ、メディアという媒体なくして、声を広い世の中に届けることは困難である。

被災地の語りは被災地の文脈で生まれる。一方で、語られた言葉は被災地の外ではそのリアリティを失うかもしれない。それらは受け手のイメージのなかで読み解かれて変換されることを免れない。同じ文脈で解釈されるはずがないので、それは、誤解を伴うリスクを免れることはできない。しかしながら、それがコミュニケーションの本質である。

語りの解釈は受け手の背景や文脈、時間とともに変化する。また、語りの本質でさえも、それが生み出された環境が変化すれば、自ずとその意味に変化が生じる。スチュアート・ホールの「エンコーディング／デコーディング」モデルに立ち戻るなら、語りの解釈は受け手に開かれており、語りそのものも特定の環境のなかでつくられた恣意的なものにすぎない。

語りは転移するし、しなければならないのである。決してメッセージの本質が変化するという意味ではない。受け手が重要だと考える点や共感の仕方が異なってくるということである。被災地の文脈を引きずったまま、同じ温度でそのリアリティを訴えても伝わるはずがない。ならば、被災地の温度を、伝える相手の温度に合わせていくような伝え方をメディアは考える必要があるのではないだろうか。そのうえで、メディアによる誤解や歪曲の存在の可能性をも認め、それが生じるプロセス自体を問題にし、それを訴えかけていくようなメディアの〈第三の〉あり方について考えるべきではないだろうか。

ＢＭ３１１は、このような考えに基づいて、各地域の学生たちに実際に被災地を見てもらい、各地域の状況や文脈に合わせた伝え方を考えるという試みであった。これまでの五回の実践のなかでは、若い人たちが自分たちの問題意識や感性を頼りに、自らの地域の文脈に置き換えながら被災地の実情を伝えることで、被災地というテクストと地域の受け手の間を架橋するためにメディアに何が必要とされているのか、参加者はみな程度の差はあれ気づいたはずである。

ただし、彼らは実際に見聞きしたことには自信を持ってはいるものの、それを伝える段階でためらいや罪悪感を捨てきれない。自分が伝えることによって、新たなステレオタイプを作ってしまわないか。被災者の本当の気持ちを自分は伝えることができるのだろうか。そのような迷いは完全になくなることはないだろう。

ただし、自らがメディアとなって伝えることの意義については、先述のインタビューだけでなく、ほかの学生たちによるワークショップ後のアンケートへのコメントにも表れている。第三回のプロジェクトに参加した新潟大学の学生は以下のようなコメントをしている。「自分から知りにいくことが重要であることを学んだ我々が、少しずつでも震災への意識を高めるきっかけとして、さらに自分から知りにいき、個人的にでも伝播していくことが、草の根運動の一つとして機能する可能性があるだろうし、そういった活動を行なっていくべきなのだろう」。

小結

以上、ＢＭ３１１というプロジェクトにおいて、メディア、そしてそれをつくり伝える人間を媒体として、中央と周縁、〈内〉と〈外〉、当事者と非当事者といった二つの相容れないポジショナリティの間を架橋することの可能性について、実践事例に基づくインタビューやコメントの分析、参与観察を基に論じてきた。プロジェクトに参加した学生たちは、メディアという架け橋を往来して〈あちら〉と〈こちら〉を自由に行き来する「パス」を手にするために、イメージを越境すると同時に〈他者〉との関係性というきわめて大きな壁をブレイクスルーしなければならなかった。そして繰り返すが、ＢＭ３１１では、人間自体がいくつかの文脈を行き来するメディアとなって語りを伝えた。この人間というメディアは、〈あわい〉を自由に行き来することができる生きたメディアである。学生たちが地元に戻って伝えた彼らの語りは、共感を持って迎えられたということである。少なくとも森と浜田のインタビューから、そのことは明らかになっている。次は、彼らの言葉を聞いた人たちが境界線をブレイクスルーするために被災地に足を運ぶようになれば継続的な架け橋となるのだが、実際には、被災地内外の学生たちの関心は薄れ、二〇一六年度以降、プロジェクトは休止している。

さて、私自身、研究者仲間とともにこのプロジェクトを企画し、デザインし、観察し、分析し、ここまで記述してきた。そのなかで、〈被災者〉としての視点と、プロジェクトに関与する〈私〉という二つの異なる〈当事者性〉が、時に重なり、反駁し、矛盾して、私自身の立ち位置と語りが不安定になり、記述が揺らいでしまったかもしれないことは断っておかなければならない。

一方で〈私〉自身の立ち位置の複雑さと多層性により、また多くの参加者が交錯し、互いに関与し、影響し合うことによって、〈あわい〉の可能性が垣間見えてきたのではないだろうか。参加した学生たちは、〈こちら〉と〈あちら〉の中間地、すなわちどちらでもあり、どちらでもない場所で、その発話の可能性に気づいたのではないだろうか。そのような意味で、〈私〉の立ち位置が複雑に行き来すればするほど、多様な関係性における〈あわい〉が姿を現したのではないか。さまざまな立ち位置の中間地点にいた／いる〈私〉のような視点に立つことで、今、〈あわい〉について具体的に考察できるほどに実体的な「手触り」を得ることができたのではないだろうか。

次章では、このような実践のなかに現れた〈あわい〉を再度理論的に考察することを試みたい。

注

（1）「ローカルの不思議」プロジェクトについては、小川明子「ローカルの不思議」（水越伸／東京大学情報学環メルプロジェクト編『メディアリテラシー・ワークショップ――情報社会を学ぶ・遊ぶ・表現する』東京大学出版会、二〇〇九年）、崔銀姫／北村順生／坂田邦子／小川明子／茂木一司「地域理解のためのメディア・リテラシー実践――異文化交流とオルタナティブなコミュニケーション回路構築」（『教育メディア研究』第一一巻第二号、日本教育メディア学会、二〇〇五年）、坂田邦子／小川明子／崔銀姫／土屋祐子／川上隆史「地域イメージにおけるステレオタイプの考察——地域間交流学習「ローカルの不思議」の実践事例から」（『社会情報学研究』第一五巻第一号、日本社会情報学会事務局、二〇一一年）などを参照のこと。

（2）プロジェクトは、各地域における映像などのメディア制作と東北の被災地域において行なわれる交流ワークショップから構成されている。

（3）東北大学の学生による記録ボランティアグループ「3がつ11にちをわすれないためにセンター」（わすれン！）に登録して、被災地の記録をドキュメンタリーとして制作した。

（4）広島経済大学の参加者は、授業としての参加ではないため、地域での映像制作は行なっていない。

（5）ここでは、特に精力的に被災地の様子を伝えた広島経済大学の例を挙げておきたい。愛知や新潟でも同様にケーブルテレビなどのメディアを通じて学生たちの声が伝えられている。

ラジオ報告（FMハムスターは広島市安佐南区のコミュニティ放送局）

瀧口大樹「WAVE OF RIDER♪♪番外編——東北で僕達が学んだ事」『オープン・サウンド・コミュニティ』FMハムスター、二〇一一年五月二八日・三一日放送（http://os-community.seesaa.net/article/272153636.html）［二〇一一年三月四日閲覧］

橋國健太「東北の今 石巻の仮設住宅での取材報告」『オープン・サウンド・コミュニティ』FMハムスター、二〇一一年五月一四日・一八日放送（http://os-community.seesaa.net/article/270007809.html）［二〇一一年三月四日閲覧］

大畠風夏／瀬戸美奈恵／中川丈幸／久道幸平「ＢＭ３１１報告 石巻で見たこと、聞いたこと」『オープン・サウンド・コミュニティ』ＦＭハムスター、二〇一三年三月二九日放送〈広報誌掲載〉

「Bridge! Media 311――東日本大震災の思いをつなぐインターローカルなメディア実践」『広島経済大学 広報』第一一六号、広島経済大学、二〇一二年四月一日

写真パネル展示

「Bridge! Media 311 石巻の今」広島経済大学図書館オープンスペース、二〇一二年四月

「Bridge! Media 311 石巻の今」広島経済大学六号館コモンスペース、二〇一二年四月

オープンキャンパスでの報告

「メディアで再発見！――地域・人・社会を知ろう」広島経済大学オープンキャンパスメディアビジネス学科模擬講義、二〇一二年七月二九日

（6）この発言はインタビューではなく、ワークショップの発表の際のコメントである。

（7）被災地に入ればその関係性はまた微妙に揺らぐ。

第7章　〈あわい〉を創るメディア

マイノリティの主体を〈見えすぎるものと十分には見えないものとのあわいに〉刻印すれば、（中略）文化的差異にそして論理的証明を越えたものとしての文化間のつながりに、われわれは立ち戻るのである。(1)

ホミ・バーバ

ここまで、東日本大震災という事象を通じて見え隠れするサバルタンの声を歴史に留めることを目的とし、サバルタン・スタディーズのこれまでの知見を基に、現代社会におけるサバルタンを「言説的弱者」と捉え直し、彼らが語ることの可能性と不可能性について論じてきた。そしてサバルタン・スタディーズのアポリアを乗り越えるためのメディアについての議論を展開させるために、東日本大震災を契機として実践された『語りと記憶のプロジェクト』『Bridge! Media 311』を紹介し、そこから導かれたサバルタンの発話におけるメディアの役割と可能性について各章で論じてきた。

各プロジェクトにおいて、さまざまな文化や文脈のもと、多様な見方や解釈を拒むことなく、メディアの〈あわい〉を自由に行き来する思考と対話を試みた。それらの（プロジェクトの内部で生じた）対話は一見したところすれ違ったり破綻したりはしていない。むしろいずれのプロジェクトの対話においても、個人と個人、あるいは地域と地域の思いをつなぎ、共感を生み出すことで、語りの姿は明確なものになっていった。これらの二つのプロジェクトは、テクストあるいは送り手と受け手の対話の可能性とともに、（サバルタンの）語りのためのメディアや〈第三〉のメディアの潜在的な可能性を示したと考えられる。

最後に本章では、これらのプロジェクトに共通して見られた語りを媒介するものとしての媒体＝メディアと〈あわい〉の関係、そして、それらが可能にするかもしれない「誰もが語れる場所」の可能性と実践について総括していきたい。

〈あわい〉そのものがメディアとなり、またメディアとして創り出される〈あわい〉こそが、サバルタンの発話そして対話の可能性を生み出すものであるという仮説に基づき、ここでは、この〈あわい〉としての媒体＝メディアを以下の五つの異なるアプローチから多角的に捉え直すことで、メディアの持つ対話の可能性についてまとめてみたい。この五つのアプローチは、いずれも、第5、6章の実践事例の知見およびそれに先立つ理論的考察に基づいて導かれたものであり、〈あいだ〉が現れる四つの関係性、すなわち、「（位置としての）中間」「人間」「空間」「時間」という四つの「間」をその関係性のなかで捉え直そうという試みと、それらを包括的に捉えたうえで〈あわい〉という概念を実践として実行することの可能性について考察するためのアプローチとなる。

（1）「中間」──媒体としてのメディア

文字通り〈中間者〉としてのメディアと語りの可能性について論じる。

（2）「人間」―他者としてのメディア

語りを引き出して伝えるための第三項あるいは他者としてのメディアの役割について論じる。

（3）「空間」―〈あわい〉としてのメディア

空／間（「すきま」と「あいだ」）を契機として、多様な発話を可能にする〈第三空間《サードスペース》〉すなわち〈あわい〉としてのメディアについて論じる。

（4）「時間」―記憶のためのメディア

時間を越えて、時の「間」に記憶を留めるメディアの役割について論じる。

（5）「実践としてのメディア」

実践に必要な〈あわい〉と〈第三空間《サードスペース》〉をサバルタン化した語りを引き出す「誰もが語れる場所」として、実践的にデザインしていくことを通じて、多層的な言説構造を創出する可能性について論じる。

本章は、以上の五つのアプローチを通じて、本研究の理論的総括を行なうものである。すなわち、グラムシに始まりスピヴァクへと展開したサバルタン理論を中心として、カルチュラル・スタディーズ、メディア論、そしてメディアを通じた発話の場／空間を理論的に構築するエドワード・ソジャやアンリ・ルフェーヴルらの空間理論を総括しつつ、時間の経過に関する考察と学問的アクティビズムの実現に向けた実践に関する考察を行なうことで、〈あわい〉を理念としても実体としても立体的に浮かび上がらせることを目的とする。そしてグラムシのいう、サバルタンの「痕跡」としての「断片的」で「エピソード的」な諸要素を復権させ、歴史にサバルタンの主体性を取り戻す試みが〈あわい〉において可能であることを検証していきたい。

第1節 「中間」——媒体としてのメディア

媒介するメディア

「媒体としてのメディア」。この表現はすでにおかしい。メディアというのは「媒体」そのものを意味し、媒体とはメディアの日本語訳である。説明するまでもないが、メディア〈media〉はミディアム〈medium〉の複数形であり、ミディアムには「中くらい」の意味もあり、まさに媒体となり媒介する〈中間者（in-between）〉を意味する。そのうえで、「媒体として」とあえて言うのは、ここで、「メディアは媒介している」という事実、つまりその「媒介作用」について強調しておきたいからである。

メディアは媒介する。その自明の事実を指摘し、メディアの透明性に最初に疑義を呈したのは、マーシャル・マクルーハンであった。そして、サバルタン・スタディーズは、その重要な事実をほとんど顧みなかった。サバルタン・スタディーズでは、〈表象／代弁〉の問題を重要視しながらも、メディア（媒体）の問題を扱うことをおろそかにしてきたと言わざるを得ない。このことはすでに指摘したとおりである。

次項からメディアの可能性について考察していく前に、メディアの不可能性について最初に論じておきたい。回りくどい言い方をすれば、「メディアには不可能だと考えられていること」についてである。

まずは、メディアがあらゆる意味で、政治的にも文化的にも特権的であると考えられているという事実を指摘しておく必要があるだろう。このことは、例えばマスメディアだけではなく、インターネットやオルタナティブ・メディアについても言えることである。

そして、このメディアの特権性は、エドワード・サイード、スピヴァク、その他が論じている知識人が持つといわれる特権性と類似している。サバルタン・スタディーズや文化人類学で知識人・研究者がサバルタンないしネイティブを〈表象・代弁〉するとき、その背景、知識、文化、先入観がそれを阻もうとする。サバルタンが自らの声で語るとき、それはもはやサバルタンではない。言説の網の目のなかに絡め取られて声を発せない人たちをサバルタンと呼ぶのである。

そしてそうであるのであれば、つまり、サバルタンを表象しようとするのが、知識人であれ、研究者であれ、その声を外に伝えようとする〈中間者〉であるのだとすれば、そして、それ自体が問題なのだとすれば、それは、やはりメディア（媒体）の問題なのである。知識人・研究者という〈中間者〉は媒介している。彼ら自身がメディア（媒体）であるという事実から逃れることはできないのである。

表象するメディア

そして、〈表象／代弁〉とは、媒介するメディアの特徴そのものである。メディアは選別し、そして編集する。その背景、知識、文化、先入観、各メディアが有する特徴、そして何よりも現実的な時間や経済的な制約により、彼らの声がステレオタイプ化される、あるいはそもそもその声が媒介される以前に、メディアの表象は、さまざまな限界を抱えている。表象〈re-presentation〉とはつまりそういうものだ。サイードが知識人批判をしようが、スピヴァクがサバルタンは語ることができないと言おうが、表象は、最初からそのような限界から逃れられない。

だから、サバルタンの声を伝えるためには、サバルタン自身が語るしか方法はないのだろうか。はたして第三者がそれを語ることは決して許されないのだろうか。

これまでサバルタン・スタディーズでは、〈表象／代弁〉の不可能性のみが取り上げられ、論じられてきた。しかしメディア論の常識からすれば、何かを伝えるということは、必ず何かの媒体にのることであり、そこに何らかの作用が伴うことは周知の事実である。だからこそ、媒介「作用」という言い方をし、「作用」の重要性が議論されてきたのである。ここでは、このメディア論の常識に則り、〈表象／代弁〉にはさまざまな限界があることを念頭に置きつつも、その可能性に注目してみたい。

まず、〈表象／代弁〉が一方向的なものであるという思い込みがある。もちろんマスメディアをはじめとする既存のメディアがサバルタンの声を〈表象／代弁〉するとき、それは確かに一方向的であることが多く、それゆえ、第3章で論じたように、表象される側の本当の声が届かないことも多いという問題もあとをきらない。しかしながら、テクストと表象の「あいだ」や「すきま」で、対話が行なわれる機会が担保されるのだとしたらどうだろうか。つまり、メディアや知識人が彼らの声を聞き取って編集する時点で、彼らが異議申し立てできるのだとしたら、そこには、むしろ〈表象／代弁〉の可能性が見えてくるのではないだろうか。〈表象／代弁〉をプ、ロ、セ、ス、と、し、て、捉、え、る、こ、と、。そうすれば、そこに対話を生じさせることも可能であろう。あるいは、対話自体を表象するという方法もあるだろう。サバルタンが一人で語れないのだとすれば、メディアや知識人は単なる〈表象者／代弁者（representer）〉ではなく、文字通り〈中間者（in-between）〉として、そこに介在することが可能なのではないだろうか。この〈中間者〉は必ずしも、本当の中間にいるわけではないのかもしれない。ただ、当事者性の獲得（第5章）や文化の越境（第7章のイメージの越境、ブレイクスルーなど）、あるいはメディアの「すきま」をサバルタンに明け渡すことの可能性までをも見込んだ〈表象／代弁〉の多層性について、今一度考察してみる必要があるのではないだろうか。

ただし、「あいだ」であれ「すきま」であれ、プロセスとしての対話は必ずしも自然に生じるとは限らない。とりわけサバルタンを対象として考えるのであればなおさらである。対話を促すために「別の」回路を設定することも必要なのかもしれない。それについては、次項以降で論じることとしたい。

さらに、メディアと知識人のいずれによる〈表象／代弁〉であれ、それ自体に対する受け手の誤解・誤訳・ずれなどの問題も当然ながら起こりうることである。その場合も、だからこそいっそう〈中間者〉としてのメディアや知識人がサバルタンの声を伝えることなどできるはずがないということになるのだろうか。いや、これについてもそうではないだろう。日常的な会話から政治的交渉事まで、ディスコミュニケーションの可能性は完全には排除できない。われわれは日頃それを受け入れて日常生活を送っているのではないだろうか。ならば、サバルタンとの対話（もちろん、成立すると仮定した場合のことだが）においてのみ、このディスコミュニケーションを認めないという必然性はない。逆に、誤解や誤訳、解釈のずれなどが、新たな対話の地平を生み出すこともある。それによって、さまざまな議論が生まれたり、思いがけない視点がもたらされたりすることもある。肝心なのは、そのような場合も含めて、あくまで対話（フィードバック）の機会が担保されることであり、誤解や誤訳やずれをすべて排除したうえでもなおサバルタンは語れないと悲観に暮れることではないだろう（そうなれば、誰も語ることができなくなる）。

このように、「媒介作用」に対するある種の寛容さと、その性格を納得ずくで行なうコミュニケーションとしての〈表象／代弁〉のあり方についても今一度考えてみれば、それは可能性としていかようにも捉え直すことができる。以下では、この〈表象／代弁〉の可能性と不可能性を視野に入れつつ、誰もが語れる場所としてのメディアあるいはメディアの〈あわい〉について考えていきたい。

第2節　「人間」——他者としてのメディア

存在としての他者性

メディアとはそもそも他者性を帯びている。メディアが「媒《なかだち》」である以上、主体間あるいは主体と客体の間に存在するものであり、送り手にとってはその先の受け手という他者が、受け手にとっては送り手という他者が、その表象を通じて見え隠れする。

しかしながらここでは、媒体としてのメディアの他者性というよりは、存在としてのメディアの他者性について論じてみたい。[2]

思い出してみたい。『語りと記憶のプロジェクト』では、そもそもの目的（語り出すことを最優先とした）のために、メディアは後景化した。カードというメディアを使いはしたが、基本的に最初はカードへのモノローグで始まる。したがって、カードを最初から強い他者性を帯びたメディアとして捉えることはできない。また、縫い物をしたり手作業をしたりしながら口をついて出る雑談にも、カメラは部屋の隅でひっそりと回り続けているだけで、そのプロセスに関与しない。マイクやカメラを向けられることは、すでに他者に向かって語ることを半ば義務づけられているが、『語りと記憶のプロジェクト』で生じた語りは、のちに第三者に向かうことはもちろんあるが、その最初の相手は自分自身あるいはごく近い立場にある友人たちであった。そして、そのようにしなければ表出されない語りもたくさんあった。一方で、カードを含めたメディアという存在がなければ語りは記録に留めることができない。そして当然表出することも共有することもできない。メディアはここでも必要不可欠なものであることに変わりはない。

第三項としてのメディア

他者あるいは「第三項」としてのメディア。このアイデアは、ソジャの『第三空間』を応用したものだが、彼はルフェーヴルの「他なる語」あるいは「第三の可能性ないし「契機」を導入すること」によって「二元化された範疇」（主体／客体、心的／物質的、自然／社会、ブルジョワジー／プロレタリアート、ローカル／グローバル、中心／周縁、主体的行為／構造）を打破する姿勢とともに、「〈他者化〉としての三項化」による「他なるもの」（主には空間）について論じている。[3] ソジャによると、〈第三空間《サードスペース》〉とは、「実際にはつねに移り変わる観念・出来事・現象・意味の環境《ミリュー》を何とかして捉えようとする果断な試案であり、また柔軟に対応する語である」。[4] 空間としてのメディアに関する議論は後述するため、ここでは概念のみを提示するにとどめるが、メディアの他者性とは、つまりソジャが示しているように変化を含むあらゆる事象を二元論を超えて捉えるための挑戦なのである。

メディアを他者あるいは第三項として捉える意義の一つは、ソジャやそれに先立ちルフェーヴルが論じているように、二元論や二項対立的な図式そのものを組み換えていくということである。語り手がメディアを前にして語るとき、そこには、語る者と聞く者の関係性が自ずと現れる。それによって、前述したように、それとは気づかずに、ある種、暴力的に語らされるということが現実に多く起こっている。実際に一度インタビューを受けた人が、後で撤回してほしいと言ってきたということが、震災後のアーカイブ活動においても報道取材においても起こっている。このとき、メディアは表舞台を演出する。だが、カメラを向けられた被取材者は、語ることが自分の役割であることを瞬時に察知し、時には怒り、時には泣いてその窮状を訴えるのである。しかし、われわれが聞かなければならないサバルタンの声は、このような舞台台詞として準備されているような言葉ではない。幕の後ろでのささいな会話やこぼれるような独り言などである。舞台用に準備された台詞はすでにサバルタンの声ではない。舞台裏の声、独り言、そして舞台上でのアドリブを聞き取り、それらを留めるメディアこそが〈第二〉のメディアであり、存在の見えない他者としてのメディアが必要とされる所以である。

「役割のない」メディアの役割

では、存在の見えないメディアとはいったい何であろうか。それは、決して隠し撮りをしたり、盗み聞きをしたりするためのメディアではない。ここでは、「ダルク」という依存症回復者施設の事例における「そこにいるだけの」他者の役割を参考にしながら、「役割のない」メディアの役割という逆説的なメディアの立ち位置について考えてみたい。

ダルクのミーティングでは、誰かの言葉に誰も随伴的な応対を一切せず、目も合わせない。そして、また一対一でつながってはいけない。「間に第三者を入れ、それを媒介にして他者とつながらなければ危ない」のだという。そして彼女たちは、その超越的な第三者を「ハイヤーパワー」と呼び、その第三者が誰なのかは明らかにされていないが、彼女たちの痛みが公共的なものに変わっていく可能性がある、と熊谷晋一郎は述べている。[5]

大澤真幸は、このような「存在しているのに、まるで不在を装っているかのような他者」について、以下のように分析している。

普通コミュニケーションというのは相手が受け取っているというサインを明確に、ポジティヴに出すわけですが、ダルクでは、それもいけない。しかしそれだったら誰もいなくても同じ、壁に向かってしゃべればよいではないか、と思うけれどそれもまたダメなのです。「わかった」という反応を示さない他者がそこにいる、ということがある効果を果たすわけです。先ほど私が述べた、個人を他者から分かつベクトルそのものによって、痛みが、逆説的に共感される、という仮説を裏付けるような状況だと思います。

さらに、大澤は次のように述べる。

当事者研究では、同じような／様々な苦しみを抱えた人たちの間のコミュニケーションを通じて、傷を癒していく。そのときに重要なのは、自分だけでは自分のことはわからないということです。やはり他者を媒介にしなければならない。(6)

ダルクの事例、あるいはべてるの家の当事者研究において、語りや会話のなかに他者的な第三項が存在していることが重要な点である。自分の痛みは他者を媒介にしなければわからない。しかしその一方で、もの言う他者は（それが単なる相槌ではあっても）、容易に物語に回収できない痛みや苦しみを無理矢理に物語ることを強いて、外形上のコミュニケーションを成立させてしまうという危険性がある。ここで、痛みには、他者に向かわなければならないという側面と、他者との関係性によって成立してしまってはいけないという相反する側面がある。そこで、「もの言わぬ他者」という存在が必要になってくるのである。

第5章の『語りと記憶のプロジェクト』では、いみじくも、カードという「もの言わぬ他者」を第三項として活用した。それによって、あふれるような語りが展開した。もちろん捉え方にもよるが、カードは先述したように他者性を帯びたメディアではない。ノートや日記のように、自らに語るためのメディアであるが、プロジェクトでは、自らを視覚化し、客体化するための道具として使用した。

メディアの第三項としての役割は、特にコミュニケーションにおける「語り出し」において作用し、モノローグとダイアローグのまさに中間のような語りが、さまざまな形でそれを可能にしたのではないだろうか。プライベートからパブリックへと無理矢理開くのではなく、語り手のペースや傷の度合いによって、少しずつ開いてくのがいいのではないだろうか。そのためには、やはり「私は」という一人称の語り出しの重要性、あるいは言葉にならない嗚咽や涙を語りとして、そして断片として留めておくこともまた重要であるだろう。

このように、第三項あるいは他者としてのメディアの役割においては、いったんその存在が忘れ去られるということがきわめて重要である。そこに〈あわい〉が存在するのである。

ドキュメンタリーを撮る際に、最初はカメラがそこにあるという違和感を覚えるものの、撮影が長期化するにつれ、その存在が忘れ去られるようになるということがある。そのようになってくると、撮影している場所や人間の自然な様子が撮影でき、いいドキュメンタリーができるという。あるいは、物言わずただ時間とともにその光景を映像に収めていくカメラ自体も、もしかしたら他者としてのメディアとなり得る。ただし、常にそうだというわけではない。それは、環境との関係性のなかで、そして存在を皆が忘れ去ったとき、第三項としての、他者としてのメディアの役割がまっとうできるのではないだろうか。

第3節　「空間」――〈あわい〉としてのメディア

次に、メディアを空間として捉える視点について考察したい。メディア研究において空間のメタファーは特別目新しいことではないだろう。特にインターネットが普及してからというもの、「サイバースペース」や「ネット空間」などの言葉とともにメディア空間という概念は一般的なものとなった。ただしここでは、第三項としてのメディアについて考察するため、とりわけエドワード・ソジャが〈第三空間《サードスペース》〉と呼んだ三つ目の空間をメディアのなかに見いだしていきたい。なぜならそこには自由な語りと対話のための大きな可能性が隠されているものと推測されるからである。

〈第三空間《サードスペース》〉という概念

〈第三空間《サードスペース》〉という概念について理解するために、ソジャの『第三空間――ポストモダンの空間論的転回』とルフェーヴルの『空間の生産』のなかからいくつかの引用を用いて概念を整理しておきたい。

「第三空間」もまた創造的な再結合と拡張として記述することができる。すなわち、「現実」の物質的な世界に焦点を合わせる〈第一空間〉の視覚、そして「想像上」の空間件の表象を通じてこの現実性を解釈する〈第二空間〉の視覚とに基礎を置いている。(7)

ソジャによると、〈第三空間〉は、このような現実の〈第一空間〉、表象の〈第二空間〉の視覚に基礎を置きつつ、「現実-か-想像上の場所にあり」、「これまでの認識論者のレフェリーによって、相容れない、結び付けがたいと見なされてきた多種多様な視覚を包括できるほどに地理学的想像力の拡張が可能になる批判的な交流の場所」として位置づけられている。この空間においては「どちらか either/or」という選択肢しかないのではなく、「どちらも both/and」という論理の可能性があることを強調する。「〈第三空間〉そのものが、まさしくそのように再結合可能でラディカルに開かれた視覚に根ざしている」のである。

また、ソジャは、このような〈第三空間〉の探求に際し、ルフェーヴルとミシェル・フーコーをもとに、ベル・フックスらのフェミニスト批評やポストコロニアル批評、スピヴァク、サイード、バーバにまで言及し、その開放性を強化する。

まず、ルフェーヴルの「他なる空間」とフーコーの「ヘテロトピア」という概念についてだが、その関係性は定かではないものの、いずれもソジャの〈第三空間〉の基礎をなす概念であることに疑いない。ルフェーヴルは、先述したとおり、二元論を切り崩す第三の視覚としての「他なる場所」について論じている。すなわち、ルフェーヴルの「社会空間の三つの契機」とは、「空間的実践」（知覚される空間）、「空間の表象」（思考される空間）、そして「表象の空間」（生きられる空間）であり、これらは弁証法的に結び合わされ、相互に関係する。[8] さらに「表象の空間」を他の二つの空間とは異なりつつ、それを包括する空間として位置づけている。

表象の空間は生きている。それは語る。それは、〈自我〉、ベッド、寝室、住宅、家屋、広場、教会、墓地といった、感情の中核あるいは中心をもつ。表象の空間は、感情と行為の場を、生きられる状況の場をふくみ、それゆえ直接に時間をともなっている。したがってこの空間は様々な形で名付けられる。表象の空間は方向を指示し、状況を設定し、関係をつくる。というのも、この空間は、本質的に質的なものであり、流動的なものであり、動態化されているからである。[9]

「表象の空間」に関するルフェーヴルのこの記述は、フーコーの「ヘテロトピア」の概念にきわめて近い。[10] フーコーは、建築家との研究会における講演原稿として「他なる場所（Of Other Spaces）」という短い論考を残している。そのなかで、フーコーは「ヘテロトピア」の具体例として、共同墓地、市場、図書館、監獄などを念頭に置いているが、その他にも街路、列車、カフェ、ビーチ、寝室、ベッドなど、あらゆる他の場所と関係しつつ矛盾するような現実の場所について論じている。

上村忠男は、フーコーの「ヘテロトピア」について以下のように説明している。

フーコーによれば、わたしたちがその内部で生活し文化を形成している空間のなかには、「ヘテロトピア」(heterotopia)とでも称すべき特別の機能と意義を担った場所があるという。それはユートピアのように非在の場所ではなくて、実在の場所でありながら、ひとつの文化の内部に見いだすことのできる他のすべての場所を表象すると同時にそれらに異議申し立てをおこない、ときには転倒をもしてしまうような異他なる反場所——それがヘテロトピアである。(11)

このように、「異種混交的でかつまた不均等な諸勢力が織りなす関係の場」であり、異議申し立てと転倒が成り立つ場としてのヘテロテピアないし〈第三空間〉は、フェミニストやポストコロニアル批評家たちによって、さらに開放される。

フックスは、ルフェーヴルの空間概念に基づき、第三空間という概念をさらに広げ、ラディカルな主体と抵抗、闘争の場としての周縁性について論じている。フックスもルフェーヴルと同様、二項対立を打ち破る第三項として「周縁」という場所を選び取っている。フックスによると、「言葉のなかにのみ見いだされるのではなく、存在のふるまいとその人の生き方のなかに見いだされるカウンター・ヘゲモニックな言説を生産するための中心的ロケーションと私が名付けているのは、まさしくこの周縁性に他ならない」。そして、そのような周縁性を選び取ることによって、彼女は、それをモダニズム的な二項対立を超えて、差異がつくる他なる空間へと導いていく。それはまさに現実-かつ-想像上の他なる空間であって、差異とアイデンティティの新しい文化政治を可能にする〈第三空間〉である。フックスの〈第三空間〉はルフェーヴルやフーコーに依拠しつつ、さらに能動的な空間的機能をそこに認めている。そして、〈第三空間〉を創り出すラディカルな主体こそが、その議論を成り立たせている不可欠な前提となっているのである。

しかしながら、〈第三空間〉をマイノリティの抵抗や闘争の場と位置づけることによって、逆にそのアイデンティティや差異を固定化するのではないかという異論もある。これに対してバーバは、「異種混交性」という考え方を導入し、新たな第三項とする。

文化のあらゆる形態は、絶えざる異種混交性の過程にある。しかし、わたしにとって異種混交性の重要性とは、そこから第三のものが生まれる二つの起源的な要素が追究できるということにあるのではない。他の位置があらわれる「第三の空間」としての異種混交性が重要なのである。この第三の空間は、それを構成する歴史を転移させ、授けられた賢明さではうまく理解できないような新しい権威の構造、新しい政治的イニシアティヴを設ける。（中略）文化的異種混交性のこの過程は、なにか異なったもの、なにか新しくそして認識しにくいものを生み出し、意味と表象がネゴシエートする新しいアリーナを生み出す。[12]

バーバによると、文化の異種混交性を通じて、第三項としての空間のなかに、さらなる第三項が生じるということが重要なのである。それこそが本来の意味で開放的なのであり、固定化された空間ではなく、流動的で予期不能な新たな次元を開くことができる可能性を持つ。このような〈第三空間〉の議論に則り、本章では、あくまで、その次元にとどまらず、次の扉を開く可能性を持つ〈第三空間〉のあり方について、論じていきたい。そして、それは、単なる理念上のゲームとしてではなく、日常と実践のなかに周縁の声が聞こえてくるような空間として位置づけることにしたい。

ソジャは次のように述べる。

> 〈第一空間〉が主としてその読解可能なテクストとコンテクストを通じて探求され、また〈第二空間〉がその卓越し表象的言説を通じて研究されるのであれば、〈第三空間〉の探求はさらに潜在的に解放的な実践の特定の形態、すなわち何とかして世界を良くしようという意識的な－努力において知識を行動へと転換することで導かれなければならない。[13]

このソジャのアプローチは、本章が目指すところにおける〈第三空間〉のあり方を示してくれている。以下では、この点を念頭に置きながら、実際にメディア《媒体》のなかに独自の〈第三空間〉を発見すること、そしてその意義についての議論を試みてみたいと思う。

メディアのなかの〈第三空間《サードスペース》〉

ここまで論じてきた「空間としてのメディア」に関連して、ルフェーヴルは以下のように述べている。

空間は本当に媒介であるのか。環境であるのか。仲介者であるのか。おそらくそのすべてであろう。だが空間の役割はしだいに中立的なものではなくなり、ますます能動的なものになっていく。空間は道具であると同時に目標であり、手段であると同時に目的である。したがって空間を「媒介」といった狭いカテゴリーに封じこめることはきわめて不適切である。(14)

確かに「空間」という概念にとって「媒介」とは狭い概念であるだろう。しかし、ここでは、この「媒介」あるいは「媒体《メディア》」を、その空間をも含むさらに広い概念として捉え直すことにしたい。そして、ルフェーヴルの述べる空間の役割、つまり、「しだいに中立的なものではなくなり、ますます能動的なものになっていく」という空間の役割をここでは肯定的に捉え、メディアのなかに〈第三空間〉を見いだしていきたい。

すでに見てきたように、メディアによるコミュニケーションの諸要素において、〈あわい〉はあらゆるところに偏在している。そして、この〈あわい〉こそが、メディアの〈第三空間〉として機能する潜在的可能性を持っている。語り出しの際のメディアの「不在」、テクストと受け手の間に横たわる大きな空白、語りの断片と断片の間の大きな／小さなすきま、〈私〉と〈あなた〉の間などである。

まだ成功していると断言することはできないかもしれないが、本書で取り上げた二つの事例では、このような〈あわい〉をメディアの〈第三空間〉として位置づけ、自由で多様な対話や語りを促すことを試みた。媒介というプロセスのそここの「すきま」に、その要素を埋め込もうと試みてきた。それらをルフェーヴルの言うように、あえて「中立的ではなく、能動的に」仕掛けてきた。ただし、それが可能だったのは、研究という文脈で言えば一種の実験であったからとも言える。

私たちは、図らずもさまざまな〈あわい〉のデザインを試みた。ただし、この〈あわい〉は必ずしも第一空間と第二空間、あるいは各空間の間ではなく、まさに〈第三空間〉の要素を持つこれらすべてを包括する空間のなかで、少しずつ開いていったものであった。そして、その役割は、ルフェーヴルが述べる「媒介」「環境」「仲介者」のすべてであった。

〈第三空間〉は、メディアの不可能性として捉えられていた〈表象／代弁〉やディスコミュニケーションを含む、すべての媒介作用のなかに寄り添うように存在する。われわれは、この不可能性を可能性として捉え直し（転覆し）、既存の媒介作用への捉え方に対して異議申し立てを行なうような実践として、この〈第三空間〉をメディアのなかに開いていく必要があるのではないだろうか。「異他なる反場所」として異種混交性が許容されるような空間を発見し、そして主体的・能動的に弱者の声に耳を傾けてみる。そこでは誰もが（サバルタンすらも）自らの特権性あるいはアイデンティティを「学び去る」ことが要求される。そのような〈第三空間〉における実践の可能性については、第5節であらためて論じたい。

サバルタンの語りの場として

再度ソジャを引用したい。

「サバルタン」が語ることを、もうひとつの＝他なる声を主張することを可能にすることは、その言説を異なった地平に浮上させ、再活性化されたラディカルな開放性空間へと参入させる。この空間において発展と社会正義はどちらも、その歴史と地理とともに二者択一ではなく、どちらもという制限のない拡張のなかで、構想し直される（中略）それは教義的な確言によって特徴づけられるような、単なる付加的なあるいは「中間」の位置どりというわけではない。そうではなく、それは絶えざる脱構築と再構成へ、つまり現存の限界を超えて世界を理解するというたゆまぬ努力へと誘う正体なのだ。(15)

ここまで見てきたとおり、媒体としてのメディアは、サバルタンの声をも媒介する可能性を持っているし、他者としてのメディアは、サバルタンの語りを引き出す可能性を持っていた。そして、時間を超えてその記憶の断片や挿話《エピソード》を残すことも可能であった。そうだとしたら、メディアは、サバルタンの声を聞き、伝え、歴史へと誘う、そのような可能性を持つ唯一の道具なのではないだろうか。ただし、スピヴァクが言うように、サバルタンの声が複雑で多重的な言説構造のなかに組み込まれてしまって語れない以上、それを可能にする他なる場所あるいは空間がもう一つ必要になるであろう。それこそが、本章で議論してきた〈第三空間〉なのではないのか。ソジャはそのことを論じているのだ。そして、彼はさらに、異種混交で開放的であるだけでなく、「絶えざる脱構築と再構成」の必要性について述べている。それは静的な空間ではなく、明らかに動的な空間である。変化を前提とした「生きられる」空間なのである。

ヘテロトピアの可能性について論じる上村もまた、以下のように述べている。

わたしたちになお批評の可能性が残されているとすれば、それはほかでもない、言説のそのような異他なる反場所に立つところからしか開かれてこないのではないか、という思いがわたしには強いのである。[16]

批評、アジテーション、宣言《マニフェスト》など、さまざまな声や語りが一様に存在可能な、現実の-かつ-想像上の場所、そのようなヘテロトピア的空間である〈第三空間〉を「絶えざる脱構築と再構成」によってさらに開いていくことによって、サバルタンの声を聞き取る契機を創る。それが、メディアの〈第三空間〉に求められていることなのではないだろうか。

媒介する媒体としてのメディア自体に〈第三空間〉を見いだすことは可能であっても、その〈第三空間〉を介して、現実的・実践的に目的を達成することは、実際にはきわめて困難である。理論上、メディアの〈第三空間〉の可能性は明らかだが、それが机上の空論であってはならない。メディアの〈第三空間〉をいかにデザインするのか。それこそが、われわれに求められていることなのではないだろうか。

第4節　「時間」——記憶としてのメディア

横の関係性において見いだされる「間」とともに、縦の関係性において見いだされなければならない「間」もある。文字通り時の間としての時間軸において見いだされる間である。それはあの大震災を未来につないでいくための、記録、忘却、回顧といった時間軸における「間」である。この「間」はサバルタンが語ることにおいても大きな役割を果たすと同時に、その環境を整えていく。そして同時に、サバルタンの心的環境をも整えていく。

被災地では、東日本大震災の記憶の記録という、歴史につながる活動が震災直後からすでに動き出している。メディアを使ったこのような試みは多様であり、大きな動き（マスメディアや大規模なプロジェクトなど）とともに小さな動き（小規模のコミュニティやプライベートな小さなメディアによる記録）も無数にある。

人々は語り、それらがメディアに記録される。そして、それによって人々はいったんそれらを忘れ、そして再び思い出す。別の言い方をすれば、人々は抱えている痛みを含んだ記憶をいったん第三者としてのメディアに預ける。そして、傷が浅かった者の経験は自然と忘却される。深い傷を負った者にとっては、記録される（記憶を他者としてのメディアに預ける）ことによって、辛い記憶をいったん手放し、苦しみを忘れようとすることができる。もちろん実際に忘れられるわけではないし、社会的な記憶と個人的な記憶はそもそも根本的に異なるものである。ただし、社会が個人の記憶を引き受けることで、苦しみを抱える個人はそれを忘れようとすることができ、また忘れようとしなければならない。時間をかけて少しずつ忘れることは、苦しみを抱える者には必要な過程である。社会的な忘却は決してあってはならないが、個人が苦しみを乗り越えて生きていくために、忘却は必要となる。そして、その記憶を折に触れて取り戻す。痛みは完全に消えてなくなるわけではないが、時間が少しずつ癒してくれることはある。語りと記録、忘却、そして思い出へという過程が繰り返されていくうちに、人々の集合的な記憶として歴史は定着していくのである。このようなプロセスのために、時の〈あわい〉は必要となる。〈今〉、〈私〉がこれを執筆できているのも、まさに時の〈あわい〉においてであると言えるだろう。

記録

被災地の風景や人々の様子は、映像や画像によって記録されるが、人々の経験や思いは、語られなければ記録されることはない。先述したように、語りの前提を問う必要がある一方で、被災地での記録作業は発災直後からずっと継続されている。

記録のための作業は、現在震災アーカイブとして行なわれているものが一般的で、被災地では、当初多くのアーカイブプロジェクトが乱立し、ナショナルなレベルから個人のレベルまで、それぞれ異なるパースペクティブによって、記録作業（データ蓄積と言った方がいいような活動もある）が行なわれてきた。一方で、個人的・内面的な経験や記憶についての記録も進められている。その方法は、主に被災者個人によるオーラル・ヒストリーの録音・撮影という形を取る。ただし、被災者の語りには偏りがある。当然だが、被災者のなかにも語ってくれる人と語ってくれない人がいる。そして、被災者個人の語り自体が時とともに変化する。被災地に住み込みで活動する東京藝術大学の大学院生（当時）の小森はるかと瀬尾夏美は、震災直後から被災地を巡り、その後、現地に移り住んで、特定の被災者へのインタビュー記録を繰り返し撮影している。[17] 人々の思いは、立場や環境、また時間によっても異なる。震災における個人の記憶や経験は、時間の経過とともに記録されるべきであり、そのなかで被災地の傷や痛みの深さがわかってくる。被災地において時間というのは、空間よりも重要な概念なのかもしれない。

また、震災復興という文脈において、あるいは未来への教訓として、東日本大震災というバスケット的な記憶ではなく、また個人としての個別の記憶でもない、地域やコミュニティによる集団としての記憶について考えることも重要である。集合的記憶は、個別の記憶がただ単に集まったものではない。集団のなかで語り合い、それによって個人の記憶も変化しながら、共有されていくものである。震災から一〇年を経て、未来へ記憶を伝えていくためのメモリアルパークや震災遺構のオープンが被災各地で相次いでいる。インターネット上などでも、地域あるいはコミュニティといった小さな単位で語りの記録を残そうという動きもあるが、このような記録が残されていくことで、小さなコミュニティが必要とする、他の誰かのためではない自分たちの記憶、そして歴史が作られていく必要があるだろう。

忘却

このように、いったん個人の悲しく辛い記憶を時の〈あわい〉やメディアに委ねることによって、被災者はその経験を忘却することが可能になる。いや、そもそも忘れようとしても忘れられないこともあれば、忘れようとしなくても忘れてしまうこともある。それは、負った傷の痛みに比例するとも考えられる。

深い傷を負った者にとっては、震災時の映像を目にすることで、再び悲しみの淵に追いやられることになってしまう。そもそも、自分の体験を語ること自体不可能な人もたくさんいるだろう。そうした人たちは、忘れなければならない。今を生きていくために、コミュニティを取り戻すために、そして長い時間を経て、その経験を誰かに伝えるために。

しかし、社会がこれを忘却することは許されない。彼らの傷、痛み、苦しみを引き受けながら、被災地を救い、伝えていかなければならない。メディアはその中心的な役割を担う。

第5章の『語りと記憶のプロジェクト』では、未だに公開されていないカードも含めて多くの断片としての記憶が残されている。そもそもサバルタン研究とは、歴史のなかに断片的でありエピソード的なマイノリティの声なき声を取り戻そうとする試みであった。グラムシがこのようなサバルタンの「断片的でエピソード的な諸要素」を「痕跡」として発掘して復元するという必要性について論じ、そしてパンディらが「競合」によってこぼれ落ちてしまった「痕跡」や「かけら」を最終的には歴史に取り戻さなければサバルタンの自律性《オートノミー》は回復されないと主張したが、東日本大震災の場合は、これらの断片あるいはエピソードは、今すぐ回復されるべきものではないのだろう。断片は断片として残されるべきだが、サバルタンの声はしばらく彼ら自身が忘却するべき記憶なのであろう。ならば、彼らの痕跡としての断片やエピソードは彼ら自身が話し始めるその時まで装置としてのメディアに保管される必要があるだろう。彼らが忘却している間、そして彼らが話を始めようとしたときに、すぐに彼らの手元に戻るように、メディアは時の〈あわい〉をつなぐ役割を果たすべきではないだろうか。

回顧

震災が忘却されていく一方で、思い出す場面も必要となる。記憶を忘却の彼方に追いやってしまうことなく、時々呼び戻すことができるように、アーカイブ＝記憶装置や、思い出す＝記憶を引き出すための場所が必要となる。それまで、メディアは時の〈あわい〉にそれらの記憶を大切にしまっておく。再び時の〈あわい〉からメディアがこれらの記憶を公のものにするとき、それは、パソコンのモニタを通してということもあるかもしれない。しかし、集団的な記憶を呼び戻すためには、人が集まる場所が必要である。そして、思い出すための仕掛けとしての〈儀式〉が必要となる。時間とともに〈儀式〉の意味合いは変化していくだろうが、それらは私たちの記憶を呼び起こし、忘れないための社会装置となる。

今現在、震災はまだ近過去のことであり、生々しく、しばらくは思い出すという行為のたびに痛みを伴うことになるだろう。時間が経ち、傷が癒えるとともに、〈儀式〉は次第に形骸化していくかもしれない。それでも未来へ伝えていくために、今を生きる私たちは、儀式を通じてでも思い出す必要はある。忘れてもよい。けれども折に触れて思い出し、伝えていく必要がある。

ニューヨークでは、二〇〇一年の史上最悪のテロ事件から一〇年以上が経過した二〇一三年秋、ワールド・トレード・センター跡地に国立九月一一日記念館・博物館がオープンした。ミュージアムでは、収集したアーティファクト（人工遺物）と写真や映像、オーラル・ヒストリーの音声や映像など、さまざまなメディアを融合した展示が行なわれている。これにより、さまざまな現実が混ぜ合わされて、時間的な距離を埋めるようなリアリティを再現しており、その展示のインパクトはきわめて強い。

国立九月一一日記念館・博物館のキュレーターのアレクサンドラ・ドラカキスによると、事件から一〇年以上経って失われた記憶もあるが、一〇年経ったからこそ集められた記憶もあるとのことだった。そして、ミュージアムが提供する多様な記憶に触れることで想起される古い記憶もあるだろう。(18)

痛みを伴わない歴史は、後世に何も伝えない。歴史は決して美しいものではない。語られなかったものにこそ、本当の悲しみや苦しみが潜んでいるかもしれない。目に見えたもの、耳に届いた声だけを被災地の苦しみの記憶として、この先共有していけばよいのだろうか。歴史は本当の痛みとともに語られていく必要があるのではないだろうか。

メディアはさまざまな記憶を時の〈あわい〉のなかに誘《いざな》い、伝えることができる。しかしながら、実際には、人為的に選別された記憶のみがメディアに留められている。メディアは、時間的にリニアな媒体として記憶を留めることができる。風景のみならず、人間や社会の変化そのものを留めておくメディアの役割を考える際に、その時間的な変化の概念をもう少し意識してみる必要があるのではないだろうか。

第5節　実践としてのメディア

以上、「中間」「人間」「空間」「時間」を軸として、メディアの〈あわい〉について考えてきた。しかしながら、実際にメディアの〈あわい〉で、サバルタンとの対話を具体的に実践していくためには、「第三項」としてのメディアの役割を現実・メタの両方の位相で考えていく必要があるだろう。メディアは社会的な道具である以上、現実的に対話を促す実践的機能を積極的に加えていくことで、その役割を果たすことができるはずだと考えられる。またメタレベルで考えてみると、メディアの役割は、第2節で「役割のないメディア」の役割として論じたことに還元できるのではないだろうか。

本節では、第5、6章の実践を通じて明らかになった対話を促すメディアの実践的役割としての機能について論じたあと、具体的な事例を通して、その役割の意義について考察する。最後に、メタレベルで、いわゆる〈第三空間〉におけるメディアの役割、あるいはメディアに〈第三空間〉や〈あわい〉を発見する実践的な試みについて論じていきたい。

対話を促すメディアの実践的機能

まず、対話の促進において、メディア自体に要求される〈中間者〉としての役割を整理したい。先述したように、メディアがサバルタンの語りを伝えようとするとき、表象をプロセスとして捉えること、そしてそこに対話の可能性を見いだすことが媒体としてのメディアに求められている。もっとも、それらが自然発生的に起こるとは考えがたく、積極的にそのための機能を持ち込む必要がある。それこそが事例として取り上げたプロジェクトのなかでも試みたことであった。

三つの事例から実践的なレベルで〈中間者〉の役割をあらためて整理してみると、以下のような主に五つの役割を抽出することができる。

(1) ファシリテーター (facilitator) ……発話や対話を促し、コミュニケーションの調整を行なう。

(2) トランスレーター (translator) ……送り手の意図やメッセージをわかりやすい言葉に換言し、時に非言語を言語化することで対話を促す。

(3) シンパサイザー (sympathizer) ……当事者に対する共感や同調を促し、感情的な側面から対話を促進する。

(4) エディター (editor) ……トランスレーターに近いが、送り手側の伝わりづらい真意を受け手側の文脈に置き換えるように編集することで、対話や理解を促す。

（5）ネゴシエーター（negotiator）……相反する立場や異なる意見を調整し、コミュニケーションが円滑に行なわれるようにする。

メディアや表象をプロセスとして捉えるとき、このような中間者的機能が求められる。これはサバルタンとの対話でなくとも、日常的なコミュニケーションのなかでも本来要求されているものだろう。そして通常は、それをコミュニケーター自身が自らのなかに併せ持ち、その機能を発動させたりさせなかったりしながらコミュニケーションを行なっている。

ただし、サバルタンとの対話を考えるとき、このような機能を意図的に創り出すことが不可欠である。本書で取り上げた二つの事例は、それを仕掛け、その成果を評価する試みでもあった。

実際のプロジェクトで、五つの役割を担ったのは、筆者を含めたプロジェクトのスタッフであり、その役割を埋め込むようにデザインされたプログラムであった。そして、これを自然発生的に対話に組み込むのはきわめて難しいことでもある。だからこそ、あちこちに、このような機能が発生するような「種」を蒔く必要があるだろう。それは一度にたくさんできることではない。しかし、今回紹介したような大小さまざまなプロジェクトやワークショップを通じて、その「種」を仕込むことは十分可能であると考えられる。被災地のサバルタンたちの声を拾おうと思えば、やるべきことは、必ずしも一時的な娯楽や忘却を提供するようなワークショップなどのイベントを持ち込むことではないだろう。また、カウンセラーらによる心のケアは必須であるが、サバルタンの声を社会に届けようと思っても実際には、この営みはプライベート空間に閉ざされざるを得ない。プライベートとパブリックの間を取り持つような〈第三空間〉において実践を行なうこと、そして、そのような空間に対話を促す〈中間者〉を位置づけることが求められる。そこに「種」を撒く際には、緻密なデザインが必要とされるだろう。そしてこの試みは決して被災地にのみ向けられるものではなく、サバルタン・スタディーズが射程とするすべてのサバルタンの語りにおいて有効であるだろう。

対話を通じた「私」の開放

以上のようにデザインされた実践的なメディアに付随する〈中間者〉的あるいは第三者的機能は、ダルクやべてるの家の事例と同様、弱者の語りを引き出し、受け手に伝えるために不可欠である。

スピヴァクは、寡婦として幽閉されてきたあるインド女性の、「幽閉がなぜ悪いのか感覚が麻痺している」[19]という言葉を引用している。サバルタンたちはサバルタンとしての自覚すら持たない場合も多い（もっとも、自らをサバルタンと称して語る場合、もはやその人はサバルタンではない）。東日本大震災の場合も、自らが声を発するべきだと考える以前に、何か語りうるものがあることさえ認識していないサバルタンは多い。

語り出しの際に、何らかの〈中間者〉的働きかけがしばしば必要となることが、プロジェクトから明らかになった。『語りと記憶のプロジェクト』のように、それは必ずしも他者である必要はないし、カードのようなものでさえ十分に機能する。必要なのは、「語ること」を意識化することなのである（無意識のうちに語る場合は、語り出しの働きかけなど必要ない）。

『語りと記憶のプロジェクト』に参加した山元町に住む高齢の女性の一人は、一緒にプロジェクトに参加した若い女子学生らに、自らの経験を淡々と語っていた。「みんなのような若い人たちに伝えておかないと」。「私はね、自分の娘にもうるさがられるぐらい言っていたのよ。地震が来たら高台に逃げなさいって。もううるさいって言われるぐらいにね。結局彼女は助かったのよ」「もう私たちぐらいの歳になると（伝えるべき言葉は）全部置いていかないとね」。こうした語りは、歴史的伝承あるいは非／日常的必要性と言うこともできるだろう。自分たちの語りが歴史的ないし非／日常的にきわめて重要な語りであることを彼女たちは意識していたのだ。その意識は必ずしも誰かに言われて根付いたものなどではない。場のなかで、手仕事をしながらさまざまなことを若者に語るなかで、自然にあるいは必然的に、その意識は芽生えたのである。そこにはそのような空気や語りを誘発する対話があった。

一般的に、対話のなかで相手との関係性（あるいは差異）が明白になっていけばいくほど、その間を埋めるためのコミュニケーションが必要となる。そして、〈中間者〉は「私」の開放を促す。「私」のなかにあるものは「私」だけが持つべきものとは限らない。その痛みや苦しみは必ず誰かと共有できる。クレイマンらが述べるとおり、社会的なものとして認識されるべきものである。そして個人の歴史は全体の歴史となっていく。特に今回のような歴史的な出来事が起こった場合は、個人の持つ思いや記憶は必ずしも個人に属するだけではなく、社会的に共有されるべきものである場合が多い。無意識的であれ、意識的であれ、「私」を開放することは、オルタナティブな歴史を新たな側面から構築することにもつながる。できることなら、「私」を社会に開くことが、人類の歴史と記憶のために今求められていることなのだろう。

〈あわい〉の発見

実践を行なうなかで、どこに〈あわい〉を見いだすのか。それこそが重要であり、また難しい。それは人と人、人とメディア、人とテクスト、メディアとメディアの関係のなかに、それこそ無数の関係性のなかに発見される。とりわけ柔軟な関係性において、それは見いだすことができるだろう。

〈あわい〉を発見したり、創り出したりすることは、場のデザインの過程においてなされる。どのような関係性を見直したいのか、そこにどのような対話を埋め込みたいかについて、最初はデザインする側の仮説のようなものから始まる。それは研究と全く同じ手順である。サバルタンの居場所と仕掛けるメディアの距離、その間の適切な地点に語りや対話を促す〈あわい〉を設定する必要がある。あるいは、実践を行なうなかで、その〈あわい〉が思いがけないところに見いだされることもある。本書の二つの事例が示してきたように、実践では、〈あわい〉を契機として、人とメディアの関係やメディアのあり方そのものを組み換えようと試みることができる。そうすることで、〈あわい〉を第三の場所として、そこに出会いや発話や対話を生み出すことが可能になる。

つまり、〈あわい〉を第三の場所としてサバルタンとの出会いや語りを促すのであれば、やはり何らかの積極的介入が必要となる。それは、もちろんサバルタンに語りを強制することと違う。サバルタンが語ることを自然と誘発するような空間として〈あわい〉をデザインする必要があるだろう。それには、やはり通常の空間（第一の空間や第二の空間）ではなく、先述したような〈第三空間〉としての関係性における〈あわい〉であることが不可欠なのだと言える。プライベートとパブリックの〈あわい〉、自己と他者の〈あわい〉、メディアやテクストのなかにひっそりと存在している〈あわい〉、そして時の〈あわい〉。そのような〈あわい〉を発見し、そこに対話の可能性を見いだせるような中間者的・第三者的機能を組み込んでいくことが、実践の際に最も重要なプロセスとなる。

〈あわい〉はアプリオリにそこに存在するものではない。それは実践において、見いだされ、創り出されるものである。自発的なサバルタンの語りは残念ながら今の段階では現実的とは言えない。そうであれば、積極的に〈あわい〉に介入し、そこに対話と語りを促す中間者的あるいは第三項的役割を積極的に埋め込む必要があるのではないだろうか。それによって、ソジャが〈第三空間〉の可能性として見いだし、上村が「ヘテロトピア」という概念の可能性を見いだしたように、サバルタンだけではなく、「誰もが語れる」多層的な言説空間を創造することが可能になるのではないだろうか。

小結

以上、〈あわい〉の理論上および実践上の性格と意味について、またその可能性と発見について、第5、6章の実践から得られた手がかりをもとに多方向から論じてきた。

序章で述べたとおり、この表現は、ポストコロニアル・スタディーズなどで論じられてきた〈in-between〉という抽象度の高い概念を日本語で論じるために、あえて古語を由来とした表現である「あわい」という言葉を対訳として使用してきたものである。〈in-between〉については、すでに第4章で説明したが、ここでは、〈あわい〉＝〈in-between〉という概念が有用であると考える領域について今一度確認をしておきたい。

まず、本書では〈あわい〉という概念を用いることによって、これまで膠着状態にあったサバルタン・スタディーズにおけるサバルタンとエリート、あるいは当事者と非当事者の関係性を切り崩し、これらの二分化された立場をつないで対話を促すプロセスが事実上可能であることを明らかにした。これにより、サバルタン・スタディーズにおいてスウピヴァクが「サバルタンは語ることができない」とした結論に反駁し、さらなる議論の継続を促すものであった。〈あわい〉をさらに拓き、サバルタンとしての認識を促すことにより発話は可能であると主張するものである。

次に、メディア論における「受け手」「送り手」「テクスト」という三つのモメントに対して、「コンテクスト」を重視し、媒介におけるそれぞれのモメントの間に〈あわい〉を位置づけることによって、媒介作用における複雑性および重層性を担保しようと試みた。このことは、SNSなどの多様なメディアが登場しつつある現在、メディア・コミュニケーションの複雑で多層的なプロセスをこれまでとは異なるパースペクティブから捉え得る可能性を示しているとも言える。発話自体の表象・表現が〈あわい〉においてどのように変容し、あるいは戦略的に誤用・誤読されているのか、ということを明らかにすることにより、同じ場所から弱者がメディアを通じて異議申し立てを行なう契機を促すことも可能になるかもしれない。

さらに、〈あわい〉は、とりわけポストコロニアル・スタディーズにおける理論上の概念として捉えられがちであったが、本書で論じてきたとおり、社会実践や学問実践においても発見しうる空間であった。このことは、メディア論における「送り手」と「受け手」の対話の空間のみならず、社会学や文化人類学においても、自己と他者、中央と周縁、近代と現代など、これまで二項対立的に捉えられてきたあらゆる社会的な構図を脱構築しうる可能性を有するものと考えられる。第4章で紹介したいくつかの先行研究においてはすでに組み込まれてきた概念ではあるが、少なくともそれは限られた議論のなかでしか登場しておらず、今後これらの領域におけるさまざまなアポリアを超えた議論を可能にするのではないかと考えている。

注

（1）前掲『文化の場所』一〇〇ページ

（2）この場合の「存在としてのメディア」は、「媒体としてのメディア」とは異なる意味合いを持たせるために提示した概念である。「媒体としてのメディア」とは、それによって語りをどこかに伝えることができるというメディアの機能を前提としているが、「存在としてのメディア」は、媒介することを前提としていない、ただそこにモノとして存在するだけのメディアの機能について語るための概念として提示している。

（3）Edward W. Soja, *Thirdspace: Journeys to Los Angeles and Other Real-and-Imagined Places*, Blackwell Publishing, 1996.（エドワード・W・ソジャ『第三空間――ポストモダンの空間論的転回』加藤政洋訳、青土社、二〇〇五年、八〇ページ）

（4）前掲『第三空間』九ページ

（5）前掲「痛みの記憶／記憶の痛み」四六ページ

（6）同論文五一ページ

（7）前掲『第三空間』一三ページ

（8）Henri Lefebvre, *La Production de l'espace*, Economica, 1974.（アンリ・ルフェーヴル『空間の生産』斎藤日出治訳・解説〔「社会学の思想」第五巻〕、青木書店、二〇〇〇年、七五、八二―八三ページ）

（9）前掲『第三空間』八七ページ

（10）フーコーとルフェーヴルの交流については不明であるが、二人がはっきりと意識し合っていたことは明らかになっている（前掲『第三空間』一八八ページ）。

（11）上村忠男『ヘテロトピアの思考』（ポイエーシス叢書）、未來社、一九九六年、七―八ページ

（12）前掲『文化の場所』二二一ページ

（13）前掲『第三空間』三三ページ

（14）同書五八六ページ

314

(15) 前掲『第三空間』一五九ページ

(16) 前掲『ヘテロトピアの思考』八ページ

(17) 小森はるかと瀬尾夏美は、青森県から福島県まですでに一〇〇名以上の被災者やボランティアのインタビュー記録を撮影しており、各地で報告会を開催している。瀬尾は書籍『あわいゆくころ——陸前高田、震災後を生きる』(晶文社、二〇一九年)、小森は映画『息の跡』(二〇一七年)、『空に聞く』(二〇二〇年)などを発表している。

(18) 国立九月一一日記念館・博物館のアシスタントキュレーター、アレクサンドラ・ドラカキスへのヒアリング(二〇一二年三月一九日)による(http://www.911memorial.org/)[二〇二二年五月一八日閲覧]。

(19) 前掲『スピヴァク、日本で語る』二三ページ

終章　〈私〉というメディアについて

第1節　本書のまとめ

さて、最後にあらためて整理しておきたい。

そもそも、東日本大震災におけるサバルタンとは、社会的弱者としてアプリオリに規定される個人や集団ではなく、よりいっそう複雑な言説構造と差異のなかに生み出される「言説的弱者」として捉える必要があった。「言説的弱者」が「語り」を取り戻すためには、言説構造を脱構築すること、それを可能にするような場所や空間を準備する必要があった。本書では、サバルタン・スタディーズとメディア論を掛け合わせ、その理論的土台をつくり、〈あわい〉という概念を取り入れることによって、言説的弱者がメディアを通じて実社会において語り出すことが可能になることを明らかにしてきた。

『語りと記憶のプロジェクト』では、カードという「第三者的」メディアを通じて、プライベートな空間とパブリックな空間の中間となるような〈場〉を設定し、同時に、モノローグ（独り言）とダイアローグ（対話）の中間となるような語りを促した。相槌、共感、共有が、少しずつ語りを開いていった。そして、時間や空間を越えて、文化や文脈を行き来しながら、それぞれの物語が紡がれていくような新しい形のメディア表現について考えるとともに、未来への伝え方について検討する必要もあった。ここには立ち位置《ポジション》や空間だけでなく、断片やエピソードを留めておくための時の〈あわい〉も重要であった。

そして、『Bridge! Media 311』では、メディア自体が中間者として、内と外、中央と周縁という壁を越えて二つの立場を架橋するものとしてデザインされ、人間は、メディアという空間を通って、あちらとこちらを自由に行き来するパスを手にするために、イメージを越境するか、高い壁をブレイクスルーしなければならなかった。ＢＭ３１１では、この体験自体が〈あわい〉において可能になった。また、このプロジェクトでは、人間そのものが、いくつかの文脈を行き来するメディアとなって語りを伝えた。この人間というメディアは、〈あわい〉を自由に行き来することができる生きるメディアである。まさに人間自体がメタ・メディア、すなわち〈第三〉のメディアになりうるということを示唆していた。〈あわい〉を移動する人間の「身体」というメディアの可能性についてはさらに追究したいテーマである。

このようにして見いだされた〈あわい〉は、メディア実践のなかで見いだされる〈あわい〉として、先に述べたような言説構造を脱構築していくような空間の提供を可能にした。その際、メディアは、媒体（＝中間）として、他者（＝人間）として、時間として、空間として、そして実践として、この空間を創り、使い、さらにそれらのあり方そのものを変容させながら、言説構造を脱構築することを可能にした。

しかしながら、このようにして明らかになった、メディアの〈あわい〉、あるいは〈あわい〉としてのメディアの可能性について検討するならば、その可能性を導いた本書の課題と限界、そして展望について最後に論じておく必要があるだろう。

第2節　本書における課題と限界

本書における課題と限界はいくつかあると思われるが、ここでは特に重要な点を三点だけ述べておきたい。

第一に、研究対象に対する課題と限界についてである。東日本大震災という広範囲に及んだ多重災害であり、その立ち位置や時間の経過によって見方の異なる対象を、本書ではあえて〈私〉という一視角から切り取って分析と考察を行なっている。おそらく、この主観的な対象の絞り方に対する異論はあるだろう。さらにいえば、本書とは異なる立ち位置から、東日本大震災を見ている人にとっては、偏った研究視点と捉えられても仕方がないのかもしれない。この点については、その批判を甘んじて受けるものである。〈私〉という立ち位置からは捉えきれないサバルタニティは確かにある。しかし、一視角からしか見えないし語れないということ自体が、サバルタニティが創出され続ける原因そのものであることは、すでに自明のことであろう。読み手との〈あわい〉において、本書の意味が創出されるのであるとしたら、本書自体が多様で変容する文脈のなかに位置づけられるべきなのである。

第二として、筆者の当事者性に基づく記述の限界について、やはり反省せねばならない点は多い。とりわけ、〈私〉を〈当事者〉として位置づけた根拠について問われると、筆者には現時点で、確固たる根拠を示すことはできない。当事者性自体が相対的なものであることは、序章で論じたとおりであるが、実際には、この相対性を本書のなかで論じきることはできなかった。そのため、〈私〉の立ち位置や記述が揺らいでしまった部分もあると思われる。自らが内在し、関与しつつ影響し合っている場について記述することに伴う困難については、すでに述べたとおりである。本書では、その困難に対する挑戦《チャレンジ》を試みたものの、現時点で、それが達成できたか否かについては確信が持てずにいる。

第三としては、事例として取り上げた実践における手法についての課題である。二つのワークショップ実践は、そもそもその出発点を本研究の目的と同じくしていない。これらのワークショップは、本研究の目的である〈あわい〉という概念の必要性と正当性を実証するためのデザインでなく、対話の実現や関係性の組み替えを目的としていた。しかしながら、実践は想定外の経験や知見を創出した。この「想定外の経験や知見」がまさに〈あわい〉であり、その意味で〈あわい〉はそもそもの概念の抽出よりも先に実践において見いだされたものであり、議論の組上にのせていくために理論的に研磨したものである。実践を研究として学術的に取り入れる方法についてはさまざまな議論があり、まだ明確なフレームワークが定まっていない。そのこともあり、本書ではこれを「実践研究」としては十分に議論ができなかった。このことは、本書の限界でもあり、課題でもある。

第3節　本書の展望

東日本大震災という出来事あるいは日本社会における、これまで語られてこなかった側面に光を当て、またメディア論を介入させることにより、その学問的アクティビズムと実践的展開において、サバルタン・スタディーズの議論は、次の段階に進めると言っていいだろう。しかしながらその可能性の一方で、サバルタン・スタディーズがアポリアに陥った原因となる言説体系と発話実践そのものがねじれた関係にあることにより、乗り越えられなかった地平もあったように思われる。

第4章で断ったことでもあるが、第3、4章において、サバルタニティは決して固着化したものではなく、言説空間における関係性と差異において文脈依存的に創出される流動的なものであることを指摘し、サバルタンは、あくまで個別の事象や多層的で複雑な関係性のなかに立ち現れるものであり名指しで特定されるものではないことを強調している。一方で、第5、6章では、実体として特定されたサバルタンが語り出すという前提で実践事例をもとに議論を展開している。サバルタンが発話をする可能性について実践的に検討するために、「サバルタン」という言説上の「弱者」を戦略的に想定し、対話を試みてきた。

本書では、実体としてのサバルタンの発話と概念上の言説空間が交わる空間として〈あわい〉という第三空間を語りの不可能性という問題に対する理論上の解決策（あるいは解決のためのパス）とした。もっとも、〈あわい〉が「どこにでもある場所」「ヘテロトピア」、サバルタンの語りの場として機能することを第6章で論じたものの、その根本となるねじれ自体を明快に解きほぐして議論をすることが十分にできなかったという反省もある。これらを含め、スピヴァクの「介入」後のサバルタン・スタディーズのアポリアにおいてさらに深く議論すべき点は明確になった。これらの点については今後も引き続き考察を続けていきたい。

他方で、サバルタン・スタディーズの議論をさらに、メディア論に反映させていく必要があるだろう。本書では、メディア論を介入させることにより、サバルタン・スタディーズの新たな議論の可能性を示した。メディア論自体も、サバルタン・スタディーズの知見を受けて、新たなステージへと展開させる必要がある。それは、サバルタンの発話の可能性を持つ〈あわい〉という概念を一般化し、メディア論において考察をさらに深めていくことに他ならない。〈あわい〉をメディアに創り出すこと、またはメディアに見いだすことを通じて、誰の声も排除しない多声的なメディアのあり方というものを理論的かつ実践的に考えていくことは、現在の混沌としたメディア論の一つの方向としてあり得るのではないだろうか。

そして、東日本大震災という歴史のオルタナティブなあり方、すなわち、サバルタンの声を反映させるための〈あわい〉を通じた対話による歴史構築の可能性については明らかにしたものの、その実現可能性については論じきることができなかった。実際には、震災アーカイブの活動などにより、多様な記憶や語りが蓄積されている。歴史の多様性は担保されているともいえるかもしれないが、この多様性からもこぼれ落ちてしまうサバルタンの声をすくい上げ、歴史の新たな一側面を補っていくことについては、さらなる時間と考察が必要となる。サバルタンの声や語りが実体として可視化され、伝承されていくためには、メディアそのもののあり方とともに、私たち市民の主体的な社会参加やボランタリズムについてもメディアとの関係で考えていく必要があるだろう。サバルタンとは市民の一形態でしかない。誰しもサバルタニティに陥り、当事者になる可能性がある。このような不透明な社会のなかで、サバルタンの声を映す歴史のあり方について、私たちは当事者意識を持ちつつ、模索していかなければならないのではないだろうか。

第4節　〈私〉というメディアについて

最後に再び、一人称としての〈私〉の視点からの語りで締めくくりたい。

私は、現時点でサバルタンではない。私は、本書において、サバルタンを表象したわけでも代弁したわけでもない。しかしながら、私は、サバルタンの語りや声を歴史に反映させたいと願っている研究者であり、本書はそれを試行する一つのメディアであった。

〈私〉という研究者であるメディア＝〈中間者〉は、第2章のオートエスノグラフィーにおいては、母として、研究者として被災地にいた当事者であった。その私が、第3章では、被災地と被災地外の〈あいだ〉にあり、両方の視点を持ちつつ調査を行なうシンパサイザー的要素を持つ研究者となった。第5章では、プライベートとパブリックの〈あわい〉に語りと対話を誘発しようとしたファシリテーターであったし、第6章では、学生たちに越境を促し、異なる立場の対話を促すネゴシエーターであった。そして、第4章と第7章では、これらの経験やプロセスを分析し、東日本大震災の経験を踏まえて、サバルタンの概念を転換し、サバルタンが語るための場所をメディアの〈あわい〉に見いだすということを論じるトランスレーターであり、それをわかりやすく伝えようとするエディターとなった。

つまり、本書において、〈私〉自身がさまざまな事象の〈あわい〉を行き来するメディアであった。むろん、同時に、〈私〉というメディアは多くの欠陥を抱えている。〈私〉は私が知り得たことしか論拠にできない。東日本大震災という事象はあまりにも理解を超えており、それを俯瞰的に見ることは未だに不可能である。私は私の立ち位置から見聞きし、分析し、論じた。その普遍性を主張することはできないのかもしれない。しかしながら、すべての研究者は〈私〉であり、そこから逃れる術はない。そのことに留意しつつ、私の立ち位置をつまびらかにしながら、ここまで論じてきたつもりである。同時に〈私〉というポジショナリティは〈あわい〉を考えることによってようやく明確になったとも言える。〈あわい〉においてのみ私は言葉を発することができたのである。

そして、最後に、最も重要なことであるが、「誰でも語れる」空間として〈あわい〉を位置づけてきたものの、最後までその理論上の可能性と現実的な普遍性についてのずれを解消することはできなかった。糸口すら見つけられないほどに入り組んだ現地の人間関係や政治的問題は、「あなたの子孫や歴史のために語ってください」と無邪気に頼むにはあまりにも複雑で、何かを語ることによって、逆に語れないことが増えているような状況にある。

サバルタニティはどこにでも生じる。今回は、東日本大震災という一つの出来事をきっかけとして明らかになった新たなサバルタニティの側面を浮き彫りにし、その解消のための「学問的アクティビズム」を追究しようと試みた。その結果は、もしかしたら別の誰かをサバルタンとして置き去りにしているのかもしれない。このことを強く意識しつつ、ここで筆を擱きたいと思う。

引用・参考文献

Agamben, Giorgio, *Quel che resta di Auschwitz: L'archivio e il testimone*, Bollati Boringhieri, 1998.（ジョルジョ・アガンベン『アウシュヴィッツの残りのもの――アルシーヴと証人』上村忠男／廣石正和訳、二〇〇一年、月曜社）

Arendt, Hannah, *The Origins of Totalitarianism. Harcourt*, Brace & World, 1968.（ハンナ・アーレント『新版 全体主義の起源』全三巻、大久保和郎／大島通義／大島かおり訳、みすず書房、一九七四年）

Arendt, Hannah, *Responsibility and Judgement*, Schocken, 2005.（ハンナ・アーレント、ジェローム・コーン編『責任と判断』中山元訳〔ちくま学芸文庫〕、筑摩書房、二〇一六年）

Althusser, Luis, "Ideology and Ideological State Apparatuses," *Lenin and Philosophy and other Essays*, Monthly Review Press, 1970.（ルイ・アルチュセール『再生産について――イデオロギーと国家のイデオロギー諸装置』上・下、西川長夫／伊吹浩一／大中一彌／今野晃／山家歩訳〔平凡社ライブラリー〕、平凡社、二〇一〇年）

Baudrillard, Jean, *La Société de consommation, Ses mythes, Ses structures*, Libr. J. Tallandier, 1970.（ジャン・ボードリ

ヤール『消費社会の神話と構造 新装版』今村仁司／塚原史訳、紀伊國屋書店、二〇一五年）

Bhabha, Homi K., *The Location of Culture*, Routledge, 1994.（ホミ・K・バーバ『文化の場所――ポストコロニアリズムの位相』本橋哲也／正木恒夫／外岡尚美／阪元留美訳〔叢書・ウニベルシタス〕、法政大学出版局、二〇〇五年）

Bhabha, Homi. K., “Culture’s In-Between,” Stuart Hall and Paul Du Gay eds., *Questions of Cultural Identity*, Sage Publications, 1996.（ホミ・バーバ「文化の中間者」林完枝訳、スチュアート・ホール／ポール・ドゥ・ゲイ編『カルチュラル・アイデンティティの諸問題――誰がアイデンティティを必要とするのか？』宇波彰監訳・解説、大村書店、二〇〇一年）

Bouchard, Gerard, *L’Interculturalisme: un point de vue québécois*, Boréal, 2013.（ジェラール・ブシャール『間文化主義――多文化共生の新しい可能性』丹羽卓監訳、荒木隆人／古地順一郎／小松祐子／伊達聖伸／仲村愛訳、彩流社、二〇一七年）

Butler, Judith, *Precarious Life : The Powers of Mourning and Violence*, Verso, 2004.（ジュディス・バトラー『生のあやうさ――哀悼と暴力の政治学』本橋哲也訳、以文社、二〇〇七年）

Eco, Umbert, *The Role of the Reader: Explorations in the Semiotics of Texts*, Indiana University Press, 1984.

Foucault, Michael, *Les mots et les choses: Une archéologie des sciences humaines*, Editions Gallimard, 1966.（ミシェル・フーコー『言葉と物――人文科学の考古学 新装版』渡辺一民／佐々木明訳、新潮社、二〇二〇年）

Foucault, Michael, *Of Other Spaces, Diacritics*, spring, 1984.（“Des Espaces Autres” Architecture-Mouvement-Continuite,

1986.）

Foucault, Michael, *Le corps utopique Suivi de Les hétérotopies*, Lignes, 2009.（ミシェル・フーコー『ユートピア的身体／ヘテロトピア』佐藤嘉幸訳〔叢書言語の政治〕、水声社、二〇一三年）

Goffman, Erving, *The Presentation of Self In Everyday Life*, Doubleday, 1959.（E・ゴッフマン『行為と演技——日常生活における自己呈示』石黒毅訳、誠信書房、一九七四年）

Gilroy, Paul, *The Black Atlantic: Modernity and Double-Consciousness*, Harvard University Press, 1993.（ポール・ギルロイ『ブラック・アトランティック——近代性と二重意識』上野俊哉／毛利嘉孝／鈴木慎一郎訳、月曜社、二〇〇六年）

Graeber, David, *La démocratie aux marges*, Le bord de l'eau, 2014.（デヴィッド・グレーバー『民主主義の非西洋起源について——「あいだ」の空間の民主主義』片岡大右訳、以文社、二〇二〇年）

Gramsi, Antonio , "A Gramsci Ai Margini della Storia, Storia dei Gruppi Sociali Subalterni."（アントニオ・グラムシ『グラムシ『獄中ノート』著作集VII 歴史の周辺にて「サバルタンノート」注解』松田博編訳、明石書店、二〇一一年）

Guha, Ranajit, Partha Chatterjee and Gayatri Chakravorty Spivak, *Subaltern Studies*, I-III, Oxford University Press, 1984.（ラナジット・グハ／ギャーネンドラ・パーンデー／パルタ・チャタジー／ガヤトリ・スピヴァック『サバルタンの歴史——インド史の脱構築』竹中千春訳、岩波書店、一九九八年）

Halbwachs, Maurice, *La Memoire Collective*, Albin Michel, 1984.（M・アルヴァックス『集合的記憶』小関藤一郎訳、

行路社、一九九七年)

Hall, Stuart, "Encoding and Decoding in the television discourse," University of Birmingham, 1973.

Hall, Stuart, *Representation: Cultural Representations and Signifying Practices*, SAGE Publications, 1997.

Hooks, Bell, *Feminist Theory: from margin to center*, South End Press, 1984.(ベル・フックス『ブラック・フェミニストの主張――周縁から中心へ』清水久美訳、勁草書房、一九九七年)

Kleinman, Arthur, Veena Das and Margaret M. Lock eds., *Social Suffering*, University of California Press, 1997.(アーサー・クラインマン/ジョーン・クラインマン/ヴィーナ・ダス/ポール・ファーマー/マーガレット・ロック/E・ヴァレンタイン・ダニエル/タラル・アサド編『他者の苦しみへの責任――ソーシャル・サファリングを知る』坂川雅子訳、みすず書房、二〇一一年)

Krajina, Zlatan, Shaun Moores and David Morley, "Non-media-centric media studies: A cross-generational conversation," *European Journal of Cultural Studies*, 2014.

Landsman, Crowd, *Shoah*, Editions Fayard, 1985.(クロード・ランズマン『ショアー』高橋武智訳、作品社、一九九五年)

Leavy, Patiricia, *Research Design: Quantitative, Qualitative, Mixed Methods, Arts-Based, and Community-Based Participatory Research Approaches*, Guilford Press, 2017.

Lefebvre, Henri, *La Production de l'espace*, Economica, 1974.(アンリ・ルフェーヴル『空間の生産』斎藤日出治訳・解説〔「社会学の思想」第五巻〕、青木書店、二〇〇〇年)

LEON DE KOCK, “Interview With Gayatri Chakravorty Spivak: New Nation Writers Conference in South Africa.”（http://ariel.synergiesprairies.ca/ariel/index.php/ariel/article/viewFile/2505/2458）

Levi, Primo, *Se Questo é Un Uomo*, Einaudi, 1958.（プリーモ・レーヴィ『これが人間か――アウシュヴィッツは終わらない 改訂完全版』竹山博英訳、朝日新聞出版、二〇一七年）

Lévinas, Emmanuel, *Entre Nous: Essais sur le penser-a-l'autre*, Editions Arasset et Fasquelle, 1991.（エマニュエル・レヴィナス『われわれのあいだで――《他者に向けて思考すること》をめぐる試論 新装版』法政大学出版局、合田正人／谷口博史訳〔叢書・ウニベルシタス〕、二〇一五年）

McKnight, Kathryn Joy and Leo J. Garofalo eds., *Afro-Latino Voices: Narratives From the Early Modern Ibero-Atlantic World*, Hackett Publishing Company, 2009.

McLuhan, Marshall, *The Gutenberg Galaxy: The making of Typographic man*, University of Toronto Press, 1962.（マーシャル・マクルーハン『グーテンベルクの銀河系――活字人間の形成』森常治訳、みすず書房、一九八六年）

McLuhan, Marshall, *Understanding Media: The Extensions of Man*, McGraw-Hill, 1964.（マーシャル・マクルーハン『メディア論――人間の拡張の諸相』栗原裕／河本仲聖訳、みすず書房、一九八七年）

Minh-ha, Trinh T., *Woman, Native, Other: Writing Postcoloniality and Feminism*, Indian University Press, 1989.（トリン・T・ミンハ『女性・ネイティヴ・他者――ポストコロニアリズムとフェミニズム』竹村和子訳、岩波書店、二〇一一年）

Morley, David, "For a Materialist, Non-Meida-centric Media Studies," *Television & New Media*, 10(1), 2009.

Morris, David B., *Geschichte des Schmerzes*, Insel Verlag, 1991.（デイヴィド・B・モリス『痛みの文化史』渡邉勉／鈴木牧彦訳、紀伊國屋書店、一九九八年）

Noelle-Neumann, *Elisabeth, The Spiral of Silence: Public Opinion - Our social skin*, University of Chicago Press, 1984.（E・ノエル＝ノイマン『［改訂復刻版］沈黙の螺旋理論――世論形成過程の社会心理学』池田謙一／安野智子訳、北大路書房、二〇一三年）

Pandey, Gyanandra, "Congress and Nation, 1917-1947," in Richard Sisson and Stanley Wolpert eds., *Congress and Indian Nationalism: The Pre-Independence Phase*, University of California Press, 1988.

Parry, Benita, *Postcolonial Studies: A Materialist Critique*, Routledge, 2004.

Roger Silverstone, *Why Study the Media?* Sage Publications, 1999.（ロジャー・シルバーストーン『なぜメディア研究か――経験・テクスト・他者』吉見俊哉／伊藤守／土橋臣吾訳、せりか書房、二〇〇三年）

Said, Edward, *Orientalism*, Pantheon Books, 1978.（エドワード・W・サイード『オリエンタリズム』上・下、今沢紀子訳〔平凡社ライブラリー〕、平凡社、一九九三年）

Said, Edward, "Permission to narrate- Edward Said writes about the story of the Palestinians," *London Review of Books*, 6(3), 1984.

Said, Edward, *Representations of the Intellectual: the 1993 Reith Lectures*, Vintage, 1994.（エドワード・W・サイード『知識人とは何か』大橋洋一訳〔平凡社ライブラリー〕、平凡社、一九九八年）

Shahadah, Owen Alik, "The removal of agency from Africa," *Pambazuka News*, 310, 2007.（http://www.pambazuka.org/en/category/features/422492011）

Simonsen, Jesper and Toni Robertson, *International Handbook of Participatory, Design*, Routledge, 2013.

Soja, Edward W., *Thirdspace: Journeys to Los Angeles and Other Real-and-Imagined Places*, Blackwell Publishing, 1996.（エドワード・W・ソジャ『第三空間――ポストモダンの空間論的転回』加藤政洋訳、青土社、二〇〇五年）

Solnit, Rebecca, *A Paradise Built in Hell: The Extraordinary Communities That Arise in Disaster*, Viking Adult, 2009.（レベッカ・ソルニット『災害ユートピア――なぜそのとき特別な共同体が立ち上がるのか』高月園子訳〔亜紀書房翻訳ノンフィクション・シリーズ〕、亜紀書房、二〇一〇年）

Sontag, Susan, *Regarding the Pain of Others*, Farrar, Straus and Giroux, 2003.（スーザン・ソンタグ『他者の苦痛へのまなざし』北条文緒訳、みすず書房、二〇〇三年）

Spivak, Gayatri Chakravorty, *In Other Worlds: Essays in Cultural Politics*, Methuen, 1987.（ガヤトリ・C・スピヴァック『文化としての他者』鈴木聡／大野雅子／鵜飼信光／片岡信訳、紀伊國屋書店、二〇〇〇年）

Spivak, Gayatri Chakravorty, "Can the Subaltern Speak?" in Cary Nelson and Lawrence Grossberg eds., *Marxism and the Interpretation of Culture*, University of Illinois Press, 1988.（G・C・スピヴァク『サバルタンは語ることができるか』上村忠男訳、みすず書房、一九九八年）

Spivak, Gayatri Chakravorty, *Outside in the Teaching Machine*, Routledge, 1993.

Spivak, Gayatri Chakravorty, "More on Power/Konwledge," *Outside in the Teaching Machine*, Routledge, 1993.（Gayatori

Chakravorty Spivak「権力／知、再論」高橋明史／師玉真理訳、『現代思想』一九九九年七月号、青土社）

Spivak, Gayatri Chakravortyk, Donna Landry and Gerald MacLean, "Subaltern Talk: Interview with the Editors," *The Spivak Reader: Selected Works of Gayatri Chakravorty Spivak*, Routledge, 1996.（Gayatori Chakravorty Spivak「サバルタン・トーク」吉原ゆかり訳、『現代思想』一九九九年七月号、青土社）

Spivak, Gayatri Chakravorty, *Death of a Discipline, Columbia,* University Press, 2003.（G・C・スピヴァク『ある学問の死——惑星思考の比較文学へ』上村忠男／鈴木聡訳、みすず書房、二〇〇四年）

Spivak, Gayatri Chakravorty, *Conversations in Japan*, 2008.（G・G・スピヴァク『スピヴァク、日本で語る』本橋哲也／新田啓子／竹村和子／中井亜佐子訳、鵜飼哲監修、みすず書房、二〇〇九年）

Walia, Shelley, *Edward Said and the Writing of History*, Icon Books, 2001.（シェリー・ワリア『サイードと歴史の記述』永井大輔訳〔ポストモダン・ブックス〕、岩波書店、二〇〇四年）

赤坂憲雄／小熊英二編著『辺境からはじまる——東京／東北論』明石書店、二〇一二年

アントニオ・グラムシ『グラムシ『獄中ノート』著作集Ⅶ 歴史の周辺にて「サバルタンノート」注解』松田博編訳、明石書店、二〇一一年

栗屋利江「『サバルタン・スタディーズ』の軌跡とスピヴァクの介入」『現代思想』一九九九年七月号、青土社

飯田卓／原知章編『電子メディアを飼いならす——異文化を橋渡すフィールド研究の視座』せりか書房、二〇〇五年

池澤夏樹「東北の土地の精霊」『考える人』二〇一二年春号、新潮社

池田緑「ポジショナリティ・ポリティクス序説」『法学研究』第八九巻第二号、慶應義塾大学法学研究会
市川浩『〈中間者〉の哲学――メタ・フィジックを超えて』岩波書店、一九九〇年
伊藤守『メディア文化の権力作用』（せりかクリティク）、せりか書房、二〇〇二年
伊藤守『ドキュメントテレビは原発事故をどう伝えたのか』（平凡社新書）、平凡社、二〇一二年
岩川大祐「「痛み」の認識論の方へ――文学の言葉と当事者研究をつないで」『現代思想』二〇一一年八月号、青土社
上野千鶴子『ケアの社会学――当事者主権の福祉社会へ』太田出版、二〇一一年
上野俊哉／毛利嘉孝『カルチュラルスタディーズ入門』（ちくま新書）、筑摩書房、二〇〇〇年
上村忠男『ヘテロトピアの思考』（ポイエーシス叢書）、未來社、一九九六年
上村忠男「戦略としての歴史叙述――歴史のヘテロロジーのために（5）」『思想』一九九九年六月号、岩波書店
上村忠男「得策ではなかった結語？――「サバルタンは語ることができるか」改訂版への熱いうちの覚え書」『現代思想』一九九九年七月号、青土社
上村忠男『ヘテロトピア通信』みすず書房、二〇一二年
上村忠男／太田好信／本橋哲也「討議 スピヴァクあるいは発話の場のポリティクス」『現代思想』一九九九年七月号、青土社
鵜飼哲／高橋哲哉編『『ショアー』の衝撃』未來社、一九九五年

梅棹忠夫『知的生産の技術』(岩波新書)、岩波書店、一九六九年
浦河べてるの家『べてるの家の「当事者研究」』(シリーズケアをひらく)、医学書院、二〇〇五年
遠藤薫『メディアは大震災・原発事故をどう語ったか――報道・ネット・ドキュメンタリーを検証する』東京電機大学出版局、二〇一二年
大内斎之『臨時災害放送局というメディア』青弓社、二〇一八年
太田好信『トランスポジションの思想――文化人類学の再想像』世界思想社、一九九八年
太田好信『民族誌的近代への介入――文化を語る権利は誰にあるのか』(「叢書文化研究」第一巻)、人文書院、二〇〇一年
岡真理『彼女の「正しい」名前とは何か――第三世界フェミニズムの思想』青土社、二〇〇〇年
岡真理『記憶／物語』(思考のフロンティア)、岩波書店、二〇〇〇年
岡本公樹『東北――不屈の歴史をひもとく』講談社、二〇一二年
小川明子「ローカルの不思議」水越伸・東京大学情報学環メルプロジェクト編『メディアリテラシー・ワークショップ――情報社会を学ぶ・遊ぶ・表現する』東京大学出版会、二〇〇九年
小川さやか「オートエスノグラフィに溢れる根拠なき世界の可能性」『現代思想』二〇一七年一一月号、青土社
加藤政洋「「他なる空間」のあわいに――ミシェル・フーコーの「ヘテロトピア」をめぐって」『空間・社会・地理思想』第三号、大阪市立大学文学部、一九九八年
河西英通『東北――つくられた異境』(中公新書)、中央公論新社、二〇〇一年

河西英通『東北を読む』無明舎出版、二〇一一年
岸政彦／石岡丈昇／丸山里美『質的社会調査の方法——他者の合理性の理解社会学』有斐閣、二〇一六年
岸政彦責任編集「特集 エスノグラフィ——質的調査の現在」『現代思想』二〇一七年十一月号、青土社
北田暁大『〈意味〉への抗い——メディエーションの文化政治学』せりか書房、二〇〇四年
貴戸理恵「支援者と当事者のあいだ」『支援』第二号、生活書院、二〇一二年
木村茂雄編『ポストコロニアル文学の現在』晃洋書房、二〇〇四年
鯨岡峻『エピソード記述入門——実践と質的研究のために』東京大学出版会、二〇〇五年
熊谷晋一郎／大澤真幸「痛みの記憶／記憶の痛み——痛みでつながるとはどういうことか」『現代思想』二〇一一年八月号、青土社
熊谷晋一郎編『みんなの当事者研究』（臨床心理学増刊第九号）、金剛出版、二〇一七年
熊谷晋一郎責任編集『当事者研究と専門知——生き延びるための知の再配置』（臨床心理学増刊第一〇号）、金剛出版、二〇一八年
後藤浩子「「帝国主義」を感知する」『現代思想』一九九九年七月号、青土社
坂田邦子「「開発」とメディア——インドネシアの開発におけるメディア活用と創出されるサバルタニティ」修士論文、東京大学、二〇〇一年
坂田邦子「メディアとサバルタン——インドネシアのメディア実践」水越伸／吉見俊哉編『メディア・プラクティス——媒体を創って世界を変える』（せりかクリティク）、せりか書房、二〇〇三年

坂田邦子「メディア・テクノロジーの発展と異文化の創造」小野善邦編『グローバル・コミュニケーション論――メディア社会の共生・連帯をめざして』世界思想社、二〇〇七年
坂田邦子「東日本大震災から考えるメディアとサバルタニティ」『マス・コミュニケーション研究』第八二号、日本マス・コミュニケーション学会、二〇一三年
坂田邦子「地域コミュニティにおける震災アーカイブ」『情報の科学と技術』第六四巻第九号、情報科学技術協会、二〇一四年
坂田邦子／小川明子／崔銀姫／土屋祐子／川上隆史「地域イメージにおけるステレオタイプの考察――地域間交流学習「ローカルの不思議」の実践事例から」『社会情報学研究』第一五巻第一号、日本社会情報学会事務局、二〇一一年
坂田邦子／三村泰一編『被災地から考える3・11とテレビ』サンパウロ、二〇一六年
崎山政毅『サバルタンと歴史』青土社、二〇〇一年
佐々木俊尚『「当事者」の時代』（光文社新書）、光文社、二〇一二年
下河辺美知子『歴史とトラウマ――記憶と忘却のメカニズム』作品社、二〇〇〇年
高橋哲哉「記憶されえぬもの 語りえぬもの――歴史と物語をめぐって」新田義弘／丸山圭三郎／子安宣邦／三島憲一／丸山高司／佐々木力／村田純一／野家啓一編『テクストと解釈』（「岩波講座 現代思想」第九巻）、岩波書店、一九九四年
高橋哲哉『記憶のエチカ――戦争・哲学・アウシュヴィッツ』（岩波オンデマンドブックス）、岩波書店、

二〇一七年
高橋哲哉『歴史／修正主義』（思考のフロンティア）、岩波書店、二〇〇一年
高野明彦／吉見俊哉／三浦伸也『311情報学――メディアは何をどう伝えたか』岩波書店、二〇一二年
高森明「当事者の語りの作られ方――〈障害者役割〉が圧殺するもの」『支援』第二号、生活書院、二〇一二年
高山宗東『いま、「東北」の歴史を考える』総和社、二〇一一年
田口茂「〈異和感〉が覚起する〈理性〉――間文化性をめぐる現象学的試論」『現代思想』二〇一〇年五月号、青土社
田中孝宜／原由美子「東日本大震災発生から72時間テレビが伝えた情報の推移――在京3局の報道内容分析から」『放送研究と調査』二〇一二年三月号、NHK出版
田中幹人／標葉隆馬／丸山紀一朗『災害弱者と情報弱者――3・11後、何が見過ごされたのか』筑摩書房、二〇一二年
谷徹／松葉祥一「間文化現象学という〈実践〉――危機への呼応的応用」『現代思想』二〇一〇年五月号、青土社
崔銀姫／北村順生／坂田邦子／小川明子／茂木一司「地域理解のためのメディア・リテラシー実践――異文化交流とオルタナティブなコミュニケーション回路構築」『教育メディア研究』第一一巻第二号、日本教育メディア学会
東北学院大学震災の記録プロジェクト金菱清（ゼミナール）編『3・11霊性に抱かれて――魂といのちの生か

された方』新曜社、二〇一八年
東北大学大学院情報科学研究科メディア文化論研究室「「3・11からメディアを考える」プロジェクトテレビ局アンケート調査集計結果」二〇一二年
鳥海希世子「市民メディア・デザイン——デジタル社会の民衆芸術をめぐる実践的メディア論」博士論文、東京大学、二〇〇三年
丹羽美之／藤田真文編『メディアが震えた——テレビ・ラジオと東日本大震災』東京大学出版会、二〇一三年
信田さよ子「訪れる痛みと与える痛み」『現代思想』二〇一一年八月号、青土社
長谷川一『ディズニーランド化する社会で希望はいかに語りうるか——テクノロジーと身体の遊戯』慶應義塾大学出版会、二〇一四年
浜日出夫「他者の場所——ヘテロトピアとしての博物館」『三田社会学』第七号、三田社会学会
林香里『〈オンナ・コドモ〉のジャーナリズム——ケアの倫理とともに』岩波書店、二〇一一年
原民喜『原民喜全集・121作品⇒1冊』原民喜全集・出版委員会、二〇一五年
藤田結子／北村文『現代エスノグラフィー——新しいフィールドワークの理論と実践』（ワードマップ）、新曜社、二〇一三年
星加良司「当事者をめぐる揺らぎ——「当事者主権」を再考する」『支援』第二号、生活書院、二〇一二年
堀公俊／加藤彰『ワークショップ・デザイン——知をつむぐ対話の場づくり』日本経済新聞出版社、二〇〇八年

堀浩一、人工知能学会編『創造活動支援の理論と応用』（知の科学）、オーム社、二〇〇七年
松浦さと子／小山帥人『非営利放送とは何か――市民が創るメディア』（龍谷大学社会科学研究所叢書）、ミネルヴァ書房、二〇〇八年
松田博／小原耕一「グラムシ・ヘゲモニー概念の展開と現代世界」『立命館産業社会論集』第四一巻第二号、立命館大学産業社会学会、二〇〇五年
松野良一『市民メディア論――デジタル時代のパラダイムシフト』ナカニシヤ出版、二〇〇五年
三浦伸也「３１１情報学の試み――ニュース報道のデータ分析から」高野明彦／吉見俊哉／三浦伸也『３１１情報学――メディアは何をどう伝えたか』岩波書店、二〇一一年
水越伸『新版デジタル・メディア社会』岩波書店、二〇〇二年
水越伸『メディア・ビオトープ――メディアの生態系をデザインする』紀伊國屋書店、二〇〇五年
水越伸『21世紀メディア論』（放送大学大学院教材）、放送大学教育振興会、二〇一一年
水越伸編著『コミュナルなケータイ――モバイル・メディア社会を編みかえる』岩波書店、二〇〇七年
水越伸／東京大学情報学環メルプロジェクト編『メディアリテラシー・ワークショップ――情報社会を学ぶ・遊ぶ・表現する』東京大学出版会、二〇〇九年
水越伸／吉見俊哉編『メディア・プラクティス――媒体を創って世界を変える』（せりかクリティク）、せりか書房、二〇〇三年
港千尋『ヴォイドへの旅――空虚の創造力について』青土社、二〇一二年

宮内洋／好井裕明編著『〈当事者〉をめぐる社会学――調査での出会いを通して』北大路書房、二〇一〇年
宮地尚子『環状島＝トラウマの地政学』みすず書房、二〇〇七年
メディア・エクスプリモ『「情報があふれかえる社会」から「表現が編みあがる社会」へ』中間報告書、二〇〇九年
メディア・エクスプリモ『「情報があふれかえる社会」から「表現が編みあがる社会」へ』最終報告書、二〇一〇年
森玲奈『ワークショップデザインにおける熟達と実践者の育成』ひつじ書房、二〇一五年
安田登『あわいの力――「心の時代」の次を生きる』ミシマ社、二〇一四年
山内祐平／森玲奈／安斎勇樹『ワークショップデザイン論――創ることで学ぶ 第2版』慶應義塾大学出版会
山田健太『3・11とメディア――徹底検証 新聞・テレビ・WEBは何をどう伝えたか』トランスビュー、二〇一三年
山本克彦『ワークショップ入門――実践とプロセスアプローチ』久美、二〇〇六年
矢守克也『アクションリサーチ・イン・アクション――共同当事者・時間・データ』新曜社、二〇一八年
好井裕明／三浦耕吉郎編『社会学的フィールドワーク』(Sekaishiso seminar)、世界思想社、二〇〇四年
李洪章「在日朝鮮人を研究する〈私〉のポジショナリティ――当事者性から個人的当事者性へ」『日本オーラル・ヒストリー研究』第六号、日本オーラル・ヒストリー学会、二〇一〇年
鷲田清一『語りきれないこと――危機と傷みの哲学』(角川Ｏｎｅテーマ21)、角川学芸出版、二〇一二年

鷲田清一／赤坂憲雄『東北の震災と想像力――われわれは何を負わされたのか』講談社、二〇一二年
渡辺保史『Designing ours「自分たち事」のデザイン――これからの個人・コミュニティ・社会』出版世話人会、二〇一八年
Dipesh Chakrabart「急進的歴史と啓蒙的合理主義――最近のサバルタン研究批判をめぐって」臼田雅之訳、『思想』一九九六年一月号、岩波書店
Gayatori Chakravorty Spivak「アポリアを教えること――新世界秩序のなかのサバルタン」鵜飼哲／崎山政毅／馬場智一訳、『現代思想』一九九九年七月号、青土社
Partha Chatterjee「『サバルタン・スタディーズ』略史」粟谷利江／植松歩美訳、『みすず』二〇〇九年五月号、みすず書房

あとがき

本書は、東日本大震災において自らの体験や考えてきたことを研究者として究明していきたい一心で始めた調査研究を何らかの形にしたいと、二〇一三年に博士学位論文として執筆を始めたものであった。しかしながら、当時震災直後のドラスティックな体験を論文という標準化された形式に落とし込むことが困難だったこと、震災から五年を経て、自らの精神が参ってしまったことなどを理由に、時の〈あわい〉にその完成を委ねてしまっていた。そもそも途中で言葉を放棄しそうになっていた私がこれを書き上げることができたのは、私のような一個人の体験ではあっても、やはり歴史のどこかに言葉として残しておきたいという気持ちがあったからかもしれない。震災後時間とともに確実に忘れ去られていく被災地の片隅で、「それでいいのか」と社会に反発する気持ちもあったかもしれない。被災地からとめどなく言葉が発せられていくなかで、自分だけ言葉を発することができない焦りのようなものも確かにあった。

今、本書を書き上げてみて、まだ自分の言葉が誤解なく伝わるかどうか自信を持てずにいる。偏った視点に立っていないか、誰かを傷つけてはいないか、誰かを忘れ去ってはいないか、自らのポジショナリティに対する疑いは常に晴れない。読者のみなさまには、ぜひ批判的かつ温かい気持ちで本書を論じていただければ幸いである。

本書は、二〇二一年に「メディアとサバルタニティ——東日本大震災における「言説的弱者」の考察」として、東北大学情報科学研究科に提出した博士学位論文に加筆修正を行なったものである。

博士論文の審査において、東北大学情報科学研究科の徳川直人教授に主査として最後まで丁寧に根気強く導いてくださったことに心から感謝したい。また、同研究科の森一郎教授、篠澤和久元教授、早稲田大学の伊藤守教授、明治学院大学の長谷川一教授には、学位論文の審査において多くの貴重なご助言とご指導を賜わったことをここに深く感謝申し上げたい。

また、本書の基盤を一緒につくり上げてくださった東京大学情報学環の水越伸教授からは本当に多くの知識と気付きを与えていただいた。コロナ禍で直接お礼を申し上げることができずにいたが、ここに心より感謝申し上げたい。同じく東京大学情報学環の吉見俊哉教授、山内祐平教授、北田暁大教授、東京大学医学研究所の武藤香織教授には、論文に対する的確な助言と激励を賜ったことに深く感謝申し上げる。

本書で取り上げた「3・11からメディアを考える」プロジェクトでは、当時の研究室の院生たちが一丸となって調査に取り組んだ。彼らとの熱い議論が、震災直後の悲観的な気持ちから、前向きに研究へと向かわせてくれた。ここであらためて感謝の意を表したい。

また、本書の肝ともなる二つのプロジェクトでは、多くの教員と学生、参加者の方々に助けられた。東北工業大学の堀江政広教授、広島経済大学の阿部純准教授には、『語りと記憶のプロジェクト』の立案・企画、運営において、さまざまに語り合い、当時消えてしまいそうだったたくさんの声を集めることができた。また東北工業大学の堀江研究室の学生たちには、ポスターやウェブサイトの制作のほか、プロジェクト遂行のためのさまざまな協力を頂いた。深く感謝申し上げる。

『Bridge! Media 311』では、立命館大学の北村順生准教授、名古屋大学の小川明子准教授、桃山学院大学の土屋祐子准教授、東北大学院大学の稲垣忠教授と、当時何度も話し合い、ぶつかり合いながらも大きな成果を残すことができた。参加した学生たちも精一杯私たちの気持ちに応えてくれた。〈あわい〉に対する最初の気付きを与えてくれたこのプロジェクトにご参加いただいたみなさまに深くお礼を申し上げたい。

これらの研究やプロジェクトは、科研費基盤C「東日本大震災におけるメディアとサバルタンに関する研究」（代表：坂田邦子、研究課題／領域番号：24500304）に基づいて行なわれた。

また本書の編集については、明石書店の大江道雅氏、村上浩一氏にお力添えを頂いた。拙い原稿に対して真摯なご意見を賜り、最後まで丁寧に導いてくださったことに感謝を申し上げたい。

最後に、東日本大震災当時三歳で、今では大人の会話ができるまでに成長した息子は、震災時も今でもいつも私を笑顔で癒してくれている。あなたがいなければ私は震災を乗り越えられなかった。本当にありがとう。また、当時離れた場所で、私と息子の被災に対して心を痛め、ようやく仙台まで迎えに来たくれた夫は、それまでもそれからもずっと変わらずに私を支え、温かく見守り続けてくれている。日頃なかなか伝えることができずにいるが、言い表せないほど深く感謝していることをここで伝えたい。

皆様、本当にありがとうございました。

二〇二二年桜が満開の三月

坂田邦子

坂田邦子（さかた くにこ）
東北大学大学院情報科学研究科講師。東京大学大学院人文社会系研究科博士課程中退。博士（学術）。専門は、カルチュラル・スタディーズおよび欧米の思想、理論に基づくメディアと文化に関する研究。共編著に『被災地から考える3.11とテレビ』（サンパウロ、2016年）、共著に『グローバル・コミュニケーション論』（世界思想社、2007年）、『メディア・プラクティス――媒体を創って世界を変える』（せりか書房、2003年）など。

メディアとサバルタニティ
――東日本大震災における言説的弱者と〈あわい〉

二〇二二年六月二七日　初版第一刷発行

著　者――坂田邦子
発行者――大江道雅
発行所――株式会社 明石書店
〒一〇一―〇〇二一　東京都千代田区外神田六―九―五
電　話　〇三―五八一八―一一七一
FAX　〇三―五八一八―一一七四
振　替　〇〇一〇〇―七―二四五〇五
https://www.akashi.co.jp/
装幀　清水肇
印刷　株式会社文化カラー印刷
製本　本間製本株式会社
（定価はカバーに表示してあります）
ISBN 978-4-7503-5416-3

JCOPY〈出版者著作権管理機構　委託出版物〉
本書の無断複製は著作権法上での例外を除き禁じられています。複製される場合は、そのつど事前に、出版者著作権管理機構（電話〇三・五二四四・五〇八八、FAX〇三・五二四四・五〇八九、e-mail: info@jcopy.or.jp）の許諾を得てください。

カタストロフ前夜

パリで3・11を経験すること

関口涼子［著］

◎四六判／上製／256頁　◎2,400円

世界で日々起きている破局的な出来事。その狭間を自分も生きているのだと、不意に気づかされることがある。身近な人の大切な時に立ち会えなかった作家に大震災がもたらした、生者と死者とを結ぶ思想。フランスで絶賛された震災三部作を一冊にまとめた邦訳版。

●内容構成

これは偶然ではない
Ce n'est pas un hasard

声は現れる
La Voix sombre

亡霊食
——はかない食べものについての実践的マニュアル
Manger fantôme

あとがき

世界の至る所でカタストロフは毎日のように起きていて、わたしたちが当事者ではないためにそれを意識していないだけなのです。もっと身近に感じ、行動を取り支援をすべきなのに、想像力に欠けているがゆえに見落としているカタストロフがあります。すでに起きたカタストロフを踏まえた対策を取らないがゆえに、次のカタストロフ前夜の到来を早めてしまう場合も。震災や紛争の爪痕を忘れないために、カタストロフ前夜を呼び込まないための、これは警告としてのタイトルでもあります。
（「あとがき」より）

〈価格は本体価格です〉

世界文学としての〈震災後文学〉

木村朗子、アンヌ・バヤール＝坂井［編著］

◎A5判／上製／520頁　◎5,400円

あれから10年。世界には、あの日と向きあい続ける文学者たちがいる。3.11によって文学の何が変わり、震災前はいかに読み替えられうるのか。大惨事を経て、それでも新たな力を獲得する「世界文学」としての視座から、あの経験の現在性を問い返す。

●内容構成 ――――――――――

総論　震災後文学の現在地［木村朗子］／〈特別寄稿Ⅰ〉沼野充義　「あの日」を越えて――私たちはみな震災後への亡命者である

第Ⅰ部　ことばと身体

イキモノをキュレートすること――川上弘美「神様2011」多和田葉子『雪の練習生』を読む［ダニエル・C・オニール］／多和田葉子の震災後小説における暗示としての震災――震災後文学の読者論のために［藤原団］／災厄と日常――震災後文学としての川上未映子作品［由尾瞳］／見たものを覚えていることができる／忘れることができる――鮎屋法水『ブルーシート』における当事者性［樋口良澄］／現実を変容させるフィクション――岡田利規の演劇からこれからの日本社会を読み解く［バーバラ・ガイルホン］／身体とテキスト・「身体文学」としてのいとうせいこう作品［キャーラ・パヴォーネ］／〈特別寄稿Ⅱ〉いとうせいこう『想像ラジオ』を講義する

第Ⅱ部　歴史と記憶

〈移動〉しながら想像するという彷徨――多和田葉子『雪の練習生』の向き合い方［金昇淵］／フクシマ――多和田葉子のドイツ語作品における、一つの「転換」？［ベルナール・バヌン［吉田安岐訳］］／水と3・11――連鎖する読み、その接続可能性をめぐって［金ヨンロン］／震災後文学における東北の声――木村友祐作品を読む［木村朗子］／糞泥まみれのいのち――キャピタロセン批判として木村友祐の「聖地Cs」を読む［クリスティーナ・岩田＝ワイケナント］／声の豊穣――震災後文学が拓く東北弁の可能性［新井高子］／〈特別寄稿Ⅲ〉木村友祐　生きものとして狂うこと

第Ⅲ部　抑圧と解放

ネーションとドメスティケーション――大杉栄と金子文子の動物論［堀井一摩］／生産的でない未来のために――小林エリカ「トリニティ、トリニティ、トリニティ」における震災とオリンピック［村上克尚］／原発のなかの動物たち――高橋源一郎の3・11後の文学を今日的に再考する［フィリッポ・チェルヴェッリ］／人間家族より、多種と連れ立て！――木村友祐作品と小林エリカ作品の母系をたどる［マルゲリータ・ロング［小田透訳］］／汚染の言説としての「狂気」――チェルノブイリとフクシマにおける汚染のナラティブをめぐって［レイチェル・ディニット］／終章　娯楽小説としての震災後小説、または認められざる3・11後文学について［アンヌ・バヤール＝坂井］

あとがきにかえて［アンヌ・バヤール＝坂井］

〈価格は本体価格です〉

歴史の周辺にて「サバルタンノート」注解
アントニオ・グラムシ著　松田博編訳
グラムシ『獄中ノート』著作集Ⅶ
◎2500円

知識人とヘゲモニー「知識人論ノート」注解　イタリア知識人史・文化史についての覚書
アントニオ・グラムシ著　松田博編訳
グラムシ『獄中ノート』著作集Ⅲ
◎2600円

「原発避難」論　避難の実像からセカンドタウン、故郷再生まで
山下祐介、開沼博編著
◎2200円

「辺境」からはじまる　東京／東北論
赤坂憲雄、小熊英二編著
◎1800円

震災とヒューマニズム　3・11後の破局をめぐって
日仏会館・フランス国立日本研究センター編
クリスチーヌ・レヴィ、ティエリー・リボー監修　岩澤雅利、園山千晶訳
◎2800円

人間なき復興　原発避難と国民の「不理解」をめぐって
山下祐介、市村高志、佐藤彰彦著
◎2200円

大惨事（カタストロフィー）と終末論　「危機の預言」を超えて
レジス・ドブレ著　西兼志訳
◎2600円

ポストフクシマの哲学　原発のない世界のために
村上勝三、東洋大学国際哲学研究センター編著
◎2800円

理念なき復興　岩手県大槌町の現場から見た日本
東野真和著
◎2200円

福島原発事故　漂流する自主避難者たち　実態調査からみた課題と社会的支援のあり方
戸田典樹編著
◎2400円

世代問題の再燃　ハイデガー、アーレントとともに哲学する
森一郎著
◎3700円

試練と希望　東日本大震災・被災地支援の二〇〇〇日
公益社団法人シャンティ国際ボランティア会編
◎2500円

福島原発事故　取り残される避難者　直面する生活問題の現状とこれからの支援課題
戸田典樹編著
◎2400円

被災地のジャーナリズム　東日本大震災10年「寄り添う」の意味を求めて
寺島英弥著
◎2500円

リスクコミュニケーション　排除の言説から共生の対話へ
名嶋義直編著
◎3200円

3・11の政治理論　原発避難者支援と汚染廃棄物処理をめぐって
松尾隆佑著
◎4500円

〈価格は本体価格です〉